AF185034

Klaus-Dieter John
Gott hat uns gesehen

Klaus-Dieter John

Gott hat uns gesehen

Diospi Suyana –
eine Geschichte geht um die Welt

BRUNNEN
Verlag GmbH · Giessen

Ein wichtiger Hinweis in eigener Sache:
Der Autor hat alle Ereignisse, die in diesem Buch beschrieben sind,
nach bestem Wissen und Gewissen wiedergegeben. Die sorgfältigen
Recherchen beziehen sich auch auf Zeit- und Ortsangaben.
Einige wenige Namen wurden zum Schutz der beteiligten Personen
bzw. des Autors verändert.

1. Auflage August 2015
2. Auflage Dezember 2015
3. Auflage Januar 2017
4. Auflage Januar 2020
5. Auflage April 2021

© 2015 Brunnen Verlag GmbH
www.brunnen-verlag.de
Lektorat: Eva-Maria Busch
Umschlaggestaltung: Olaf Johannson, spoon design
Fotos innen und Umschlagfotos: privat
Satz: DTP Brunnen
Herstellung: GGP Media GmbH, Pößneck
ISBN Buch: 978-3-7655-0930-8
ISBN ebook: 978-3-7655-7349-1

Widmung

Liebe Natalie, lieber Dominik und lieber Florian,
möge die Geschichte unserer Familie
euch stets daran erinnern,
dass Gott uns fünf gesehen hat.
Und nicht nur uns, sondern die ganze Welt.

Inhalt

Vorwort

Manche sagen: Das habt ihr ja toll gemacht! Manche meinen: Was für Zufälle! Was habt ihr immer wieder für ein Glück! Die Wahrheit ist: Wenn wir normale Menschen unsere Grenzen erkennen und unser Leben Gott zur Verfügung stellen, dann kann er großartige Dinge tun. Denn Gott ist nicht der allmächtige, ferne Schöpfer des Universums; er ist keine Maschine, die nach einem Gebetswunsch das entsprechende Resultat ausspuckt. Er ist nicht der Garant für Reichtum, Macht, Gesundheit und Wohlergehen. Aber er ist als Kraft erfahrbar, die aufbaut; als Geist, der leitet; als persönlicher Retter und Helfer. Manchmal so machtvoll, dass man eine Gänsehaut bekommt; manchmal so zart, dass man seine Gegenwart kaum spürt; manchmal so humorvoll, dass man laut über sich selbst lacht. Immer so vertrauenswürdig, dass man sein Leben unter seine Leitung stellen kann. Immer so liebevoll, dass es nicht auf die eigene Leistung ankommt, sondern nur darauf, Gott als Herrn anzuerkennen.

Die Geschichten dieses Buches laden ein, eine persönliche Gotteserfahrung zu riskieren. Sie sollen Gottes Größe und Güte bezeugen. Es handelt sich um eine atemberaubende Fortsetzungsgeschichte, die Gott mit Menschen für Menschen bei Diospi Suyana geschrieben hat – und schreibt.

Sie wird hier erzählt von einem Mann, der selbst sehen und erleben wollte, dass Gott nicht nur ein Konstrukt menschlicher Fantasie ist. Und der es als Privileg betrachtet, in Gottes weltweitem Werk mitarbeiten zu dürfen – meinem Mann. Ich gehöre wahrscheinlich zu seinen schärfsten Kritikern, aber – das hat er gut gemacht! Die Erzählungen stimmen haargenau! Und sie zeigen, dass Gott uns sieht, dass es ihn interessiert, was wir Menschen tun. Darauf basiert Gottes

Werk für die Quechua-Indianer in den peruanischen Anden. Er hat sich Diospi Suyana aus Liebe ausgedacht, um einem Volk zu zeigen, dass es nicht vergessen ist.

Dr. Martina John

Die Katastrophe

Seit Menschengedenken hatte es so eine Regenzeit nicht mehr gegeben. Kurz nach Weihnachten 2009 nahm der Himmel eine dunkelgraue Farbe an. In den folgenden Wochen wechselte sich ein Gewitter mit dem nächsten ab. Das ständige Grollen in den Wolken und die bizarren Blitze wirkten zwar bedrohlich, doch die wirkliche Gefahr ging vom Dauerregen aus. Er ließ die Flüsse über die Ufer treten und weichte ganze Berghänge auf. Tagtäglich stürzten gewaltige Geröll- und Erdmassen in die Tiefe. Niemand wusste, wann und wo der nächste Erdrutsch Straßen und Schienenwege unter sich begraben würde. Die Bewohner der südlichen Anden Perus konnten den Beginn der Trockenzeit kaum erwarten.

Ich schaute sorgenvoll auf meine Armbanduhr. Heute Abend würde Krankenpfleger Michael Mörl mit seiner Familie nach einem Aufenthalt in Deutschland wieder nach Curahuasi zurückkehren. Die Verbindungsstraße, die sie nehmen mussten, war in Nähe des Apurímacs und seiner Zuflüsse an vielen Stellen unterspült und deshalb abschnittsweise nur einspurig befahrbar. Andernorts mussten Straßenarbeiter mit schweren Bulldozern immer wieder Umgehungswege baggern, wo Schlammlawinen die Panamericana völlig versperrt hatten.

Krankenschwester Damaris Haßfeld hatte freundlicherweise angeboten, die Familie am Flughafen in Cusco abzuholen. Aber würde die kleine Reisegruppe in einer Nacht wie dieser die Rückfahrt durch die Berge schaffen? Unheil lag in der Luft. Ich parkte meinen Wagen vor dem Haus der Mörls und starrte durch die beschlagenen Fensterscheiben in die Dunkelheit.

Zur gleichen Zeit kniff Michael Mörl die Augen zusammen und blickte konzentriert durch die Windschutzscheibe des Kleinbusses. Seine Frau Elisabeth und die Kinder sowie Damaris Haßfeld liefen vor ihm durch den Regen. Draußen wurden sie zwar nass, aber im Wagen war es jetzt einfach zu gefährlich. Der Fluss hatte das Niveau der Straße erreicht und mit jeder Minute brachen weitere Asphaltbrocken vom verbliebenen Straßenbelag ab. Ein ohrenbetäubendes Getöse erfüllte die Dunkelheit, sodass man sein eigenes Wort kaum verstehen konnte.

Elisabeth hielt die Hände von Nikodemus und Leonore fest an sich gedrückt. „Wir haben es gleich geschafft", schrie sie den Kindern zu, die sich müde und durchnässt in diesem Moment nur nach einem warmen Bett sehnten.

Die Straße wurde wieder etwas breiter. Wo blieb Papa? Die Kinder drehten sich um und blickten ängstlich zurück. Auch sie verstanden, dass ihr Vater jetzt absolute Maßarbeit leisten musste, um den Hyundai durch die schmale verbliebene Passage zu manövrieren.

Michael Mörl wartete, bis seine Familie ein sicheres Stück Straße erreicht hatte. Nun holte er tief Luft und drückte voll aufs Gas. Zwischen den schwarzen Fluten zu seiner Linken und dem Steilhang zu seiner Rechten flog das Fahrzeug förmlich über die Engstelle dem festen Untergrund entgegen. Er ahnte nicht, dass er einer der letzten Fahrer auf dieser Straße war. Zwei Stunden später rissen die Wassermassen mit lautem Poltern den letzten Rest der Fahrbahn mit sich fort.

Als ich die Mörls und Damaris um 21:30 Uhr an ihrer Haustür begrüßte, standen sieben erschöpfte, aber dankbare Gestalten vor mir. Die vergangenen Stunden würde keiner von Ihnen jemals vergessen.

„Ab ins Bett, schlaft euch alle erst einmal richtig aus", rief ich den Mörls zu und machte mich erleichtert auf den Heimweg.

Unruhig erwachte ich aus meinem Schlaf. Was war das? Offensichtlich warf jemand Steinchen an unser Schlafzimmerfenster. Ich lag allein im Bett, denn meine Frau Martina hatte Nachtdienst. Ich sprang in die Schuhe und zog die Gardine etwas zur Seite. Draußen sah ich im Schein der Straßenlaterne den Pick-up von Dr. David Brady. Der Motor lief und in der geöffneten Wagentür stand unser Urologe. Als er meinen Kopf im Fenster entdeckte, gestikulierte er mit beiden Armen und rief: „Klaus, komm sofort ins Spital. In der Nähe von Saywhite hat sich ein Bus überschlagen. Wir rechnen mit dem Schlimmsten!"

Diese Nachricht reichte. Ich war augenblicklich hellwach und suchte nach meinen Kleidern. „Das hat uns gerade noch gefehlt", flüsterte ich völlig entgeistert, als ich mir die Jeans überstreifte. Ich wusste von den Mörls, dass die Straße von Cusco aus nicht mehr passiert werden konnte, aber jener Bus war aus der anderen Richtung unterwegs gewesen. Vielleicht hatten die Müdigkeit oder die Erschöpfung den Fahrer übermannt. Oder die Bremsen hatten versagt. Möglicherweise hatten Steine auf der Fahrbahn den Bus von der Straße katapultiert. Was auch immer geschehen war, das Hospital Diospi Suyana lag der Unfallstelle am nächsten. Jetzt würden wir alle unser Bestes geben müssen.

Um drei Uhr eilten David und ich etwas nervös durch den Hintereingang des Hospitals. Meine Frau war in der Notaufnahme zugange und kümmerte sich gerade um vier Patienten, die mit dem ersten Taxi eingetroffen waren. Wie es hieß, würden weitere Verletzte in Kürze eingeliefert werden. Während David sich Gummihandschuhe überstreifte, um Tina zu helfen, rannte ich zu unserem Auto auf dem Parkplatz und raste in den Ort zurück. Allein würden wir hier nicht viel ausrichten können. Das ganze Team musste umgehend mobilisiert werden.

Es war gar nicht so einfach, manche Leute aus dem Tiefschlaf zu wecken. Während ich von Haus zu Haus fuhr, um Krankenschwestern, OP-Personal und Labormitarbeiter einzusammeln, schlugen meine nächtlichen Fahrbegleiter mit ihren Handys Alarm. In wenigen Minuten waren alle Schlüsselpersonen des Spitals verständigt. Michael Mörl hatte sich seinen Arbeitsbeginn sicher anders vorgestellt. Ungeduldig pochten wir mitten in der Nacht an seine Haustür. Jetlag hin oder her, auf den erfahrenen Intensivpfleger konnten wir einfach nicht verzichten. Wie ein alter Pfadfinder war er sofort startklar.

Als wir gemeinsam durch die Flure des Spitals hasteten, sahen wir überall auf Betten und fahrbaren Tragen blutverschmierte Patienten liegen. Die meisten zitterten wie Espenlaub, was sowohl auf den Schock des Unfalls als auch auf die nasse Kleidung zurückzuführen war. Tina, David und Dr. Oliver Engelhard hatten bereits die Patienten mit den schwersten Verletzungen identifiziert.

„Klaus, mit dem hier musst du gleich in den Operationssaal", brummte Oliver. „Er hat einen akuten Bauch und befindet sich im Schock!" Ich schluckte. Um das Spital zu gründen, war ich jahrelang um die Welt gereist, um unsere Vision eines modernen Krankenhauses für die Nachfahren der Inkas bekannt zu machen. Für das Operieren war eigentlich Dr. Daniel Zeyse zuständig. Ausgerechnet jetzt war er mit seiner Familie im Urlaub!

Mit Dr. Dripps, einem Professor der Harvard Universität, der uns für vier Monate als Anästhesist aushalf, und mehreren Schwestern machten wir uns auf den direkten Weg zum Operationssaal 1. Nach einer schnellen Narkoseeinleitung und einem Stoßgebet um Gottes Segen öffnete ich den Bauch mit einem großen Mittelschnitt. Der rechte Leberlappen war durch den Aufprall des Busses weit aufgerissen und aus mehreren Gefäßen strömte das Blut in die Bauchhöhle. Wie üblich bei solchen Fällen kontrollierte ich die Blutung mit gut platzierten Kompressen und nähte den Bauch unter Druck wieder zu. 48 Stunden später würde die definitive Versorgung bei einer erneuten Operation erfolgen.

Die Zahl der Unfallopfer stieg mit jedem Wagen, der vor der Notaufnahme zum Halten kam. Die ganze Nacht hindurch kämpften unsere Mitarbeiter um jeden Patienten. Computerspezialist Benjamin Azuero, obwohl von Medizin keine Ahnung, packte überall an, wo er helfen konnte. In der Röntgenabteilung schwitzte Kinderarzt Dr. Frick und schob mit Esther Litzau ein Unfallopfer nach dem anderen in den Computertomografen. Wie eine detaillierte Zählung später ergab, führten unsere tapferen Röntgenmitarbeiterinnen in jenen schicksalhaften Stunden des 25. Januars 148 Röntgenbilder und Computertomografien durch.

Einige Ärzte von der örtlichen Gesundheitsstation reihten sich in unser Team ein und nähten wie am Fließband große und kleine Wunden zu. Die Stunden vergingen. Gegen 6 Uhr atmeten wir etwas auf. 53 Patienten würden wahrscheinlich den Unfall überleben. Um eine Frau hatten wir uns leider vergeblich bemüht. Sie war auf einer Trage tot ins Spital geschoben worden und alle Wiederbelebungsversuche waren gescheitert. Einige Stunden später begleiteten Tina und ich die weinende Tochter in den Leichenkeller. Ein letzter Dienst im Angesicht des Todes.

Um 8 Uhr am Morgen schickten wir alle ambulanten Patienten, die am Eingang Schlange standen, wieder nach Hause. Keiner murrte über diese notwendige Maßnahme, obwohl viele von ihnen von weither angereist waren. Sie ahnten wohl, welche Dramen sich gerade in den Räumen des Spitals abspielten, und zeigten echte menschliche Solidarität.

Christian Contreras, ein Medizinstudent aus Lima, machte

bei uns gerade ein Praktikum. Dadurch wurde er ganz unmittelbar Zeuge der Katastrophe. Er knipste aufgeregt die vielen Szenen in den verschiedenen Abteilungen des Spitals. Noch Jahre später holte er bei allen passenden Gelegenheiten sein Smartphone hervor und zeigte die Bilder, die eines klar bewiesen: „Ich war dabei!"

Große Aufregung danach

Am Nachmittag gingen die meisten Mitarbeiter nach Hause und fielen erschöpft in ihre Betten. Verständlich, hatten sie doch nicht nur die Hälfte ihres Nachtschlafs verpasst, sondern waren zudem fast 12 Stunden unermüdlich durch das Krankenhaus gehetzt, um die Unfallopfer zu versorgen.

Mittlerweile lagen alle Röntgen- und Laborergebnisse vor. Vier Patienten mussten dringend nach Cusco verlegt werden. Mein Patient mit der aufgerissenen Leber wartete auf seine zweite Operation, und zwar an einem Spital, wo eine ausreichende Menge an Blutkonserven zur Verfügung stand. Denn niemand konnte voraussagen, ob und wenn ja wie stark es aus der Leber nach Entfernung der drei Kompressen wieder bluten würde. Der Kopf einer Frau war bis zur Unkenntlichkeit angeschwollen. Sie bedurfte der fachkundigen Expertise eines plastischen Chirurgen, um ihre diversen Brüche im Gesichtsbereich zu verdrahten. Eine weitere Patientin namens Benita Sutta lag seit ihrer Aufnahme bewegungslos auf einem harten Brett. Bei ihr bestand der hochgradige Verdacht eines Bruchs des ersten Halswirbels. Und dann war da noch ein junger Mann mit der Verdachtsdiagnose Leukämie. Die Computertomografie hatte bei ihm ein großes Hämatom in der Milz gezeigt. Falls die Milz platzen sollte, würde der Patient in wenigen Minuten verbluten.

Vier Patienten mussten also nach Cusco. Aber wie? Die Straße zwischen Cusco und Curahuasi war durch das Hochwasser an vielen Stellen zerstört worden. Auf absehbare Zeit gäbe es für Fahrzeuge jedweder Art kein Durchkommen. Es blieb also nur die Verbindung über die Luft.

Ab Montagmittag telefonierte ich pausenlos mit dem Gesundheitsministerium in Lima sowie dem Büro der First Lady Pilar Nores de García. Die Gattin des Staatschefs hatte sich 2006 bereit erklärt, unser Spital als Patin zu unterstützen, wenn immer wir in der Klemme säßen. Dieser Ernstfall war nun eingetreten. Wer denkt, es könne doch kein Problem sein, vier Patienten mit einem Hubschrauber 35 Minuten von A nach B zu befördern, kennt nicht die Realitäten der peruanischen Anden. Die meiste Zeit über ist in der Touristenmetropole Cusco überhaupt kein Hubschrauber stationiert. Und wenn vorhanden, muss erst die Kostenfrage für den Flug geklärt werden. Ein Netz mit Rettungshubschraubern, so wie wir es in Europa haben, fehlt in Peru gänzlich.

Erschwerend kam hinzu, dass nicht nur wir eine Hubschrauber-Evakuierung planten. Zwischen Machu Picchu und Cuso hatte nämlich eine gigantische Lawine die Schienen der Eisenbahngesellschaft Peru-Rail verlegt. Über zweitausend Touristen saßen in den nahen Ortschaften fest und waren plötzlich statt in Fünf-Sterne-Hotels nur in notdürftig aufgebauten Zelten untergebracht.

Machu Picchu zählt zu den sieben neuen Weltwundern, das jedes Jahr über zwei Millionen Besucher aus aller Welt anlockt. Es ist die Kombination aus Inka-Erbe, einer atemberaubenden Landschaft und beeindruckenden Ruinen, die diese Ruinenstadt zu einem Muss für jeden Touristen macht. Nicht wenige, besonders die Esoteriker, halten Machu Picchu für das Zentrum eines starken Energiefeldes. Wie dem auch sei, eines ist sicher. Wenn es an dieser historischen Stelle mächtig kracht, dann sind die Augen der internationalen Presse sofort dorthin gerichtet.

In allen Nachrichtensendungen Perus, aber auch in Europa und den USA standen die „armen" Touristen im Zentrum der Aufmerksamkeit. Der peruanische Staat musste umgehend handeln, um nicht als tatenlos kritisiert zu werden.

Und dieser politischen Notwendigkeit folgend begann das peruanische Militär eine Luftbrücke einzurichten, um die gestrandeten Touristen aus ihrer „Falle" zu befreien. Touristen sind nämlich nicht nur Menschen, sondern auch begehrte Devisenbringer. Dieser Umstand zählt viel in unserer realen Welt.

Machu Picchu befindet sich nur rund fünfzig Kilometer Luftlinie von Curahuasi entfernt auf der anderen Seite der Gebirgskette. Von meinem Fenster aus konnte ich die Hubschrauber am Horizont beobachten und sogar ihr Dröhnen hören. Wehmütig schaute ich zu den schneebedeckten Bergen hinüber. Für die Touristen scheute der peruanische Staat keinerlei Kosten und Mühen. Die Piloten der Luftwaffe würden sicherlich lieber tagelang gesunde Touristen ausfliegen, als sich um unsere vier Schwerverletzten zu kümmern. Wir mussten unseren Fall unbedingt in die Massenmedien bringen.

„Michael", rief ich unserem Intensivpfleger zu, „könntest du vielleicht unsere Patienten auf der Intensivstation filmen? Ich würde die Filmclips gerne per E-Mail an Fernsehkanal 2 schicken. Wir müssen auf uns aufmerksam machen!"

„Ja, dass kriege ich hin", murmelte Michael und verschwand auf der Suche nach seiner Kamera. Natürlich war der Krankenpfleger von der Zeitumstellung, dem fehlenden Schlaf und dem Stress des Tages sichtlich gebeutelt. Doch für so eine Aktion war er noch zu haben.

Es dauerte nicht lange und er lieferte mir mehrere kurze Videos, die ich sofort an Renato Canales weitergab. Renato Canales war nicht irgendwer. Als Progammdirektor von „90 Segundos", der führenden Nachrichtensendung Perus, kannte er uns seit 2006. Schon fünf Mal hatte er ausführlich über uns berichten lassen. Seit jenen Reportagen hegte er große Sympathien für unsere Sache. Wie er mir am Telefon versicherte, wollte er uns auch diesmal gern medienwirksam unter die Arme greifen.

Noch am Abend liefen die Videos im nationalen Fernsehen. Die Botschaft war unmissverständlich: „In Curahuasi warten vier schwerverletzte Peruaner auf ihre lebensrettende Behandlung in Cusco. In Machu Picchu werden aber zuerst gesunde Ausländer vom Militär ausgeflogen!" Der Grund dafür war natürlich klar. Der Druck der Weltöffentlichkeit!

Meinem Unmut darüber machte ich noch spät in der Nacht Luft: Ich schickte lange E-Mails an den Gesundheitsminister Oscar Ugarte sowie an die First Lady. Da ein Bild mehr sagt als tausend Worte, hatte ich 14 ausdrucksstarke Fotos meinem Bericht angefügt.

Dienstag, der 26. Januar. Endlich kam Bewegung in unsere festgefahrene Situation. Am Vortag hatte ich auch mit SARA Peru verhandelt. Die South American Rescue Association war ziemlich neu auf dem Markt. Sie heuerte von peruanischen Flugfirmen Hubschrauber an und organisierte Noteinsätze, je nach Bedarf und Zahlungsfähigkeit der Kunden. Dieser Service wurde SARA Peru meist gewinnträchtig von ausländischen Versicherungen vergütet. Bernhard Farnheim, ein Deutscher aus Baden-Württemberg, war als Vizepräsident von SARA mein Ansprechpartner.

Die Gattin des Staatspräsidenten ließ mir mitteilen, sie habe mit dem Premierminister und sogar mit dem Chef der Luftstreitkräfte über unseren Fall gesprochen. Man würde uns sicherlich bald helfen. Aber in den letzten vierundzwanzig Stunden hatte sich bei mir noch kein Offizieller der Streitkräfte gemeldet.

Beim Gesundheitsministerium bahnte sich allerdings eine Lösung an. Eine gewisse Doctora Estela Flores teilte mir telefonisch mit, man habe schon mit SARA Peru über die Kostenübernahme von zwei Flügen gesprochen; damit sei die Evakuierung unserer vier Patienten in trockenen Tüchern. Ich atmete befreit auf und rieb mir meine müden Augen. „Na endlich", brummelte ich vor mich hin, „das war ja wirklich eine schwere Geburt!" Jetzt hieß es, auf die Ankunft des Helikopters zu warten.

Wer allerdings in Peru glaubt, er könne sich nach einer gegebenen Zusage entspannt ins Bett legen und ein Nickerchen halten, wird nach seinem Erwachen oft bitter enttäuscht sein. Ich lebte schon lange genug in Südamerika, um zu wissen, dass ich an diesem Nachmittag am Ball bleiben musste. Deshalb rief ich halbstündlich beim Büro von SARA Peru in Cusco an. Meine Fragen waren immer die gleichen: „Wo steckt ihr eigentlich? Wie lange dauert es denn noch!"

Die Antworten hätten nicht widersprüchlicher und ungenauer sein können. Versicherte mir ein Angestellter, der Hubschrauber sei schon so gut wie vor unserer Haustür, informierte mich sein Kollege, dass sich der Helikopter noch immer in der Stadt Quillabamba befände und noch gar nicht gestartet sei. Mit seinem Eintreffen sei deshalb während der nächsten Stunden gar nicht zu rechnen. Es waren in der Tat erregte Gespräche, die wir führten, und nicht nur einmal platzte mir der Kragen. Dabei wurde ich den Verdacht nicht los, dass es den SARA Leuten weniger um unsere Verletzten als vielmehr um das lukrative Geschäft ging.

15:30 Uhr. Ich hatte meine Hoffnung, dass es an jenem Dienstag noch klappen würde, fast schon aufgegeben. Plötzlich ertönte ein leises Brummen in der Luft, das sich schnell zu einem lauten Dröhnen steigerte. Der ersehnte Hubschrauber von SARA war da. Er landete auf dem schönsten Landeplatz Apurímacs, der sich – wie kann es anders sein – auf dem Gelände unseres Spitals befindet. Ohne viel Zeit zu verlieren, luden wir vorsichtig meinen Patienten mit der geplatzten Leber und die Frau mit der Halswirbelverletzung in den Helikopter. Krankenschwester Silvia Vargas und ich selbst würden während des Transportes die medizinische Aufsicht übernehmen. Ein kleines Boardcase von mir und meine Laptoptasche wurden ebenfalls eingeladen, denn der letzte Linienflug von LAN würde mich am späten Nachmittag von Cusco nach Lima bringen, von wo meine Weiterreise in die USA schon gebucht war. Vierundzwanzig Stunden später hatte ich nämlich einen Termin bei Vitor Rocha. Der Südamerika-Beauftragte von GE Healthcare wollte meinen Antrag auf Spende eines Bildwandlers prüfen. So ein spezielles Durchleuchtungsgerät ist für die operative Versorgung von Knochenbrüchen unerlässlich. Da diese Röntgeneinheit eine Menge kostet, musste ich unbedingt einen ganz persönlichen Vortrag halten – und zwar in Miami.

Mit einem lauten Rumms schlug die Hubschraubertür zu. Der Motor heulte auf und die Propeller rotierten immer schneller, bis sie sich für das menschliche Auge in Nichts auflösten. Wir hoben ab. Gut 50 Mitarbeiter des Spitals blickten angestrengt in den Himmel, während wir in luftiger Höhe der Stadt Cusco entgegenflogen. Meine Kamera hängt meist griffbereit am Gürtel. Was lag näher, als eine Reihe von Luftaufnahmen vom Spital zu machen. Als Kind habe ich einmal den Palast des Dalai Lama auf einem Foto gesehen. Ich war damals so richtig ins Träumen geraten. Aber der Anblick des Hospitals Diospi Suyana auf seinem künstlich angelegten Plateau am Berghang bedeutete mir ungleich mehr. So viele lange Jahre hatten meine Frau und ich für die Gründung dieser medizinischen Einrichtung investiert. Mit großer Dankbarkeit schaute ich auf das Dreieck hinunter, an das sich grüne Wiesen reihten. Langsam wurde es immer kleiner und schließlich verschwand es ganz aus meinem Blickfeld.

Nach vierunddreißig Minuten Flug landeten wir sicher auf dem Flughafen von Cusco. Ein Rettungswagen des Versicherungskrankenhauses Essalud würde unsere beiden Patienten in wenigen Minuten abholen. Ich blickte nervös zum Flughafengebäude hinüber. Dort stand ein Flugzeug von LAN. Ich wusste, dieser Flug wäre an jenem Tag der letzte zur Hauptstadt Lima. Und es war *mein* Flug. Das Ticket befand sich in der Innentasche meiner gefütterten Jacke. Nur neun Minuten später würden sich die Türen schließen und der Airbus der Startbahn entgegenrollen.

In meinem Kopf arbeitete es fieberhaft. Um das Gebäude durch den Haupteingang zu betreten und alle Kontrollen zu passieren, würde mindestens eine Viertelstunde vergehen. Wenn man mich überhaupt durchlassen würde. Es gab für mich nur eine einzige Chance, meinen Flug noch rechtzeitig zu erwischen.

Ich rief der Crew im Hubschrauber ein hastiges „Hasta luego" zu, schnappte meine beiden Gepäckstücke und rannte wie angestochen quer über das Flughafengelände zum Airbus. Die Gangway, die den Wartesaal mit dem Flugzeug verband, hatte eine Treppe nach außen. Mit großen Sätzen sprang ich sie hoch, quetschte mich durch die Seitentür und stand unvermittelt vor zwei sprachlosen Stewardessen.

Völlig außer Atem rief ich: „Ich bin eben mit diesem Hubschrauber dort drüben aus Curahuasi angekommen. Bitte, Sie müssen mich mitnehmen, sonst verpasse ich einen wichtigen Termin in Miami!"

Die beiden Damen rangen spürbar um Fassung. So einen

Quereinsteiger, der sich an allen Sicherheitskontrollen vorbeimogelte, hatten sie noch nicht erlebt. Möglicherweise war ich sogar ein gefährlicher Bursche. „Nein, Sie sind zu spät. Die Maschine fliegt gleich ab und Ihr Gepäck wurde auch noch nicht durchleuchtet!"

Ich zog meine Stirn in Falten. Ich war so nah dran am Ziel. Es musste einfach klappen, irgendwie. In Windeseile zog ich eine Broschüre über unser Spital aus meiner Tasche und deutete mit dem Zeigefinger auf das Grußwort der Präsidentengattin. „Pilar Nores ist die Patin unseres Missionsspitals in Curahuasi. Sie müssen mir helfen!"

Meine Ansprache von wenigen Sekunden genügte. „Na gut, kommen Sie ganz schnell mit!", rief eine der beiden. „Wir werden ihre Taschen röntgen lassen!" Die hübsche Mitarbeiterin von LAN bewies begnadete Sprintqualitäten. Am Durchleuchtungsgerät angekommen setzte sie mein Boardcase im hohen Bogen auf das kurze Förderband. Zwei Minuten später schloss sich die Tür des Flugzeugs. Ich saß auf meinem Platz 10 L und flog Lima und damit Miami entgegen.

Gegen 17:30 Uhr holte der Hubschrauber die übrigen zwei Patienten aus dem Missionsspital ab und erreichte den Flughafen in Cusco gerade noch vor Einbruch der Dunkelheit. In der Nacht verfasste ich einen Bericht für unsere Webseite. Ich schloss ihn mit den Worten: „Es ist schön, ein spannendes Leben zu führen. Aber muss es wirklich *so* spannend sein?"

Mit meinem Flug nach Miami klappte alles wie geplant. Um 9 Uhr am Morgen stand ich geschniegelt und gebügelt vor dem stattlichen weißen Gebäude von GE-Healthcare. Die hohen Palmen und der blaue Himmel ließen fast eine Urlaubsatmosphäre aufkommen. Aber ich war hier mit einer besonderen Mission, und die wollte ich erfüllen.

Mr Vitor Rocha, ein Brasilianer, sah sich meinen Vortrag

geduldig an. Er war zwar höflich, blieb aber recht distanziert. Schließlich sagte er, er sei eigentlich gar nicht der richtige Ansprechpartner für mich. Die Entscheidung über eine mögliche Sachspende eines Bildwandlers würden andere treffen. Ich sah ihn ziemlich verdattert an. Unter den größten Mühen war ich 5 000 Flugkilometer für diese Unterredung angereist. Nun begann ich zu ahnen, dass der Stress der letzten zwei Tage wohl völlig umsonst gewesen war.

Viele unserer Freunde kennen die Highlights von Diospi Suyana. Manchmal scheint es, als eilten wir von Erfolg zu Erfolg. Eine Großspende hier, eine Audienz bei einem Würdenträger dort und immer höhere Ziele, die wir mit beispielloser Leichtigkeit auch erreichen. Die dornenreichen Wege und vielen Frusterfahrungen werden schnell vergessen. Für mich selbst haben diese Tiefschläge jedoch einen tieferen Sinn. Sie zeigen mir deutlich, wie schwierig der Aufbau und Betrieb unseres Spitals in Wirklichkeit sind. Die deprimierenden „Niederlagen" animieren mich, intensiver zu beten und um Gottes Eingreifen zu bitten. Wenn mein großer Wunsch dann endlich in Erfüllung geht, geschieht dies meist durch eine unerwartete Wendung der Geschicke, die einem Wunder gleichkommt.

Am Nachmittag jenes Tages saß ich längst wieder in einem Flugzeug. Vor meiner Rückkehr nach Peru folgte ich noch einer Einladung der EMSI-Mission nach Barcelona. Die humanitäre Gesellschaft aus Spanien schickt mit großer Regelmäßigkeit medizinische Freiwilligenteams nach Afrika. Nun würde ich vor dreißig christlichen Ärzten und Krankenschwestern sprechen dürfen. Ich sah in diesen spanischsprachigen Aktivisten natürlich potenzielle Kurz- und Langzeitmitarbeiter für unser Spital in Peru.

Das Treffen fand in einem Saal des Evangelischen Krankenhauses von Barcelona statt. Anders als bei GE sprang hier der Funke über. Mehrere Ärzte signalisierten großes Interesse an unserem Werk. Einer von ihnen, ein gewisser Dr. Alfonso Miranda aus Cadiz, ließ es bei neugierigen Fragen nicht bewenden. Einige Monate später kam der Anästhesist nach Curahuasi und investierte seinen Sommerurlaub für einen ehrenamtlichen Einsatz an unserem Missionsspital. Dafür wurde er gleich zweifach belohnt. Spanien wurde während seines Arbeitsbesuchs bei uns Fußballweltmeister und wir haben Alfonsos Jubelruf beim entscheidenden Tor seiner Landsleute alle noch im Ohr. Aber wesentlich bedeutsamer für ihn wurde seine große Liebe zu unserer leitenden OP-Schwester Uli Beck. Die beiden heirateten ein Jahr später und leben nun glücklich in seiner Heimatstadt in Südspanien.

Während jener ereignisreichen Wochen im Januar hatten wir das Schweizer Ehepaar Wettstein als Kurzzeitmitarbeiter im Spital beschäftigt. Peter half in den Werkstätten mit und seine Frau Karin in der Anästhesie. Für den 1. Februar planten sie eine Reise nach Cusco. Diese Fahrt war vor dem Hochwasser eine Angelegenheit von zweieinhalb Stunden gewesen. Doch nach der Zerstörungswut der Fluten mussten Reisende an zwei Stellen ihre Fahrzeuge verlassen, an den Berghängen entlangklettern, um danach im Tal nach der nächsten Transportmöglichkeit Ausschau zu halten. Die Wettsteins sind erfahrene Alpinisten und maßen diesem unbequemen Umstand keine größere Bedeutung bei.

Auf halber Strecke zwischen dem Übergang über den Apurimac-Fluss und dem Ort Limatambo reihten sie sich in die Schlange der Kletterer ein. Gut 150 Meter hatten sie schon an Höhe gewonnen. Der Trampelpfad über den Hang war schmal und nur für Schwindelfreie geeignet. Ob es am falschen Schuhwerk lag oder an einer kurzen Unachtsamkeit, lässt sich im Nachhinein nicht mehr sagen. Auf jeden Fall verlor Karin ihren Halt, stürzte über hundert Meter den steilen Abhang hinunter und dann die letzten dreißig Meter im freien Fall in die Tiefe. Peter sah mit Entsetzen, wie seine Frau über die Böschung flog und verschwand. Es dauerte eine Weile, bis er Karin wieder lokalisieren konnte. Sie lag mit dem Rücken auf dem roten Wellblechdach einer katholischen Kapelle. Die elastischen Dachplatten hatten wie ein Spanntuch der Feuerwehr gewirkt. Diese Federung beim Aufprall rettete Karins Leben. Über eine Distanz von vier Kilometern war dies das einzige Gebäude am Straßenrand. Die Wahrscheinlichkeit, nach einem Sturz genau diesen einen Landeplatz zu treffen, dürfte wohl deutlich unter einem Prozent gelegen haben.

Karin lebte zwar, aber sie hatte sich eine ganze Reihe ernsthafter Verletzungen zugezogen. Die Lendenwirbelsäule, eine Hüfte, das Becken und ein Fersenbein waren gebrochen. Da sich das ganze Tal in ein einziges Flussbett verwandelt hatte, gab es in jenen schicksalhaften Augenblicken nur eine Möglichkeit, Karin zu evakuieren. Engagierte Straßenarbeiter brachten sie in der Schaufel eines Frontladers drei Kilometer durch den Fluss Rio Blanco stromaufwärts. Die Schmerzen, die Karin auf dieser Holperstrecke ausstehen musste, sind kaum vorstellbar. Ein Rettungswagen transportierte die Schweizerin schließlich von Limatambo nach Cusco, von wo aus sie mit dem Flugzeug nach Lima in eine Privatklinik verlegt wurde.

Es sollte für Karin eine lange Leidensgeschichte werden. Die erste Operation in Peru führte zu einer schweren Infektion der Wunde. In der Schweiz folgten weitere operative Eingriffe und eine monatelange Rehabilitation. Bis zu ihrer vollständigen Genesung verging ein ganzes Jahr, angefüllt mit entmutigenden Rückschlägen und endlosen Geduldsproben.

Auf meiner Heimreise von Spanien erreichte ich die Unglücksstelle drei Stunden später von der Cusco-Seite aus. Da ich nicht schwindelfrei bin, gab ich den Versuch bald auf, diesen Hang zu überqueren. Bereits drei Wanderer waren in den Tagen zuvor hier in den Tod gestürzt. Karin wäre um ein Haar das vierte Todesopfer geworden. Ein Führer leitete mich stattdessen auf der gegenüberliegenden Flussseite durch die Berge. Während dieser anderthalbstündigen Klettertour machte ich einige Fotos vom Tal unter mir. Ohne vom Unfall meiner Kollegin zu wissen, dokumentierte ich durch diese Bilder nachträglich Karins ungefähre Falllinie. Die Aufnahmen lösen bei jedem Betrachter ein ungläubiges Staunen aus. Wie kann ein Mensch solch einen Sturz überleben!

Karin und Peter Wettstein, ihre Freunde und alle Mitarbeiter von Diospi Suyana danken Gott für diese Bewahrung in höchster Not. Vielleicht wenden Sie jetzt ein, Gott hätte das Unglück doch mit Leichtigkeit verhindern können. Warum habe er es denn überhaupt zugelassen?

Die Frage nach dem menschlichen Leid beschäftigt uns bewusst und unbewusst tagtäglich an unserem Missionsspital. Aus anonymen Krankenakten werden ganz schnell persönliche menschliche Schicksale, sobald wir in die trüben Augen des Patienten blicken, den Kummer aus seinem Mund hören und sein leises Stöhnen vernehmen. Wenn wir in langen Nächten vergeblich versuchen, ein junges Kind oder eine schwangere Mutter dem Tod zu entreißen, vermischen sich Trauer und Bitterkeit mit Müdigkeit und Erschöpfung. Und der innere Schrei, der aus dem Herzen dringt, lautet: „Gott, warum?"

Jeder, der meint, auf diese Frage eine erschöpfende Antwort zu kennen, hat noch nie auf einer Intensivstation gearbeitet. Das grenzenlose Elend, das uns im Spital auf Schritt und Tritt begleitet, beweist nur eines: Die definitive Lösung des Leids finden wir nicht in der modernen Medizin, sondern nur im Glauben. Wenn Gott uns durch das Tal des Todes trägt, finden wir Halt. Und wenn er uns auf der anderen Seite in Liebe erwartet, dann sind wir getröstet. Und diesen Trost können Morphinspritzen und Valiumtabletten niemals ersetzen.

Deshalb haben meine Frau und ich das Missionsspital gegründet. An jedem Morgen feiern wir mit rund zweihundert Patienten und Mitarbeitern einen Gottesdienst in der Kirche des Krankenhauses. Wir erinnern uns gegenseitig an die Fürsorge Gottes und lesen in der Bibel von seiner unwandelbaren Treue. Nach diesen dreißig Minuten verstehen wir ein wenig besser, dass es jenseits der Gnade Gottes keine Hoffnung für uns gibt.

Die Rufmordkampagne

Die Buskatastrophe vom Januar lag drei Monate zurück und im Hospital Diospi Suyana war längst wieder der Alltag eingekehrt. Da erhielt ich in der letzten Aprilwoche 2010 einen überraschenden Anruf vom Geschäftsführer der Gesellschaft SARA Peru. Alexander Chavarry informierte mich, das Gesundheitsministerium habe leider nicht alle entstandenen Kosten der Rettungsflüge bezahlt. Er bat mich, meinen Einfluss in Lima geltend zu machen, damit die Angelegenheit für alle Beteiligten ein schnelles und gutes Ende nehme.

Irgendetwas stimmte mich misstrauisch. Hier war doch etwas faul. Ich konnte mir keinen rechten Reim aus diesem Anruf machen. Sorgfältig überlegte ich mir jedes Wort, als ich Herrn Chavarry darauf hinwies, Diospi Suyana sei zu keinem Zeitpunkt an den Verhandlungen über die Kosten beteiligt gewesen. Es habe sich ausschließlich um eine direkte Vereinbarung zwischen dem Ministerium und SARA Peru gehandelt.

Am Samstag, dem 1. Mai, schaltete ich morgens meinen Computer an, um meine E-Mails zu lesen. Unter den vielen Nachrichten entdecke ich eine von Bernhard Farnheim. Der Vize-Präsident von SARA brachte seinen Ärger darüber zum Ausdruck, dass ich mich nicht zugunsten seiner Gesellschaft beim Ministerium in Lima eingesetzt hätte.

In Peru wird auch in der Öffentlichkeit mit harten Bandagen gekämpft, das wusste ich. Was ich allerdings in den folgenden Zeilen an Beleidigungen las, machte mich geradezu fassungslos. Herr Farnheim bezichtigte mich des Größenwahns. Ich litt an einer Realitätsverkennung und das, was ich auf der Webseite vom Handeln Gottes veröffentlichte, sei Ausdruck einer Persönlichkeitsstörung.

Die E-Mail erschien mir absolut ungeheuerlich. Ich las ein zweites und dann ein drittes Mal den kurzen Text durch. Schließlich blieb mein Blick an der Liste der Adressaten hängen und ich erstarrte. Bernhard Farnheim hatte seine unflätige Mail an eine nicht enden wollende Liste von Empfängern gerichtet. Zu meinem Schrecken fand ich im cc Mitarbeiter der deutschen Botschaft in Lima, allen voran den Herrn Botschafter selbst, ein Mitglied des Bundestages in Berlin, eine Ministerin der hessischen Landesregierung, eine Reihe von Nichtregierungsorganisationen im In- und Ausland, selbst Firmen wie VW sowie mehrere Kontakte, mit denen ich seit Jahren gut zusammengearbeitet hatte.

Ich geriet in helle Aufregung, als ich diese Liste ausdruckte. Herr Farnheim hatte meinen Namen vor rund 400 Adressaten nach allen Regeln der Kunst in den Schmutz gezogen. Vielleicht beschreibt das Wort Panik am ehesten, was ich in diesem Moment empfand. Ich rief Tina in mein Büro und deutete mit meiner Hand auf den Bildschirm. Meine Frau überflog die E-Mail und schüttelte entgeistert mit dem Kopf. Nun waren wir beide wie benommen.

Wie sollten wir auf so einen Rufmord reagieren? Wir sprachen beide ein Gebet und dann unterrichtete ich unseren Bauingenieur Udo Klemenz. Mit seiner weltweiten Erfahrung als Bauleiter hatte er schon so manchen Strauß gefochten, vielleicht hätte er einen guten Rat für uns auf Lager.

Eine Stunde später stand unser Schlachtplan. Udo Klemenz, meine Frau Tina und ich selbst würden die Beleidigungen des Herrn Farnheim in getrennten E-Mails zurückweisen und den Sachverhalt aus unserer Sicht klarstellen. Es erschien uns notwendig, unsere Antworten an alle unter cc kopierten Empfänger zu richten.

Vielleicht kennen Sie das Gefühl, wenn der Boden unter Ihren Füßen schwankt und Sie nicht wissen, ob Sie Sekunden später noch aufrecht stehen werden. So fühlte ich mich, entmutigt und völlig niedergeschlagen. An jenem Samstag und Sonntag verfolgte mich die E-Mail des Vize-Chefs von SARA in den Schlaf und weckte mich am Morgen unsanft auf. Ich kalkulierte, dass über die umfangreiche Verteilerliste möglicherweise 800 Personen von den Verleumdungen gegen mich Kenntnis erhalten hatten. Weh mir! Warum hatte Gott so etwas zugelassen? In seinem Namen arbeiteten wir unter den widrigsten Umständen im peruanischen Hochland. Für Indios aus allen Teilen Perus hatte sich das Hospital Diospi Suyana als segensreich erwiesen. Für die vier Schwerverletzten des Unfalls im Januar hatten wir bis zum Umfallen gekämpft, um ihre notwendige Weiterbehandlung zu ermöglichen. Als Quittung erhielte ich nun einen derben Schlag unter die Gürtellinie.

Vermutlich hat Gott an jenem Wochenende über mich

geschmunzelt. Natürlich sah er meine innere Zerrissenheit und Enttäuschung. Aber er wusste schon, was der Montag bringen würde. Am 3. Mai strahlte das ZDF nämlich in der Drehscheibe eine gelungene Reportage über unser Lebenswerk aus. Die sechseinhalb Minuten waren die beste Werbung, die sich ein Spendenwerk wie Diospi Suyana überhaupt erträumen konnte. Vor 800 000 Fernsehzuschauern wurden meine Frau und ich als Gründer des Spitals lobend herausgestellt. Pro Leser der unverschämten E-Mail des Herrn Farnheim hatten also 1 000 Fernsehzuschauer einen positiven Eindruck von unserer Lebensaufgabe gewinnen können. Die Ereignisse vom Samstag, obwohl sie nur achtundvierzig Stunden zurücklagen, erschienen mir nach diesem Medienereignis wie in weiter Ferne. Ich fühlte mich getröstet, gestärkt und neu motiviert. Den Fall „SARA Peru" legte ich gedanklich zu den Akten.

Die Bibel sagt, dass wir uns nicht über die Zukunft sorgen sollen, denn jeder Tag habe seine eigene Plage. Ich hatte keine Ahnung, was mich neun Monate später erwarten würde, und das war auch gut so, denn sonst hätte dieses Wissen die zweite Jahreshälfte 2010 für mich überschattet.

Am 20. Januar 2011 – ziemlich genau ein Jahr nach dem verheerenden Busunfall – erhielt ich vom Gericht in Curahuasi eine Reihe von Dokumenten. Ich blätterte durch die Seiten und mein Herz rutschte wieder in die Hose. SARA Peru forderte von mir als Privatperson eine Summe von über 29 000 US-Dollar. Rund 9 500 US-Dollar, um einen Fehlbetrag bei den beiden Hubschrauberflügen zu begleichen, und weitere 20 000 US-Dollar für einen nicht näher definierten Schaden, der für SARA Peru durch die angeblich ausstehende Zahlung entstanden sei. Das Rechtswesen in Peru hat den notorischen Ruf von Bestechlichkeit und Dilettantismus. Eine Hand wäscht die andere und das Recht bleibt allzu häufig auf der Strecke. Ich musste handeln und zwar schnell und entschlossen.

In der letzten Januarwoche flog ich nach Lima und versuchte die Personen ausfindig zu machen, die ein Jahr zuvor in den Vorgang involviert gewesen waren. Und siehe da, ich fand sie alle an ihren Schreibtischen im Gesundheitsministerium. Dr. Estela Flores machte mir sogar ein detailliertes Protokoll der Ereignisse jener Katastrophentage zugänglich. Aus ihm ging hervor, dass das Ministerium in Lima sowie die Landesregierung von Apurimac mit SARA über den Preis der beiden Flüge verhandelt hatten. Man hatte sich auf eine Bezahlung von 4 500 US-Dollar geeinigt.

Als SARA Peru dann eine Rechnung über 22 000 US-Dollar beim Ministerium einreichte, regten sich die Beamten über diese Unverschämtheit nicht groß auf, sondern schickten die Rechnung postwendend zurück.

Ich besuchte die Landesregierung in Abancay und erhielt ein weiteres Dokument, das die Version aus Lima bestätigte. Selbstverständlich holte ich mir auch legalen Beistand. Das Anwaltsbüro Olaechea in Lima hilft uns seit 2008 bei Rechtsfragen auf ehrenamtlicher Basis und Anwalt Efrain Caviedes aus Cuso ist sogar Ehrenmitglied von Diospi Suyana Peru.

Am Ende lagen alle Fakten auf dem Tisch. SARA Peru hatte von mehreren Seiten für seine Flüge über 12 000 US-Dollar erhalten, fast das Dreifache der vereinbarten Summe. Da sich weder Ministerium noch Landesregierung von SARA Peru unter Druck setzen ließen, versuchten die Spitzbuben in Cusco von mir zusätzliches Geld ganz privat herauszuquetschen.

Wie immer bei solchen Rechtsstreitigkeiten folgte eine Gerichtssitzung nach der anderen. Es füllten sich dicke Akten mit Darstellungen und Gegendarstellungen und ich reiste zwischen Lima, Abancay, Cusco und Curahuasi hin und her.

Am 14. Juni 2011 brachte ein Bote des Richters das Urteil an unsere Haustür. Ich hatte den Prozess ohne Wenn und Aber gewonnen. So fand für mich die Buskatastrophe vom Januar 2010 erst anderthalb Jahre später ihr gutes Ende.

Zurückblickend frage ich mich, was ich bei diesen Auseinandersetzungen gelernt habe. Ich denke, die wichtigste Lektion ist die, dass Gott unsere Zukunft kennt und in seiner Hand hält. Was uns heute Angst einjagt, löst sich vielleicht schon morgen im Wind der Zeit in Nichts auf. Aber etwas anderes ist sicherlich auch wahr. Bei der Leitung des Krankenhauses werde ich von Jahr zu Jahr vorsichtiger, wohl deshalb, weil ein gebranntes Kind das Feuer scheut.

„Reißt die Mauern nieder!"

Ich wollte die junge Frau am Zaun schon wegschicken. Sie machte auf mich einen etwas aufdringlichen Eindruck und das behagte mir nicht.

„Was wollen Sie hier?", fragte ich in meiner direkten deutschen Art.

„Ich bin Zahnärztin und würde das Krankenhaus gerne mal von innen sehen!"

Ich blickte in ihr Gesicht. Ob es nun an ihrem sympathischen Lachen lag oder an meiner Ahnung, dass ich diese Dame ohnehin nicht mehr loswerden würde, weiß ich nicht mehr. Auf jeden Fall gerieten wir beide ins Gespräch. Die Einweihung des Spitals am 31. August 2007 gehörte bereits der Geschichte an, aber wir hatten das Spital noch nicht eröffnet. In fast allen Abteilungen war das Team um Udo Klemenz am Innenausbau am Werk und in den beiden designierten Zahnarzträumen wurden gerade die Fliesen verlegt. Eine Zahnärztin würden wir in der Tat früher oder später brauchen.

„Haben Sie denn schon Erfahrungen in Ihrem Beruf gesammelt?" Ich kam gleich auf den entscheidenden Punkt zu sprechen.

„Doch, doch, Erfahrung habe ich, sogar in Israel habe ich schon gearbeitet!"

Jetzt lächelte auch ich. Eine Peruanerin, die in ihrem Lebenslauf eine Arbeitsstelle in Israel vorweisen konnte, gehörte nicht zu den Nullachtfünfzehn-Kandidaten, die sonst an unsere Tür klopften.

„Ich zeige Ihnen gerne das Krankenhaus, kommen Sie rein!" Mit diesen Worten öffnete ich ihr die Tür.

Dr. Karina Herrera kam, sah und siegte. Der Posten der ersten Zahnärztin bei Diospi Suyana gehörte ihr. Der alte Zahnarztstuhl, mit dem sie vorliebnehmen musste, hatte zwar seine Macken, aber unsere Techniker kriegten das Teil mit etwas Fantasie und Willensstärke immer wieder flott.

Der Bedarf an einer zahnmedizinischen Versorgung ist in den Anden Perus immens groß. Ein Blick in die Münder unserer Patienten im Wartesaal verrät das wahre Ausmaß des Problems. Oft sieht es in der Mundhöhle aus wie in einem Steinbruch. Wenn wir in Apurimac den Unholden Karius und Baktus wirklich den Krieg erklären wollten, dann wäre es mit *einem* Behandlungsplatz nicht getan.

Am 24. Juli 2008 flog das Ehepaar Geister nach Peru. Zahnarzt Dr. Geister hatte in einer Familienzeitschrift von Diospi Suyana gelesen. Nach mehreren Herzoperationen und seinen sechzig plus an Jahren konnte man ihn kaum als idealen Kandidaten für einen Einsatz in 2650 Metern Höhe bezeichnen. Seine körperliche Fitness ließ zu wünschen übrig. Aber Dankfried Geister war nicht von allen guten Geistern verlassen, denn er war selbst einer. Er und seine Frau Dorothea sprühten förmlich, sobald sie das Wort Diospi Suyana in den Mund nahmen. Hoch über dem Atlantik zeigten sie ihren Sitznachbarn den Diospi-Suyana-Film im Laptop. Wer ein Flugzeug in ein Heimkino umfunktioniert, um für eine Idee Werbung zu machen, ist zweifelsohne ein leidenschaftlicher Sympathisant mit einer tiefen Überzeugung.

Kaum führte ich Dankfried und Doro Geister durch die Räumlichkeiten des Spitals, da begann der Zahnarzt aus Denkendorf zu fantasieren. „Klaus, wir reißen am besten einige Mauern ein und verdoppeln den Platz für die Zahnmedizin!" – Ich verzog keine Miene, aber innerlich dachte ich: Jetzt mach mal halblang … Wir sind froh, dass diese Mauern hier endlich stehen!

Dr. Geister fing an zu arbeiten, als gelte es, einen Rekord aufzustellen. Dankfried spricht ausgezeichnet Deutsch, Spanisch dafür eher weniger. Aber ein junger Student aus Deutschland war zur Stelle und diente als Übersetzer und Assistent zugleich. Valerio Krüger und Dr. Geister entpuppten sich als das richtige Gespann, um die Gebisse unzähliger Quechua-Indianer zu restaurieren.

Dankfrieds Formulierung vom „Mauern niederreißen" setzte sich in meinem Kopf fest. Natürlich sah ich ein, dass ein einziger Zahnarztraum in unserem Spital höchstens ein Tropfen auf dem heißen Stein wäre. Ich kam ins Grübeln und irgendwann wurde mir klar, dass wir keine Mauern niederreißen, sondern vielmehr neue Mauern errichten müssten. Die Zeit war reif für die Diospi-Suyana-Zahnklinik.

Bei Dr. Geister rannte ich mit meinem Vorschlag sofort offene Türen ein. Er bot an, die Pläne für eine solche Klinik nach dem Modell seiner eigenen Praxis in Denkendorf zu erstellen. Den passenden Platz für ein weiteres Gebäude fanden wir hinter der Röntgenabteilung. Geld wäre auch kein Problem. Denn wenn dieses Projekt dem Willen Gottes entspräche, würde er sich auch um die nötigen Finanzmittel kümmern. Es heißt ja, dass Gott bezahlt, was er bestellt.

Aber wer sollte die Klinik bauen? Ich nahm telefonisch intensiven Kontakt zu einem Bauingenieur auf, der im Januar 2008 Peru verlassen hatte, aber für solch eine Aufgabe geradezu prädestiniert war. Immerhin hatte jener erfahrene Bauleiter schon die Konstruktion des Hospitals überwacht. Am 23. Juni 2009 veröffentlichte ich auf unserer Webseite eine Eilmeldung. „Die Klemenz kehren nach Peru zurück!" Wie war es dazu gekommen? Am Vortag hatten sich Barbara und Udo Klemenz in den Vortragssaal der katholischen Hochschulgemeinde in Gießen geschlichen, um mir ihre erneute Mitarbeit zuzusichern. Schon im August 2009 sollte das große Bauvorhaben beginnen.

Nach dieser positiven Nachricht war meine Präsentation an jenem Abend wohl so energiegeladen wie noch nie zuvor.

Der Inhalt ist meist viel teurer als die Verpackung. Diese Lebensweisheit trifft auch auf eine Zahnklinik zu. Für das Gebäude veranschlagten wir um die 200 000 US-Dollar. Die Ausstattung würde ein Vielfaches dessen verschlingen, es sei denn, wir würden mit großzügigen Sachspenden gesegnet.

Ich erinnerte mich gleich an Claudia Dräger. Die Gattin des Inhabers der Dräger-Gruppe hatte uns Ende August 2008 besucht, um persönlich eine Großspende von sieben nagelneuen Geräten für unsere Operationssäle und die Intensivstation zu überreichen. Sie und ihre Reisebegleiter vom Lübecker Unternehmen verbrachten drei intensive Tage in Curahuasi. Das Pflichtprogramm für unsere Besucher bestand natürlich aus einer Führung durch das Krankenhaus sowie der feierlichen Zeremonie bei der Übergabe der wertvollen Sachspende. Als Kür hatte meine Frau Tina ein leckeres Abendessen bei uns zu Hause vorbereitet.

Claudia Dräger teilte zwar nicht unsere christliche Überzeugung, aber aus tiefstem Herzen die Liebe zu unserem Lebenswerk. In einem Telefongespräch im Herbst 2008 hatte sie ihre Meinung mit unverblümter Freundlichkeit in den Hörer geschmettert: „Herr John, mit ihrem Glauben sind Sie völlig verrückt, aber Ihr Spital finde ich echt klasse. Ich helfe Ihnen gerne, wenn Sie Kontakte brauchen!" Bei der Einrichtung der Zahnklinik waren wir auf diese Kontakte dringend angewiesen.

Frau Dräger schickte mich zuerst nach Salzburg zum Exportdirektor der Sironagruppe. Herr Vogel war im Stress wie auch ich, aber er hörte mir zu und stellte eine Spende von fünf neuen Zahnarztstühlen in Aussicht. Vielleicht würde so mancher Zahnarzt vor Neid erblassen. Aber diese Großspende sollte ja nicht uns privat, sondern unzähligen Quechua-Indianern zugutekommen.

Dann vermittelte mir Frau Dräger für den 3. März 2009 in Washington eine einstündige Audienz bei Larry Culp, dem damaligen Präsidenten und Geschäftsführer der Danaher-Gruppe. Als Chef von 400 Unternehmen unter dem Dach von Danaher wog seine Meinung über uns eine ganze Menge. Was er von mir hörte, schien ihm zu gefallen, und er entschied, dass die brasilianische Unternehmenstochter von Kavo uns mit fünf Stühlen versorgen sollte.

Eigentlich hatte ich mir keine weiteren Zahnarztstühle erhofft, sondern die Spezialmöbel für die Klinik, die die Firma Kavo ebenfalls in ihrem Repertoire hat. So langsam wurde die Angelegenheit für mich kompliziert. Beide Hauptkonkurrenten auf dem Weltmarkt hatten mir das gleiche Angebot gemacht. Die eine Firma wusste nichts von der anderen und ich müsste mich wohl oder übel auf eine Seite schlagen und die andere gründlich verärgern.

Ich vertraute mich Gott im Gebet an und bat ihn, diese verwickelte Angelegenheit zu klären. Und der Ausweg aus meinem Dilemma wurde mir von Kavo auf einem unerwarteten Tablett serviert. Nach meinem Besuch bei Kavo in São Paulo gingen nämlich die Monate ins Land und Kavo-Brasilien kriegte die Spende der Stühle trotz Anweisung aus den USA einfach nicht gebacken. Die Brasilianer trödelten so lange, bis ich, ohne das Gesicht zu verlieren, ihre Sachspende ablehnen konnte. Am 7. Juli 2009 schrieb ich eine offene E-Mail nach São Paulo mit Kopie an Larry Culp. Darin erläuterte ich, dass ich mich wegen der langen Verzögerung seitens Kavo für ein Spendenangebot von Sirona entschieden hätte.

Einige Tage später saß ich gerade in der Morgenandacht des Krankenhauses, da klingelte mein Handy. Ich ging ins Freie und drückte auf die Empfangstaste. Es meldete sich Larry Culp. Er entschuldigte sich bei mir für die – wie er es ausdrückte – Inkompetenz von Kavo Brasilien.

„Larry", sagte ich mutig „vielleicht kann ja Kavo Deutschland die Möbel für unsere Zahnklinik spenden. Wäre das nicht eine gute Lösung?"

Der Chef von Danaher überlegte nicht lange. „Ja, so machen wir das, die Möbel kriegt ihr aus Deutschland!"

Viele Jahre sind seit jenem kurzen Telefongespräch vergangen, aber ich habe diese fünf Minuten nicht vergessen. Larry Culp leitete einen Mischkonzern, der im Jahr 20 Milliarden US-Dollar Umsatz erwirtschaftete. Ich war kein Großaktionär, kein Großkunde und auch kein Fernsehstar. Trotzdem redete er mit mir auf Augenhöhe und es wurde deutlich, dass er Diospi Suyana um jeden Preis unterstützen wollte. Aber warum eigentlich? Stand er vielleicht in der Schuld von Claudia Dräger? Das ist eher unwahrscheinlich. Hatte die

Not der Quechua-Indianer womöglich sein Gewissen belastet? Das glaube ich nicht. Den Grund sehe ich ganz woanders. Die Bibel sagt, dass wir Christen Botschafter an Christi statt sind. Wir gehören gewissermaßen zum diplomatischen Personal des Himmels. Wir dienen Gott, dem König der Könige. Und wenn wir seinen Willen auf Erden umsetzen, dürfen wir mit seinem Segen rechnen – im Kleinen und im Großen.

Als ich am 15. September das Firmenhauptquartier von Kavo-Deutschland in Biberach betrat, empfing mich der Geschäftsführer Henner Witte mit den folgenden Worten: „Herr John, Sie können sich von uns wünschen, was Sie wollen. Sie kriegen es!"

Ob ich die Audienz bei Stanley Bergman vier Monate zuvor nun Claudia Dräger oder Larry Culp verdanke, entzieht sich meiner Kenntnis. Am 12. Mai 2009 hörte sich der Generaldirektor von Henry Schein meinen Vortrag an. Das Unternehmen ist der weltweit größte Anbieter von Verbrauchsmaterialien für Zahnkliniken. Wir saßen in einem New Yorker Edelhotel und ich tippte mich eifrig durch die Folien meiner PowerPoint-Präsentation. Diese sechzig Minuten hatten es in jeder Beziehung in sich: Stanley Bergman ist Jude und ich bin Deutscher. Wie viele Mitglieder seiner Verwandtschaft haben wohl in deutschen Konzentrationslagern ihr Leben verloren? Stanley Bergmann ist Jude und ich bin Christ. Natürlich endete mein Vortrag wie immer mit dem Kreuz Jesu Christi und seinem leeren Grab zu Ostern.

Einen Tag später sagte mir Mr Bergmann schriftlich seine Hilfe zu. Das Endergebnis der Materialspenden lag bei rund 200 000 US-Dollar. Damit waren wir auf Monate mit den Bedarfsartikeln versorgt, obwohl von der Zahnklinik außer dem noblen Vorsatz noch gar nichts existierte.

Ab August 2009 trieb Udo Klemenz den Bau der Klinik mit einem Tempo voran, als ob der Zeitdruck ihm im Nacken steckte. Gedacht war an eine moderne Zahnarztpraxis mit fünfzehn Räumen, darunter fünf Behandlungszimmern, einem Labor und einem Röntgenraum. Die Architektenpläne und die Berechnungen eines Statikers waren längst abgeschlossen. Eines schönen Morgens – Udo Klemenz und ich studierten gerade die Zeichnungen – trat Intensivpfleger Michael Mörl ins Baubüro und brachte sofort eines seiner Herzensthemen zur Sprache.

„Was haltet ihr eigentlich davon, wenn wir eine Optikerwerkstatt bauen würden?" Der Grund seines Anliegens war schlicht und ergreifend die Tatsache, dass seine Frau Elisabeth als gelernte Augenoptikerin so eine Abteilung einrichten und vielleicht sogar eine Zeit lang leiten könnte.

Udo und ich blickten uns an, dann sahen wir zu Michael hinüber und nickten. „Wir setzen einfach noch eine Etage oben drauf. Dann haben wir nicht nur Platz für eine Optikerwerkstatt, sondern wir gründen auch eine richtige Augenklinik!"

Wer diesen Satz von sich gegeben hat, wird keiner von uns mehr wissen. War es Udo, Michael oder ich oder wir drei gemeinsam? Fest steht nur eines: In diesem Augenblick gegen 10 Uhr am Vormittag entstand die Diospi-Suyana-Augenklinik.

Ein großes Fest mit Stressmomenten

Die Besucher des Morgengottesdienstes starrten auf ein verhülltes Gestell im vorderen Teil der Krankenhauskirche. Sie fragten sich im Stillen, was sich hinter dem gelben Laken wohl verbergen mochte. Nach der Predigt bat ich Udo und Barbara Klemenz nach vorn und zog das Tuch zur Seite. Eine bronzefarbene Tafel kam zum Vorschein.

Feierlich verlas ich den eingravierten Text: „In Anerkennung dem Bauingenieur Udo Klemenz und seiner Gattin Barbara Klemenz für ihren historischen Beitrag zum großartigen Traum Diospi Suyana. Dieses deutsche Ehepaar hat über drei Jahre seines Lebens dem Bau des Hospitals Diospi Suyana und der Zahnklinik gewidmet. Wir danken Gott für ihren herausragenden Dienst für die ärmsten Menschen Perus!"

Heimlich schielte ich zu den Klemenz' hinüber und freute mich über ihre Rührung. Am 14. April 2010 würden sie nach Deutschland zurückreisen und die Einweihung der Zahn- und Augenklinik leider verpassen. Ihren Rückflug hatten sie Monate im Voraus gebucht.

Der Festakt ehrte ein Ehepaar, das im Februar 2005 in der Küche seines Hauses um einen besonderen Lebensauftrag gebetet hatte. Ihre Mission war nun erfüllt, auch wenn das große Fest erst Ende Juni stattfinden sollte. Acht Wochen verblieben also noch, um alle Restarbeiten in Ruhe abzuschließen. Doch, ehrlich gesagt, ich habe bei Diospi Suyana so einen „Ruhezustand" noch nie erlebt. Und wenn er jemals eintreten sollte, hätte ich Grund zu befürchten, dass es sich in Wahrheit um die Ruhe vor dem großen Sturm handeln würde.

Während Maler, Elektriker und Glaser für Staub und Lärm sorgten, räumten die Mörls im ersten Stock die Optikerwerkstatt ein. Ein umtriebiger Optiker namens Reinhard Müller aus Blaufelden hatte das erforderliche Instrumentarium gespendet. Es ging eigentlich gut voran, doch wie immer rannte uns am Ende die Zeit weg.

Mit großer innerer Anspannung schauten wir Mitarbeiter auf Samstag, den 26. Juni. Am Donnerstag jener Woche keuchte ein Sattelschlepper mit Container Nr. 27 die Auffahrt zum Spital hoch. Seine Ankunft kam gerade noch rechtzeitig. Eine Viertelmillion US-Dollar an Produkten galt es zu entladen, das meiste davon für die Dentalklinik. Dr. Dankfried Geister, seine Frau Dorothea und Zahnärztin Dr. Erin Connally machten sich sofort an die Arbeit, um den Inhalt der vielen Paletten zu sichten. Jede Kiste der Sachspende entpuppte sich als echte Wundertüte.

Drei Stunden später traf Ms Ayla Bloomberg aus New York ein. Sie würde den amerikanischen Konzern Henry Schein während der Feierlichkeiten würdig vertreten. Außerdem wollte sie in Curahuasi einen kleinen Werbefilm für ihr Unternehmen drehen.

Ein Team um Udo Klemenz hängte die vertikalen Jalousien auf. Ja, Sie haben richtig gelesen. Der Bauingenieur hatte es in Solms einfach nicht mehr ausgehalten. In einem Anflug von „wildem Heimweh" war er kurzentschlossen ins Flugzeug gesprungen und nach Peru geflogen. Jetzt erlebte er live den Nervenkitzel des Endspurts mit.

Michael Mörl und Freunde installierten die gespendeten Wasserhähne der mexikanischen Firma Helvex in den Toiletten der Zahnklinik. Ortrun Heinz dirigierte das Küchen- und Putzteam. Seit geraumer Zeit hatten sich diese emsigen Damen auf das große Ereignis vorbereitet. Nun strahlten sie beim Scheuern und Schrubben große Gelassenheit aus.

Es kam der Freitag: Katrin Krägler und Ulrike Beck verwandelten den grauen Beton des Amphitheaters in eine attraktive Kulisse. Während sie Luftballons in den Farben der Landesflagge an den Seitenwänden der Bühne befestigten, reinigten Bauarbeiter die Treppen und Sitzstufen des Halbrunds, um die vielen Schwarzen Witwen zu vertreiben. Es wäre unschön, wenn die festliche Einweihung durch schmerzhafte Bisse dieser Giftspinnen überschattet werden würde.

Am Morgen traf ein Team des 4. Peruanischen Fernsehens ein. Mit Kamera und Mikrofon nahmen sie umgehend ihre Dreharbeiten auf. Die beiden Reporter machten einen fitten Eindruck. Sie hatten den Flug von Lima nach Cusco und die anschließende dreistündige Fahrt durch die Berge offensichtlich gut verkraftet. Erstaunlicherweise stiegen gegen 10 Uhr auch die neun Musiker der Gruppe Arpay völlig locker aus dem Reisebus. 19 Stunden hatten sie für die fast 1 000 Kilometer lange Strecke von Lima nach Curahuasi benötigt.

Um 11 Uhr waren auch Olaf Böttger, der 1. Vorsitzende von Diospi Suyana Deutschland, zur Stelle. In seinem Taxi saßen noch Jörg Vogel von Sirona, ein bolivianischer Unternehmer sowie Jürgen Eisenkolb, Vereinsmitglied von Diospi Suyana.

Grafikdesigner Manolo Chavez aus Cusco hatte mir in die Hand versprochen, am Montag jener Woche die Beschilderung der Dentalklinik anzubringen. Aus Montag wurde dann Freitag und schließlich Mitternacht. Manolo war um eine Ausrede nie verlegen, auch diesmal nicht. Ein einziger Blick in sein Gesicht reichte mir und schon schoss mein Blutdruck in die Höhe.

Als ich um 23 Uhr meinen Tagesbericht für die Webseite von Diospi Suyana schrieb, waren die Vorbereitungen noch voll im Gange. Aber es fehlten nur noch wenige Stunden, um das zweite große Projekt von Diospi Suyana seiner Bestimmung zu übergeben. 16 Firmen hatten durch ihre Sachspenden dazu beigetragen, eine „Luxusklinik" zu schaffen, die armen Patienten mit Zahn- und Augenproblemen eine hochwertige Versorgung bieten würde.

Samstag: Am Morgen fuhr Gynäkologe Dr. Haßfeld mit unserem Auto nach Cusco, um Pilar Nores de García am Flughafen zu begrüßen. In der Empfangshalle warteten schon eine Polizeieskorte und einige Leibwächter auf die First Lady. Als unser Stargast erschien, kam es zu einem kleinen Durcheinander und dadurch prompt zu einer protokollarischen Panne. Anstatt in das bereitgestellte Fahrzeug der Polizei zu steigen, saß die hohe Würdenträgerin plötzlich in unserem Wagen. Jens Haßfeld würde zum ersten Mal in seinem Leben eine Präsidentengattin über kurvenreiche Straßen durch die Berge Perus kutschieren. Mit feuchten Händen umklammerte der Gynäkologe das Lenkrad und versuchte, während der dreistündigen Fahrt mit halbwegs klugen Bemerkungen Pilar Nores zu unterhalten.

Ob es an den Fahrkünsten von Dr. Haßfeld lag oder an den vielen Serpentinen sei dahingestellt, jedenfalls war Pilar Nores leichenblass, als der grüne Hyundai auf den hinteren Hof des Krankenhauses einbog.

Wir führten die Gattin des Staatschefs in ein Apartment und wünschten ihr zwei geruhsame Stunden, um erneut Kraft zu tanken. Dieser kleine Aufschub kam uns wie gelegen. Denn aus dem Amphitheater drangen besorgniserregende Nachrichten. Es war gähnend leer und die ersten Spekulationen über das Warum kursierten. Würde das Fest etwa ohne die Beteiligung der Bevölkerung stattfinden?

Udo Klemenz und ich fuhren in den Ort in der Hoffnung, am Straßenrand lange Kolonnen von Curahuasinos in Richtung Krankenhausgelände marschieren zu sehen. Aber nichts dergleichen. Das Treiben auf den Straßen von Curahuasi sah aus wie immer. Bei der Einweihung des Spitals im August 2007 hatten bereits zur Mittagszeit Tausende am Veranstaltungsort ausgeharrt. Was war nur los?

Betroffen fuhren wir beide zu uns nach Hause und setzten uns ins Wohnzimmer. „Oh Gott", beteten wir, „so viele Mitarbeiter haben sich die größte Mühe gegeben, damit das Fest ein unvergessliches Ereignis werden kann. Jetzt scheint niemand aus Curahuasi daran teilnehmen zu wollen. Bitte hilf uns. Irgendwie!"

Pilar Nores erschien wieder in der Tür und das Mittagessen im Speisesaal des Krankenhauses konnte beginnen. Es bestand aus einer leckeren Suppe, Hühnchenbrust und einem deutschen Streuselkuchen. Alle zehn Minuten ließ ich mich über den Teilnehmerstand im Amphitheater informieren. „Um die 100 Leute sind da, mehr nicht", richtete man mir aus und meine innere Unruhe steigerte sich zur Panik.

Wir mussten auf Zeit spielen. Also führten wir unsere Ehrengäste durch das Spital und die Dentalklinik. Jörg Vogel und Ayla Bloomberg nutzten ihre Chance, der Präsidentengattin zu zeigen, was ihre Firmen gespendet hatten, und das war in der Tat beachtlich.

Als wir mit unseren Besuchern gegen 14 Uhr das Amphitheater erreichten, fiel mir ein schwerer Stein vom Herzen. Über 2500 Menschen hatten sich auf den Rängen eingefunden und sorgten für eine bunte Kulisse.

Die Menschenmenge im Freilichttheater war bereit und wir waren es ebenfalls. Vor den Kameras von fünf Fernsehteams intonierten wir die Nationalhymnen Perus und Deutschlands sowie das Lied der Stadt Curahuasi. Es folgte eine Parade mehrerer Schulen, die zu den Klängen einer Polizeikapelle stramm an der Bühne vorbeimarschierten.

Nun schritt ich langsam zum Rednerpult, um die Eröffnungsansprache zu halten. Feierliche Reden sind mir zuwider, es sei denn, sie handeln von den wesentlichen Dingen des Lebens. Kurz umriss ich die Vision von Diospi Suyana und kam dann auf das zu sprechen, was mir unter den Nägeln brannte.

„Diospi Suyana ist nicht irgendein Krankhaus mit einem gesicherten Budget", rief ich ins Mikrofon, „sondern ein Glaubenswerk, das im Vertrauen auf Gott errichtet und betrieben wird. Seit grauer Vorzeit haben die Heiligen Schriften verkündigt, dass wir Menschen im Schatten des Allmächtigen leben dürfen. Die Treue Gottes und seine Wunder haben das Krankenhaus Diospi Suyana und die Dentalklinik ermöglicht!"

Ich weiß nicht, ob Sie schon einmal die Einweihung eines öffentlichen Gebäudes miterlebt haben. Sicherlich ging es bei den Ansprachen um den Zweck des Hauses und den Fleiß der Bauarbeiter, vielleicht auch um die Hilfestellung der Behörden, aber sicherlich nicht um Gott. Bei Diospi Suyana ist das völlig anders. Bei uns dreht sich alles um den Glauben. Und deshalb blieb ich beim Thema.

Mit einer gewissen Emphase sagte ich: „Der Glaube interessiert absolut niemanden, es sei denn, es finden sich Männer und Frauen, die ihn auf überzeugende und selbstlose Weise ausleben. Der Dienst an Gott und dem Nächsten ist mit persönlichen Opfern verbunden. So sind die ehrenamtlichen Mitarbeiter des Spitals, die für mehrere Jahre am Krankenhaus dienen, das wertvollste Kapital von Diospi Suyana. Ihr Umgang mit den armen Menschen, die oftmals in der Gesellschaft nur verachtet werden, zeigt, dass die Liebe Gottes kein billiges Schlagwort ist!"

Ich machte eine kurze Pause und blickte in die Menge vor mir. Hier saßen Indianer und Mestizen aus dem Bergland, die die Härten des Lebens kannten. Ihr Alltag war ein ständiger Kampf um Essen, Kleidung und Arbeit. Krankheit und Tod bedeuteten für sie keine theoretischen Möglichkeiten in ferner Zukunft, sondern eine reale Gefahr hier und jetzt. Und genau deshalb wollte ich von der Hoffnung sprechen, die meine Frau und mich viele Jahre zuvor nach Curahuasi geführt hatte.

„Ich habe mich jahrelang gefragt, ob Gott überhaupt existiert", fuhr ich fort und versuchte mein Sprechtempo zu drosseln. „Ich wollte wissen, ob es nach dem Tod eine Hoffnung gibt und ob das ewige Leben, das Christus uns versprochen hat, eine reale Grundlage besitzt. Vor vier Monaten verstarb meine Mutter, vor drei Wochen meine Cousine und vor zwei Wochen mein Onkel. Die Frage nach Gott wurde für mich zum alles entscheidenden Thema meines Lebens. Im Laufe der Jahre habe ich gelernt, dass wir Gott zwar nicht beweisen, aber durchaus erfahren können!"

Ob sich die Teilnehmer des Festes noch lange an meine Ansprache erinnert haben, weiß ich nicht. Aber wohl jeder hat den Folkloretanz der Mitarbeiter im Gedächtnis. In den Bergen Perus gehören Tanzdarbietungen unbedingt zum Programm dazu. In bunter Verkleidung hüpfen und springen zehn bis zwanzig Quechuas zu den Klängen alter Inka-Melodien im Kreis. Diesmal hatten sich auch drei unserer Missionare in die Formation gemischt. Stefan Höfer, Alexandra Kopp und Marit Weiland waren trotz ihrer Verkleidung selbst für Kurzsichtige als „Gringos" erkennbar. Die Zuschauer belohnten ihre akrobatischen Übungen mit wahren Begeisterungsstürmen.

Passend zur Zweckbestimmung der Zahnklinik spielten einige Kinder die bösen Bakterien „Karius" und „Baktus". Voller krimineller Energie schlugen sie mit Spitzhacken große Löcher in ein überdimensionales Gebiss in der Mitte der Bühne. Eine mächtige Zahnbürste von zwei Metern Länge machte ihrem Treiben schließlich ein Ende. Für die Löcher in den Zähnen wurde den Zuschauern ein Besuch in der Dentalklinik von Diospi Suyana empfohlen.

Die Sonne senkte sich bereits, als Sra. Pilar Nores de García zur Schere griff, um in Gegenwart Tausender Zeugen sowie zeitversetzt vor den Augen eines nationalen Fernsehpublikums das rote Band zu durchtrennen. Damit bei diesem symbolträchtigen Akt auch jeder dabei sein konnte, stand eine Nachbildung der Klinik auf einem kleinen Tisch neben dem Podium. Unsere Kinder Natalie und Dominik hatten das Modell sechs Monate zuvor als Weihnachtsgeschenk für mich angefertigt. Jetzt rückte das Papphäuschen mehrere Minuten lang ins Zentrum des Interesses. Ein Schnitt, viele Fotos und ein lauter Applaus. Die Zahnklinik, deren Bau zwei Jahre in Anspruch genommen hatte, konnte endlich ihren Betrieb aufnehmen.

30. Juni 2010. Die Feierlichkeiten waren längst vorbei. In einem kleinen Büro des Spitals folgten meine Frau Tina, die Australierin Lyndal Maxwell, Michael Mörl und ich den Ausführungen eines erfahrenen Mannes. Auf seinem T-Shirt am Rücken stand in großen Buchstaben „Dieters Sportgruppe". Er erläuterte die Architektenpläne seines Schwagers für den Bau eines Kinderhauses. Dieses Gebäude würde den Kinderklubs von Diospi Suyana ein eigenes Zuhause geben.

Im April 2010 hatten wir dazu ein Grundstück von 700 Quadratmetern mitten in Curahuasi günstig erworben. Auf diesem Gelände sollte zukünftig ein dreigeschossiges Haus entstehen. Im Parterre würden drei große Räume, eine Küche und Toiletten den Kinderstunden optimale Bedingungen bieten. Vier Apartments im ersten Stock sowie zwei große Wohnungen im dritten Stock würden dringend benötigten Wohnraum für Missionarsfamilien schaffen.

Der Mann aus „Dieters Sportgruppe" warb mit so viel Begeisterung für dieses Projekt, dass fast der Verdacht aufkommen konnte, er würde die Bauarbeiten selbst einmal leiten. In meinem Bericht auf der Webseite wollte ich die Identität des Mannes nicht preisgeben. Allerdings hatte sein Hinterkopf große Ähnlichkeiten mit einem gewissen Udo Klemenz.

Es kommt Leben in das Gebäude

Ab Juli 2010 behandelte Dr. Erin Connally aus dem Bundesstaat Washington mit einem Team von Assistenten in der Zahnklinik die ersten Patienten. Doch sie blieb nicht lange allein. Peruanische Kollegen und Kurzzeitmitarbeiter schlossen sich ihr an. Tibor Minge aus Oranienburg übernahm für ein Jahr die Aufgabe, das Dentallabor einzurichten und zu betreiben. Der Brandenburger war mit Tatkraft reich gesegnet. Wenn andere um 17 Uhr ermattet nach Hause schlichen, scharte er regelmäßig eine Gruppe Kinder um sich und brachte ihnen Karatetricks zur Selbstverteidigung bei. So flog er mit seinen Sprösslingen im Rückwärts- und Vorwärtssalto durch die Luft, dass es eine Freude war.

Die fünf Zahnarztstühle der Klinik boten für mindestens drei Zahnärzte geeignete Arbeitsplätze. Ich wusste, dass es höchst schwierig werden würde, Langzeitkräfte zu finden. Das liegt vor allem an den hohen Gehältern der Zahnärzte in der westlichen Welt. Geld, Luxus sowie ein bequemer Lebensstil bilden für jeden potenziellen Mitarbeiter eine hohe Hemmschwelle.

Seit hundert Jahren stagniert die Zahl von Ärzten und Zahnärzten, die ihr ganzes Leben den Armen in der Mission zur Verfügung stellen, bei etwa tausend. Das ist eine verschwindend geringe Anzahl, wenn man sich vor Augen hält, dass allein im deutschen Sprachraum eine halbe Million, in der anglo-amerikanischen Welt sogar deutlich über zwei Millionen Ärzte bzw. Zahnärzte tätig sind. Wer will schon jahrelang an einem Missionsspital in selbstloser Weise tätig werden und finanziellen Verzicht üben? Dazu bedarf es einer ganz besonderen Motivation. Und Dr. Marlen Luckow hatte sie. Am 27. März 2012 saß ich der Schweizerin in einem Café unweit des Freiburger Bahnhofs gegenüber. Die hübsche Zahnärztin aus Basel erzählte mir ihre Geschichte und nahm mich mit auf eine Zeitreise in das Jahr 2002.

Die Achtzehnjährige fühlt sich seit Wochen unwohl. Sie geht zum Arzt und mehrere detaillierte Untersuchungen werden durchgeführt. Die Diagnose ist niederschmetternd: Sie leidet an einem Hodgkin-Lymphom im Stadium 4. Ist für sie das Leben etwa schon vorbei? Marlen entscheidet sich zu kämpfen und schöpft die notwendige Kraft aus ihrem Glauben. Nach manchen Chemotherapien kann sie sich vor Erschöpfung kaum auf den Beinen halten. Freunde müssen die Krebskranke über die Treppen in ihr Haus tragen. Für ein halbes Jahr wird sie aus dem normalen Leben herausgerissen. Aber sie überlebt.

„Dr. Luckow, gehe ich recht in der Annahme, dass Ihr Einsatz an unserer Zahnklinik ein Dankeschön an Gott ist?", fragte ich Marlen.

„Ja, so könnte man das sehen!" Sie nickte.

Vier Jahre lang hat sich Marlen am Hospital Diospi Suyana für unsere Patienten eingesetzt. Ich bin von ihrem persönlichen Bericht beeindruckt. Viele Menschen versprechen Gott und der Welt auf dem Krankenlager alles Mögliche. Ist die Krankheit dann ausgeheilt, werden gute Vorsätze schnell vergessen. Nicht so bei Marlen Luckow.

Die Zahnklinik lief bereits auf hohen Touren, da zeichnete sich auch für die Augenklinik im ersten Stock eine personelle Lösung ab und die hieß Dr. Ursula Buck. Die Augenärztin hatte immer mal wieder vom Hospital Diospi Suyana in Peru gehört. Die Augsburgerin blieb aber kritisch-distanziert. Der Ansatz von Diospi Suyana erschien ihr zu abgehoben. Wie sollte das langfristig funktionieren, den Ärmsten der Armen eine Medizin auf hohem Niveau anzubieten? Sieben Jahre lang hatte Dr. Buck als Missionsärztin in Afrika gearbeitet.

Entbehrungen, veraltete Geräte und Finanzmangel waren ihr tägliches Brot gewesen, so wie man sich medizinische Einrichtungen in der Dritten Welt gewöhnlich vorstellt.

Es wäre Dr. Buck nie im Traum eingefallen, mein Buch über Diospi Suyana zu bestellen. Und hätte es ihr jemand geschenkt, wäre der Band wohl bald auf einem Regalbrett als Staubfänger verschwunden. Dr. Ursula Buck lag einfach noch nicht auf der Wellenlänge von Diospi Suyana.

Dann kam der August 2010. Eine gewisse Renate Reibold besuchte Dr. Buck in ihrer Augsburger Wohnung.

„Ursula", rief sie voller Enthusiasmus, „ich habe gerade ein Buch angefangen zu lesen, das musst du auch lesen!"

Dr. Bucks Blick fiel auf den Titel: „Ich habe Gott gesehen. Diospi Suyana – das Krankenhaus der Hoffnung!" Ein Schatten huschte über ihr Gesicht. Und tief drinnen sagte sie sich: „Diospi Suyana ist nicht das Thema, das mich interessiert!"

„Weißt du was? Ich lasse das Buch bei dir!", schwärmte Renate weiter. „Wenn du mich im Oktober besuchst, dann gib es mir bitte zurück!"

Das Leben kann hart sein. Ständig wird man fremdbestimmt. Ursula Buck wusste, dass ihr wohl nichts anderes übrig blieb, als das Buch zumindest diagonal zu überfliegen. Denn eines war sicher, ihre Freundin würde sie zwei Monate später über den Inhalt befragen.

Als Dr. Buck das Buch an einem schönen Abend aufschlug, las sie sich fest. Die Geschichte faszinierte sie. Man könnte dieses Kapitel ihres Lebens überschreiben: „Die dramatischen Folgen einer höflichen Pflicht!" Seit 2012 leitet die Ärztin unsere Augenklinik.

Bei ihrer allerersten Operation handelte es sich um einen Quechua-Indianer, dem ein Stier sein Horn ins Auge gerammt hatte. Unter Zuhilfenahme unseres neuen Operationsmikroskops von Haag-Streit konnte Dr. Buck das

Augenlicht des Patienten erhalten. Das nenne ich einen Einstand nach Maß.

Während der ersten zehneinhalb Jahre ihres Bestehens haben unsere Mitarbeiter der Dental- und Augenklinik über 65 000 Patienten betreut. Bis auf wenige Ausnahmen sind die Gerätschaften der beiden Kliniken neu und fast alle wurden von großzügigen Firmen gespendet. Ihr Wert übertrifft in der Summe 600 000 US-Dollar. Wenn ich durch den Haupteingang des Gebäudes schreite, überkommt mich jedes Mal ein Gefühl tiefer Dankbarkeit. Ich glaube, vielen unserer Patienten geht es ebenso.

Wir werden Peruaner

Ein funktionierendes Missionsspital weckt Begehrlichkeiten. Es ist beliebt, gut ausgestattet, sauber und ordentlich. Was liegt näher, als dass der Staat es einfach nationalisiert und die Ausländer des Landes verweist! Solch ein Schreckensszenario gehört nicht etwa in das Reich der Fantasie, sondern ist in vielen Ländern mit großer Regelmäßigkeit eingetreten. Das, was Missionare im Namen der Liebe Christi unter größten Opfern aufgebaut haben, kann durch ein einziges Dekret der Regierung zunichtegemacht werden.

Wie ließe sich dieser potenziellen Gefahr begegnen? Ich machte mir so meine Gedanken. Vielleicht wäre es ratsam, wenn meine Frau und ich die peruanische Nationalität annehmen würden? Niemand dürfte uns dann rechtmäßig aus dem Land vertreiben. Da ich als Präsident der peruanischen Gesellschaft „Asociación Civil Religiosa Diospi Suyana" vorstehe, wären wir nicht nur eine peruanische Körperschaft, sondern Tina und ich sogar peruanische Staatsbürger.

Anfang 2009 zog ich in der Einwanderungsbehörde Limas meine ersten Erkundigungen ein. Die Sachbearbeiterin Gladys Barboza nahm sich meines Falles an und stellt mir gleich eine Frage. „Wie viel verdienen Sie in Peru?"

„Meine Frau und ich leben von einem Spenderkreis in Deutschland", antwortete ich vorsichtig.

Frau Barboza blieb hartnäckig. „So geht das nicht, Sie müssen hier im Land ein Gehalt beziehen, sonst können Sie keine peruanischen Staatsbürger werden!"

Auf der Suche nach einer Lösung bewegten wir uns bald im Kreis. Natürlich erzählte ich der Beamtin von Diospi Suyana. Ich packte entsprechende Pressereportagen aus meiner Tasche und zeigte ihr im Laptop eine kleine Zusammenfassung unserer Arbeit.

„Das ist ja interessant!" Die Dame vor mir war sichtlich bewegt und sagte: „Wenn das so ist, dann sollten Sie ohnehin die Staatsbürgerschaft wegen herausragender Dienste für die Nation bekommen!"

Ich nickte treuherzig und wollte gerne wissen, wie so ein Prozedere denn vor sich ginge.

„Das kriegen wir schon hin", beteuerte Señora Barboza, „ich helfe Ihnen dabei!"

Hätte ich gewusst, wie lang und steinig dieser Weg werden würde – ich glaube, ich hätte das ganze Vorhaben schnell aufgegeben.

Erst einmal verschaffte mir die freundliche Fee einen Termin bei der Direktion der Einwanderungsbehörde. Mit einigen Bildern im Notebook versuchte ich einen guten Eindruck zu machen, während Gladys Barboza ihr Verslein aufsagte: „Dafür verdienen die Johns die Ehrenstaatsbürgerschaft!"

Niemand hatte gegen diesen Vorschlag etwas einzuwenden und der entsprechende Antrag wurde an das Innenministerium übermittelt. Gut Ding will Weile haben. Die Wochen gingen ins Land und ich wurde schon etwas mutlos. Doch dann arrangierte Frau Barboza für mich dankenswerterweise eine Audienz bei Frau Dr. Susy Villegas im Innenministerium. Diese Beamtin hätte auf das Verfahren einen großen Einfluss, ließ sie mich wissen, und deshalb solle ich ihr doch mal im Laptop erläutern, was es mit Diospi Suyana auf sich habe. Barboza kam höchstpersönlich gleich mit.

Nach meinen vielen bunten Bildern meldete sich Frau Barboza zu Wort: „Señora Villegas, dafür haben die Johns die Ehrenstaatsbürgerschaft aber wirklich verdient, meinen Sie nicht auch?"

Die Doktorin nickte: „Doch, das sehe ich genauso, ich werde es dem Innenminister vorschlagen!"

Nun begann der lange Behördenweg durch die verschiedenen Abteilungen des Innenministeriums. Manchmal schien es, als sei die Akte verschwunden. Doch dann tauchte sie irgendwo wieder auf. Und eines schönen Tages hatte der Innenminister das notwendige Dokument wirklich unterschrieben. Wie ich später hörte, hatte ihm eine gewisse Rechtsanwältin namens Elena Juscamaita nach eingehender Untersuchung der Rechtslage dazu geraten.

Man legte die Akte dem Ministerrat vor und schließlich lag die dicke Mappe auf dem Schreibtisch des peruanischen Staatspräsidenten Alan García. Er kannte uns persönlich, da er Tina und mir am 26. April 2008 bereits eine Audienz im Regierungspalast gewährt hatte. Seine Frau Pilar Nores war immerhin die Patin unseres Spitals. Gerne setzte auch er seine Unterschrift auf das Dokument und leitete den Vorgang an das peruanische Parlament weiter.

Jetzt war plötzlich Sendepause. Nichts geschah, nichts

bewegte sich und niemand im Kongress nahm sich der Sache an.

Ich wandte mich in meiner Not an Robert Hernán Seminario, den persönlichen Rechtsberater des Staatschefs. Er war gerne bereit, mir zu helfen. Einige Anrufe seinerseits und am 20. April 2010 empfing mich der Präsident des Kongresses, Dr. Alva Castro. Er saß in einem vornehmen Büro hinter seinem Schreibtisch und hatte nichts dagegen, dass ich mein Notebook neben seinen Akten auf dem Tisch aufbaute. Keine 15 Minuten vergingen und Dr. Castro war total im Bild.

„Wir hätten über ihren Fall schon längst abstimmen sollen. Morgen gebe ich Ihnen die Gelegenheit zu den Spitzenpolitikern am runden Tisch zu sprechen!"

Ein Sprichwort sagt: „In Peru können alle ganz schnell sein, wenn es zu spät ist!" Glücklicherweise war es gar nicht zu spät, aber jetzt kam wirklich Bewegung in die Angelegenheit.

21. April. Um 16 Uhr führte man mich in einen Sitzungssaal, in dem bereits etwa zwanzig führende Politiker der im Kongress vertretenen Parteien auf mich warteten. Viel Zeit hatte man mir nicht eingeräumt, aber irgendwie gelang es mir doch, an die 100 Bilder im Sinne einer Blitzpräsentation über die Leinwand huschen zu lassen. Ich betonte in meinem Vortrag, dass Gott und nicht wir der wahre Architekt des Missionsspitals sei.

22. April am Nachmittag. Ich befand mich gerade auf der Heimreise nach Curahuasi und die Sonne färbte die Landschaft bereits in ein warmes Rot, da klingelte mein Handy. Eine Mitarbeiterin von Dr. Alva Castro meldete sich.

„Dr. John, haben Sie Zugang zu einem Fernseher?", fragte die Dame. „Soeben wird Ihre Ehrenstaatsbürgerschaft im Kongress besprochen. In wenigen Minuten werden alle Parlamentarier abstimmen!"

Die Abstimmung verlief über alle Parteigrenzen hinweg einmütig. Das Parlament entschied, meiner Frau und mir die Staatsbürgerschaft für herausragende Dienste für das peruanische Volk zu übertragen. Wie man uns mitteilte, wird so eine Auszeichnung im Schnitt nur einmal alle fünf Jahre verliehen.

Eine merkwürdige Geschichte, finde ich. Eigentlich hatten wir uns nur um die peruanische Staatbürgerschaft bemühen wollen, wie andere Einwanderer auch. Aber am Ende zogen Ministerrat, Staatschef und Parlament am selben Strang und wir wurden in einer Sitzung des Kongresses geehrt, die Fernsehkanal 7 sogar live in Peru ausstrahlte.

Immer wenn meine Frau und ich die peruanische Grenze überqueren, erscheint auf dem Bildschirm des Grenzbeamten neben unserem Namen die rot-weiß-rote Flagge Perus. Niemand wird uns je des Landes verweisen dürfen, denn wir sind frei, genauso wie es die peruanische Nationalhymne ausdrückt. Und was ist mit unserer deutschen Staatsbürgerschaft? Die durften wir behalten, weil das Auswärtige Amt in Berlin unseren Beibehaltungsantrag genehmigte.

Familie John besteht aus fünf Mitgliedern. Meine Frau und ich sind Peruaner. Natalie kam in Südafrika zur Welt und könnte sich, wenn sie wollte, in eine Südafrikanerin verwandeln. Florian erblickte in Ecuador das Licht der Welt. Ohne Probleme würde man ihm in Quito einen ecuadorianischen Pass ausstellen. Nur unser Sohn Dominik ist waschechter Deutscher und darauf kann er stolz sein.

Der berühmteste Fahrstuhl der Welt

Es ist eine absolute Routine. Am Eingang des Spitals steigen unverhofft Gäste aus einem staubigen Taxi, um unserem Krankenhaus einen Besuch abzustatten. Die alte Inkahauptstadt Cusco befindet sich nur zweieinhalb Stunden Fahrzeit von Curahuasi entfernt. Der Gedanke ist also naheliegend, während einer Studienreise in Peru außer Machu Picchu auch Diospi Suyana zu bestaunen. Besucher kommen alleine im Taxi oder als Gruppe im Reisebus. Manchmal mit Vorwarnung und oft ohne. Sie sprechen viele Sprachen dieser Welt, aber irgendwie schaffen sie es alle, ihren Wunsch verständlich zu machen: „Dürften wir mal das Hospital Diospi Suyana besichtigen?"

Wenn immer möglich führen wir die interessierten Touristen während der Arbeitswoche durch die Abteilungen des Spitals. Wir wissen, dass die visuellen Eindrücke noch viele Wochen später eine starke Wirkung entfalten. So werden die einen zu Förderern unseres Werkes und die anderen organisieren in ihrer Heimatstadt Vorträge über Diospi Suyana. Es ist eine alte Lebensweisheit, dass nichts, aber auch gar nichts leer zurückkommt.

Als die Schreiers am 15. Juli 2010 ungeduldig die Autotüren öffneten, um endlich ihre müden Glieder zu recken, hatten sie mehr im Sinn als bloßes Sightseeing des Missionsspitals für zwei oder drei Stunden. Wolf-Dietrich Schreier, seine Frau Kerstin, ihr Sohn Hans und ihre gemeinsame Freundin Karin würden vielmehr drei Wochen ihres Jahresurlaubs für eine besondere Mission opfern. Sie hatten die feste Absicht, eines der spannendsten Kapitel von Diospi Suyana weiterzuschreiben, das bereits anderthalb Jahre zuvor im Erzgebirge begonnen hatte.

Ich erinnere mich noch gut an den kleinen Imbiss bei Starbucks im ersten Stock des Flughafens in Lima. Tina und ich würden gleich mit unseren Kindern in den Flieger steigen – in der Hoffnung, zwölf Stunden später in Europa sicher zu landen und am übernächsten Tag mit unseren Eltern Weihnachten zu feiern. Meinen Milchshake hielt ich in der rechten Hand, denn der linke Arm war bei einem Autounfall eine Woche zuvor ziemlich lädiert worden. Für zwei Wochen wollten wir fünf uns an einen netten Ort im Erzgebirge zurückziehen und einmal so richtig ausspannen.

Noch hatten wir kein Hotel oder dergleichen gebucht. Ich stellte meinen Laptop etwas umständlich auf einen Tisch und Tina gab die entsprechenden Suchwörter ins Internet ein. „Winterurlaub, Ferienwohnungen ..." Es dauerte nur Sekunden und schon füllte sich der Bildschirm mit schneebedeckten Häusern, die alle einen erholsamen Urlaub verhießen. Wie so oft war Familie John auch diesmal unter Zeitdruck, denn die Pass- und Gepäckkontrollen lagen noch vor uns.

„Na, das sieht doch wirklich nett aus", sagte meine Frau und zeigte auf ein kleines Knusperhäuschen. Es lag in der Kleinstadt Eibenstock. Der Name sagte uns auf Anhieb gar nichts, da aber der Preis erschwinglich schien, tippten wir kurz entschlossen unsere Daten ins elektronische Formular ein. Unsere Ferien in den Bergen Südsachsens waren damit unter Dach und Fach.

„Jetzt aber los", rief ich den Kindern zu. Wir schnappten unsere Taschen und unsere kleine Karawane bahnte sich ihren Weg zur Abflughalle.

Wir sollten die Fahrt nach Eibenstock nicht bereuen. Als wir am 11. Januar 2009 unseren Leihwagen vor dem Haus Nr. 9 in der Gabelsbergerstraße zum Halten brachten, blickten wir zufrieden auf das kleine zweistöckige Häuschen im verschneiten Garten. Mit unserer Last-Minute-Buchung bei Starbucks hatten wir offensichtlich einen Volltreffer erzielt. Wir holten uns bei der Vermieterin im Vorderhaus die Schlüssel und bezogen voller Begeisterung die beiden Etagen, die wir für vierzehn Tage jetzt unser Zuhause nennen durften.

Am nächsten Morgen klingelte ich schüchtern an der Wohnungstür der Hauseigentümerin. Ich hatte ein etwas merkwürdiges Anliegen und es kostete mich eine gewisse Überwindung, mit der Sprache herauszurücken. „Frau Schreier", sagte ich vorsichtig, „ich muss jeden Tag eine Webseite bearbeiten. Dürfte ich vielleicht während unseres Aufenthaltes Ihren Internetzugang im Büro benutzen?"

Frau Schreier wusste, dass meine Frau und ich in Peru als Missionsärzte tätig waren. Sie ahnte deshalb sicherlich, dass wir nicht der Norm ihrer sonstigen Feriengäste entsprachen. „Das ist kein Problem", sagte sie freundlich, „aber worum geht es eigentlich auf ihrer Webseite?"

Da ich meinen Laptop gleich mitgebracht hatte, bot sich eine spontane PowerPoint-Präsentation förmlich an. Nach fünfundvierzig Minuten hatte ich die wundersame Geschichte unseres Missionsspitals im Schnelldurchgang erzählt und wie immer war meine eigene Begeisterung von Folie zu Folie stetig angewachsen. Die Augen von Frau Schreier und ihrem Sohn Hans wurden immer größer. Von Diospi Suyana hatten sie zwar noch nie etwas gehört, aber die seltsame Entstehung des Hospitals in Peru mit seiner Aneinanderreihung von Fügungen und „Zufällen" war in der Tat atemberaubend.

Auch der schönste Urlaub geht einmal zu Ende. Meine Frau Tina und ich klopften artig an die Tür der Familie Schreier, um die Miete für das Ferienhaus zu bezahlen. Sie lag bei 800 Euro und wir hatten das Geld griffbereit in der Tasche.

„Von Ihnen nehmen wir kein Geld", sagten Herr und Frau Schreier unisono. „Wir sponsern ihren Winterurlaub. Und wir würden uns freuen, wenn Sie uns heute Abend auf ein Abschiedsessen besuchen!"

Tina und ich haben in unserem Leben schon so manche Überraschung weggesteckt, als ob nichts gewesen wäre. Doch mit so einer Geste der Großzügigkeit hatten wir beide nicht im Traum gerechnet. Selbstverständlich folgten wir am Abend der netten Einladung unserer großherzigen Gönner. Die heißen Spaghetti schmeckten nicht nur unseren Kindern und das nette Gespräch im gemütlichen Wohnzimmer ließ uns alle innerlich auftauen.

Herr Schreier erzählte gerade angeregt aus seinem Leben und bemerkte beiläufig, dass er vor Jahren in der Aufzugsbranche tätig gewesen wäre. Das Wort Aufzug wirkte auf mich unheimlich elektrisierend. „Ein Aufzug", rief ich spontan, „ist genau das, was uns in unserem Krankenhaus noch fehlt!" Meine Gedanken kreisten dabei heftig um unseren leeren Fahrstuhlschacht im Spital, in den wir liebend gerne einen Aufzug installieren würden. Vorausgesetzt, es fände sich ein edler Spender.

Als wir am nächsten Morgen Richtung Wiesbaden abreisten, stand bei Familie Schreier das Thema Fahrstuhl ganz oben auf der Agenda. Die Sponsoren unseres Winterdomizils überlegten allen Ernstes, wie sie ihre Beziehungen im Metier für die Anschaffung eines Aufzugs in einem peruanischen Missionsspital nutzen könnten.

Und siehe da, ab Februar 2009 gingen E-Mails und Anrufe zwischen Curahuasi und Eibenstock hin und her. Ich lernte, dass ein Aufzug aus mehreren Bauteilen besteht. Außer der Kabine für die Fahrgäste benötigt man die Türen, einen starken Motor, die Führungsschienen, Gegengewichte und natürlich ein entsprechendes elektrisches System. Die Stahlseile und ein Fangrahmen für den Katastrophenfall komplettieren die Ausstattung.

Wir traten bis zum Sommer ein wenig auf der Stelle, doch dann erhielt ich am 13. Juli eine vielversprechende Nachricht von Herrn Schreier.

„Herr John, wir haben lange nichts von Ihnen gehört und hoffen, dass es Ihnen und Ihrer Familie gut geht. Ich möchte nicht versäumen, Sie auf die internationale Aufzugsausstellung vom 13. bis 16. Oktober dieses Jahres in Augsburg aufmerksam zu machen. Dort können wir alle Hersteller der Welt treffen, auch die, die ich Ihnen empfohlen habe. Dies erspart kostspielige und zeitintensive Reisen.

Vielleicht haben Sie die Möglichkeit, in dieser Zeit in Deutschland zu sein. Ich würde Sie gern dabei begleiten!"

Na, das war doch mal ein Wort. Für so eine Gelegenheit würde ich doch gerne aus Peru einfliegen, es ging ja immerhin um unser Spital. Dass Wolf-Dietrich Schreier allerdings aus Sachsen nach Augsburg fahren wollte, war ein echtes Opfer seinerseits. Was hatte er mit Diospi Suyana zu tun? Eigentlich gar nichts. Fünf seltsame Feriengäste hatten sich in seinem Haus breitgemacht, Tag für Tag sein Büro benutzt und außer schmutzigen Spaghetti-Tellern nichts zurückgelassen. Wenn Sie jetzt denken sollten, dass die Schreiers vielleicht aus christlicher Grundüberzeugung über sich hinauswuchsen, dann liegen Sie völlig falsch. Aufgewachsen in einem atheistischen Staat wie der DDR hatten Wolf-Dietrich und Kerstin sich erst nach der Wende auf die Suche nach einem tieferen Lebenssinn gemacht. Ihre spirituelle Reise hatte sie zur Esoterik geführt, deren Inhalte trotz verwandter Terminologie meilenweit von den Aussagen Christi entfernt liegen.

15. Oktober 2009. Es war mein Geburtstag. Eine eiskalte Wetterfront zog über Südbayern hinweg und die Schneeflocken wirbelten für die Jahreszeit viel zu früh durch die Luft. Obwohl wir keiner Fachfirma angehörten, verschafften wir uns irgendwie Zutritt zu den großen Hallen des

Messegeländes. Wolf-Dietrich Schreier wusste genau, was wir benötigten: neun Komponenten für einen Bettenaufzug. Meine Aufgabe bestand darin, die Vision von Diospi Suyana den Chefs der Unternehmen so schmackhaft wie möglich zu machen, damit sie ihren erhofften Beitrag auch leisten würden.

Mit Faltblättern und Broschüren bewaffnet schlenderten wir durch die Ausstellungssäle. An den Ständen herrschte ein emsiges Treiben. Interessenten kamen und gingen und mittendrin lotste mich Wolf-Dietrich genau zu den Firmen, deren Produkte wir dringend für unseren Fahrstuhl brauchten. Das Gesamtpaket würde eine Summe von rund 50 000 US-Dollar ergeben. Unser Vorhaben war schon etwas dreist und unwahrscheinlich obendrein. Für mich Grund genug, während unseres Rundganges im Stillen Stoßgebete nach oben zu schicken.

Das Teuerste am Aufzug ist der Antrieb. Der Preis der Motoren liegt je nach Größe bei bis zu 10 000 US-Dollar. Am Vormittag tauchten wir am Stand von Ziehl-Abegg auf. Der Name dieser Firma aus Künzelsau bürgt für absolute Qualität bei Motoren. Wir sprachen mit einigen Mitarbeitern, aber da der Chef nicht anwesend war, vereinbarten wir einen Termin für 14 Uhr. Einige Info-Materialien ließen wir zurück, damit die Entscheidungsträger von Ziehl-Abegg sich mit der Materie schon einmal beschäftigen könnten.

Pünktlich kreuzten wir nachmittags erneut am Stand auf. Man hatte uns tatsächlich erwartet und bat uns um etwas Geduld. In wenigen Minuten würde sich der Prokurist der Firma, ein gewisser Herr Arnold, unser annehmen.

Und schon stand er vor uns. Herr Arnold wirkte zwar freundlich, aber eigentlich nicht wie jemand, der die kostbare Zeit auf der Messe mit Bittstellern verplaudern möchte. Er begrüßte uns und kam sofort auf unser Anliegen zu sprechen. „Als meine Mitarbeiter mir vorhin sagten, ich solle am Nachmittag mit Besuchern aus Peru reden, die von uns gerne einen kostenlosen Antrieb erhalten würden, da hielt ich meine Leute für ziemlich verrückt. Ich meinte, wir hätten ja wohl Besseres zu tun, als unsere Produkte zu verschenken!" Herr Arnold machte eine Pause und formulierte im Geiste seinen nächsten Satz. Ich ahnte bereits, dass ich gleich etwas völlig Unerwartetes hören würde. „Ich habe Ihre Broschüre aufgeklappt", fuhr Herr Arnold fort, „und sah plötzlich genau das gleiche Krankenhaus, das mein Schwager im letzten Jahr während seiner Perureise besucht hat. Er hat danach bei uns im Wohnzimmer begeistert Fotos von Ihrem Hospital gezeigt. Ich wusste sofort, hier müssen wir helfen!"

So, jetzt war es raus. Ich lachte über das ganze Gesicht. Das war mal wieder so eine Wahnsinnsgeschichte. Eigentlich hatte der Prokurist uns nicht helfen wollen, aber dieser seltsame Zufall mit seinem Schwager, der ihm in jenen Sekunden beim Blättern der Broschüre bewusst wurde, stellte seine Entscheidung auf den Kopf. Diese Fügungen sind für Nichtchristen oft sehr schwer einzuordnen. Firmenchefs und Journalisten kratzen sich am Kopf und blicken ratlos ins Leere. Da sie nicht an die Macht des Gebetes glauben, bleiben die überraschenden Ergebnisse bei Diospi Suyana für sie einfach unerklärlich.

Was für ein Geburtstag! Bei Wolf-Dietrich Schreier und mir stieg die Stimmung von Stunde zu Stunde. Draußen mochte der kalte Wind zwar um die Hallen fegen, aber drinnen wurde uns richtig warm ums Herz. Wir hatten unser Maximalziel erreicht. Die Firma Merico aus Ungarn hatte die Planung und die Spende der Schachtausrüstung fest zugesagt. Die Omeras GmbH aus Lautern versprach den kostenlosen Bau der Kabine. Die elektrische Steuerung und Bedienungstableaus würden wir von der Firma Schneider aus Hilzingen erhalten. Das Unternehmen Riedl wollte das Geschenkpaket um die Aufzugstüren erweitern und Sautter aus Stuttgart die Gegengewichte sowie Fangrahmen sponsern. Aber die absolute Krönung war für mich der Motor von Ziehl-Abegg.

Mit all diesen Neuigkeiten saß ich am Ende des Abends Frau Götz gegenüber. Die Journalistin der Verbandszeitschrift „Lift-Report" hatte so eine geballte Ladung an Großmut noch nicht erlebt. Im März 2010 veröffentlichte die Zeitschrift drei Seiten auf Deutsch und zwei auf Englisch über unseren Aufzug. Im Juli des gleichen Jahres folgte in Argentinien ein dreiseitiger Artikel im Fachmagazin „Revista del Ascensor". Es gibt Tausende von Aufzügen und niemand macht sich tiefere Gedanken, wenn er einen betritt und auf den Knopf drückt. Aber ich sage es immer wieder: kein Fahrstuhl ist so berühmt wie der von Diospi Suyana.

Die Schreiers bauten den Aufzug ehrenamtlich in den dunklen Schacht ein. Dabei wurden sie von Michael Mörl aus unserem Team unterstützt. Da der gelernte Mühlenbauer ebenfalls aus Sachsen stammt, gab es bei den anstrengenden Arbeiten keinerlei Kommunikationsprobleme. Der Fahrstuhl kann 21 Personen oder 1,6 Tonnen Lasten befördern. Unsere Herren von der Logistik nutzen den Lift tagtäglich für unzählige schwere Kisten. Und als wir 2016 den ersten Stock als Krankenstation ausbauten, war der Bettentransport unserer Patienten schon längst geregelt!

Die verzweifelte Suche

Wenn Sie sich mit Diospi Suyana beschäftigen und auf unserer Webseite Berichte der ersten Jahre lesen, werden Sie immer wieder über den Namen Michael Mörl stolpern. Dabei spielt sich der Sachse, der im Ort Gaußig bei Bautzen lebt, nie in den Vordergrund. Er kleidet sich weder extravagant, noch redet er viel. Der Ausdruck „schillernde Persönlichkeit" beschreibt ihn unzutreffend, aber als Unikat könnte man ihn durchaus bezeichnen.

Michael Mörl verdient sein Geld seit vielen Jahren als Pfleger im Herzzentrum von Dresden. Er und seine Frau Elisabeth haben fünf Kinder und die ganze Familie bewohnt ein schmuckes Eigenheim am Rande von Wiesen und Feldern.

Während seiner dreieinhalb Jahre bei uns in Curahuasi fand man ihn auf der Intensivstation und im Operationssaal genauso häufig wie in den Werkstätten. Es ist manchmal schwer, mit Leuten zu arbeiten, die überall und gleichzeitig nirgends anzutreffen sind. Bei Michael Mörl war das anders. Das lag daran, dass er seine Arbeitswoche gelegentlich auf 70 bis 80 Stunden ausdehnte. Niemand verlangte das von ihm. Er folgte einem inneren Antrieb – und wenn er Arbeit sah, packte er sie an.

Aufgewachsen ist Michael in der ehemaligen DDR. Seine Eltern waren Christen und gehörten damit in einer erklärt atheistischen Gesellschaft zu einer Minderheit. Das erforderte jede Menge Mut und Zivilcourage.

Als die Mörls sich bei uns 2006 um eine Mitarbeit bewarben, erzählte Michael eine Geschichte aus seiner Kindheit. Es handelte sich dabei um eine Art Schlüsselerlebnis, das ihm in jungen Jahren die Gewissheit schenkte, Gott sei tatsächlich real. Nun – was ist damals genau passiert?

Michael war elf Jahre alt. An einem Nachmittag wollte er mit dem Pferd Susan ausreiten. Seine Mutter hatte nichts dagegen. Für seinen Ritt brauchte er eine Reitgerte und da die neue Gerte seines Bruders gerade griffbereit an der Wand hing, schnappte er sich das Teil und stieg auf den Sattel.

Unterwegs gab es leider Probleme. Susan war an jenem Tag nicht so ausgeglichen wie sonst. Das Pferd ging plötzlich mit ihm durch. Es preschte mit vollem Tempo über eine Koppel und dann mit voller Wucht durch den Zaun am hinteren Ende. In diesem Augenblick überkam Michael die Panik und er warf sich ab, glücklicherweise ohne sich zu verletzen. Es gelang ihm, das Pferd wieder einzufangen, allerdings fehlte ihm jetzt der Mut, Susan zu besteigen. So führte er die Stute am Halfter den langen Weg nach Hause zurück. Den Reitstock befestigte er sorgsam am Sattel.

Um etwas Zeit zu sparen, lief Michael mit dem Pferd an der Hand quer über ein großes Getreidefeld. Auf diesem Areal von etwa drei Quadratkilometern ratterten gerade mehrere Mähdrescher hin und her. Die Fahrer zogen ihre weiten Kreise, um die Ernte einzubringen. Endlich war Michael wieder daheim. Er wollte die Reitgerte an ihren Platz hängen, aber er konnte sie nicht finden.

„Mama", rief er kleinlaut, „die Reitgerte ist weg!"

„Michael, geh sofort wieder los", schimpfte seine Mutter. „Such die Reitgerte! Sie gehört deinem Bruder und war nicht billig. Du musst sie finden!"

Der Junge machte sich mit dem Fahrrad gleich wieder auf den Weg. Er fuhr die Waldwege ab und ließ seine Augen fortwährend prüfend von einer Seite zur nächsten schweifen. Aber leider ohne Erfolg. Jetzt schwante Michael Böses. Höchstwahrscheinlich lag die Reitgerte irgendwo auf dem großen Getreidefeld, auf dem seit Stunden die Mähdrescher fuhren. Er war ratlos. Er wusste genau, dass er die Reitgerte auf dieser ausgedehnten Fläche nicht finden konnte. Aber er hatte Angst, mit leeren Händen nach Hause zu kommen. Was sollte er nur tun? Ob Gott ihm vielleicht helfen könnte?

Er nahm die Hände vom Lenker und faltete seine Hände zum Gebet. Da erinnerte er sich an den Pfarrer in der Kirche. Der hatte mal gesagt, man solle beim Beten besser die Augen schließen, um nicht abgelenkt zu werden.

Michael hielt an, schloss die Augen und wandte sich an Gott: „O Gott, ich werde die Reitgerte niemals finden. Das Feld ist viel zu groß. Ich weiß mir keinen Rat mehr, bitte hilf mir!"

Er öffnete seine Augen und wollte weiterfahren. In diesem Augenblick sah er die Gerte direkt vor sich in den Stoppeln liegen.

Diese Gebetserhörung in seiner Kinderzeit hat Michael niemals vergessen. Er schöpfte aufgrund dieser Erfahrung den Mut, immer wieder mit der Naivität eines Kindes zu beten, so wie Jesus das vor zweitausend Jahren von seinen Jüngern gefordert hatte.

Drei Jahrzehnte sind seit jenem Erlebnis vergangen. Aber der Sachse weiß noch ganz genau, wie er sich am Rande des Feldes gefühlt hat. Erst ängstlich und traurig und dann überglücklich. Ja, er hatte die teure Reitgerte wiedergefunden. Aber noch viel mehr als der Fund im Wert von vielleicht 50 Mark zählte die Gewissheit, dass es wirklich einen Gott gab, der über ihm wachte.

Sechs Monate bin ich jedes Jahr unterwegs und rede in Klubs, Schulen und Firmen von Diospi Suyana. Dabei treffe ich die interessantesten Menschen, die mir wiederum ihre Erlebnisse mit auf den Weg geben. Geschichten so wie die von Michael Mörl. Alle diese Berichte haben eines gemeinsam. Sie geben Zeugnis von der Realität Gottes.

Ein exaktes Timing

Eine gute zahnmedizinische Versorgung ist eine teure Angelegenheit. Und wenn wir von hochwertigem Zahnersatz sprechen, dann wird schnell deutlich, dass wir in einer ungerechten Welt leben. In Europa und in den USA hat der Durchschnittsbürger die Möglichkeit, fehlende Zähne durch Qualitätsmaterialien zu ersetzen. In Ländern der sogenannten Dritten Welt bleibt im Gebiss einfach eine hässliche Lücke zurück. Oder ein Wald- und Wiesenzahnarzt bastelt an abenteuerlich anmutenden Prothesen.

Zahntechnikermeister Tibor Minge hatte beim Aufbau unseres Zahnlabors ganze Arbeit geleistet. Der umsichtige Oranienburger hatte sogar an eine Cadcam-Maschine gedacht. Mithilfe eines computergesteuerten Prozesses entstanden die schönsten Prothesen aus Keramiken und zwar in absoluter Perfektion. Wie wir hörten, gab es von diesen Geräten in Peru gerade mal vier: Drei standen in Luxuskliniken in der Hauptstadt Lima, das vierte befand sich zur Freude unserer armen Patienten bei uns.

Für ein Jahr hatte Tibor sich zur Mitarbeit verpflichtet. Im Mai 2012 würde er nach Deutschland zurückkehren. Natürlich machte ich mir über die Neubesetzung dieser Position Gedanken. Aber wie? Missionare kann man nicht im Katalog bestellen oder mit hohen Gehältern anlocken. Sie sind vielmehr Menschen, die sich von Gott berufen lassen und dann bereit sind, große Herausforderungen anzunehmen.

Von Gott berufen zu werden, hört sich nach einer mystischen Erfahrung aus dem Mittelalter an, die vielleicht sogar etwas mit einer starken Einbildung zu tun hat. Es ist eine Sache zu glauben, dass Gott existiert, und eine ganz andere, mit seinem Eingreifen in unserem Leben zu rechnen. Mir sagte mal ein Industrieller etwas unwirsch: „Da hätte ja der liebe Herrgott viel zu tun!" Er wollte damit zum Ausdruck bringen, dass persönliche göttliche Fügungen eher in den Bereich religiösen Wunschdenkens gehörten und mit unserem realen Leben nichts gemein hätten.

Gerne möchte ich Ihnen an dieser Stelle Lisa Isaak vorstellen. Die ersten sechs Kindheitsjahre verbrachte Lisa in einem deutschen Dorf in den Weiten Kasachstans. Das Land zwischen dem Kaspischen Meer im Westen und dem Altai-Gebirge im Osten hatte vor dem Zerfall der Sowjetunion 17 Millionen Einwohner. Als Kasachstan im Jahr 1990 seine Unabhängigkeit erklärte, verließen 2 Millionen Menschen – vorwiegend Deutsche und Russen – ihre angestammte Heimat. Lisa erinnert sich, wie ihre Eltern das Haus verkauften und in Sachwerte umtauschten, denn es war den Emigranten nicht erlaubt, größere Geldsummen auf die Reise mitzunehmen.

Für Lisa ging das Leben in Michelstadt/Hessen weiter. Nach der Schulzeit wurde sie zunächst Fachverkäuferin in einer Fleischerei. Doch da sie ahnte, dass ihr Potenzial noch lange nicht ausgeschöpft war, machte sie eine dreijährige Ausbildung zur Zahntechnikerin. Sie staunte bald über ihre besondere Fingerfertigkeit bei der Bearbeitung von Prothesen und freute sich, einen Beruf entdeckt zu haben, der ihrer Begabung wirklich entsprach.

Lisa hätte nun in Deutschland endgültig Wurzeln schlagen können. Aber tief in sich bemerkte sie eine gewisse Unruhe. Als überzeugte Christin wollte sie gern ihre beruflichen Fähigkeiten für einige Jahre an einem Missionsspital für arme Patienten einsetzen. Ihr Wunsch war sicherlich eine noble Idee, aber sie fand keine passende Stelle. Der Grund ist einfach. Da die Behandlung mit Zahnersatz horrende Kosten verursacht, kann sich kaum ein Missionsspital ein Zahnlabor leisten.

Doch Lisa ist eine hartnäckige Person, die nicht so schnell

aufgibt. Sie setzte alle möglichen Suchmaschinen im Internet in Bewegung. Ohne Erfolg. Sie sprach mit Hinz und Kunz über ihr Anliegen. Alles umsonst. Eineinhalb Jahre verstrichen, ohne dass sie irgendwie weitergekommen wäre.

Die Zahntechnikerin bat Gott regelmäßig um einen Fingerzeig, der sie in die richtige Richtung weisen würde. Doch nichts geschah. Ihr zukünftiger Lebensweg blieb im Nebel der Ungewissheit verborgen.

Nicht wenige halten das Gebet für eine bloße meditative Übung von gewissem therapeutischen Wert. Wir reden uns den Frust von der Seele, denken in Ruhe über unser Leben nach und treffen danach hoffentlich sinnvolle Entscheidungen. Das mag alles durchaus nützlich sein. Die Skeptiker sind sich jedoch sicher, dass uns dabei keiner zuhört. Die Zimmerwände verhinderten, dass die Nachbarn uns belauschten. Und es bedürfe noch nicht einmal einer Zimmerdecke, um Gott das Lauschen zu erschweren, da es ihn gar nicht gäbe. Spätestens seit dem Buch „Der Gotteswahn" von Richard Dawkins hätte sich doch herumgesprochen, dass Gott nicht mehr sei als eine fiktive Idee. Lisa hatte allerdings den Bestseller des Oxforder Professors nie gelesen, das Buch der Bücher kannte sie dafür umso besser. Und dort stand schwarz auf weiß, dass Gott unsere Gebete registriert und zu seiner Zeit und auf seine Weise reagiert.

Die junge Frau traf einen folgenschweren Entschluss. Wenn sie in ihrem eigenen Beruf keine entsprechende Tätigkeit an einem Missionsspital finden sollte, dann wäre sie bereit, einen dritten Ausbildungsgang als Krankenschwester zu absolvieren. Sie haben richtig gelesen. Lisa würde noch einmal drei Jahre investieren – mit einer einzigen Absicht: um an einem Missionskrankenhaus auf ehrenamtlicher Basis zu arbeiten. Ich kenne nicht viele Menschen, die ein so hohes Maß an Opferbereitschaft aufbringen.

Anfang 2011 bewarb Lisa sich an drei deutschen Krankenhäusern um einen Ausbildungsplatz in der Krankenpflege. Und tatsächlich: Zu Ostern 2011 erhielt sie eine mündliche Zusage aus Stuttgart. Jetzt wurde es also ernst, eine Entscheidung stand an, aber Lisa fand keinen inneren Frieden. Vielleicht ließe sich ihre Situation so beschreiben: Sie hatte Angst vor der eigenen Courage. Lisa ist eine bodenständige Person und leidet nicht an wilden Tagträumen oder abgehobenen Zukunftsfantasien. Natürlich wusste sie, was 99 Prozent der Bundesbürger ihr raten würden. „Bleibe im Land und nähre dich redlich. Übe deinen Beruf als Zahntechnikerin in Deutschland aus. Deine sozialen Anwandlungen kannst du auch mit großzügigen Spenden für Projekte in Übersee befriedigen!"

Lisa grübelte und betete, betete und grübelte. Und plötzlich eilten ihre Gedanken viele Monate zurück. Hatte ihr nicht einmal eine Bekannte zwischen Tür und Angel von einem Missionsspital in Südamerika erzählt? Wieder saß Lisa am Computer, um zu surfen. „Krankenhaus, Zahnklinik, Südamerika". Diesmal stieß sie auf die Webseite von Diospi Suyana, deren deutsche Ausgabe tagtäglich über die Fortschritte unseres Werkes berichtet.

Die Überschrift am 27. April 2011 lautete: „Diospi Suyana behandelt Waisenkinder aus Urubamba!" Als Lisa den kurzen Bericht las, merkte sie, wie ihr Herz schneller schlug. Ausgerechnet an diesem Tag war von der Diospi-Suyana-Zahnklinik die Rede, an der sogar Waisenkinder betreut würden. Das angehängte Bild zeigte einen Zahnarztraum, der nicht nach einer Hütte im Slum aussah, sondern sich nahtlos in jede moderne europäische Zahnarztpraxis einfügen würde.

Umgehend nahm Lisa mit unserem deutschen Büro Kontakt auf. Die Antwort war zwar freundlich, aber für Lisa wenig hilfreich. Sie wurde nämlich auf einen Informationstag für interessierte Mitarbeiter am 9. Juli vertröstet. Anfang Mai traf auf dem Postweg der Arbeitsvertrag aus Stuttgart ein. Man bat sie, das Dokument innerhalb von zwei Wochen an den zukünftigen Arbeitgeber zurückzuschicken.

Der Vertrag des Stuttgarter Krankenhauses lag auf dem Schreibtisch. Die Uhr begann zu ticken. Vierzehn Tage verstreichen schnell, wenn zwar eine schwere Entscheidung ansteht, man sich aber einfach nicht entscheiden kann.

Sonntagabend, 22. Mai 2011. Die zwei Wochen waren längst vorbei. Lisa wusste, sie musste sich einfach zu einem Entschluss durchringen, denn bis zum Info-Tag von Diospi Suyana im Juli konnte sie nicht warten. Schweren Herzens blätterte Lisa auf die letzte Seite des Vertrages. Sie seufzte leise, als sie einen Kugelschreiber zur Hand nahm und ihren Namen auf die vorgegebene Zeile setzte. Ein Engagement als Zahntechnikerin an einem Missionsspital hätte ihr eigentlich mehr zugesagt, aber das Leben ist oft nicht ideal. Umwege, Irrungen und Niederlagen bleiben niemandem erspart, auch Lisa nicht. Über ein Jahr lang hatte sie auf die Führung Gottes gehofft, aber sie war offensichtlich ausgeblieben.

Lisa legte ihren Stift zur Seite und blickte auf den Bildschirm ihres Laptops, der neben ihr auf dem Schreibtisch stand. Soeben war eine E-Mail von einem Klaus John eingetroffen. Sie öffnete das Postfach und glaubte ihren Augen nicht zu trauen. Dort hieß es: „Wie lautet Ihre Telefonnummer? Ich würde Sie gerne anrufen?"

Am folgenden Montag führte ich mit Lisa ein ausführliches Telefongespräch und lud sie zu uns nach Curahuasi ein. Der unterschriebene Vertrag aus Stuttgart landete im Papierkorb und Lisa landete am 1. Februar 2012 in Lima, Peru. Am Hospital Diospi Suyana durfte die Zahntechnikerin ihrer Bestimmung nachkommen und dabei eine tiefe innere Erfüllung empfinden. Sie diente drei Jahre lang den armen Quechua-Indianern und damit Gott selbst. Jesus hat es vor langer Zeit so ausgedrückt. „Was ihr einem meiner geringsten Brüder getan habt, das habt ihr für mich getan!"

Warum hatte ich Lisa an jenem Sonntag eigentlich angeschrieben? Ich weiß es nicht. Ich kannte sie nicht persönlich, war aber wohl einige Tage zuvor über ihre Anfrage informiert worden. Manchmal melde ich mich selbst bei Kandidaten, manchmal tun das unsere Damen aus dem deutschen Büro. Aber warum ich ausgerechnet an einem Sonntagnachmittag (Peruzeit) Lisas Unterlagen im Computer studierte und sie kontaktierte, entzieht sich bis heute meiner Kenntnis. Es war einfach ein Timing Gottes im allerletzten Augenblick.

Völlig fertig mit den Nerven

Ich kannte die Frau auf der anderen Seite der Leitung nicht persönlich. Aber was sie sagte, gab mir ein wenig zu denken.

„Herr John, ich finde es total spannend, wie das Hospital Diospi Suyana entstanden ist", rief sie in den Hörer, „aber noch viel unglaublicher ist, dass es immer noch besteht!"

Ihre Meinung entbehrte nicht einer gewissen Logik. Ein Werk auf einer Solidaritätswelle aufzubauen, scheint oft zu funktionieren. Pfadfinder, Frauenkreise, Privatpersonen, Firmenchefs und wer auch immer, sie alle geben sich einen Ruck und helfen mit. Gewissermaßen fügen tausend Hände Stein auf Stein zu einer Mauer zusammen. Und jeder will es endlich sehen, das fertige Haus. So ein Hype war in den Jahren 2004 bis 2007 wirklich um Diospi Suyana entstanden. Als das Missionsspital feierlich eingeweiht wurde, flossen viele

Freudentränen. Das Unmögliche war möglich geworden und selbst Nichtchristen fühlten eine tiefe innere Dankbarkeit.

Aber ein Krankenhaus zu betreiben, ist etwas völlig anderes. Unsere mittellosen Patienten bezahlen nur etwa 20 Prozent der realen Ausgaben; vier Fünftel der Unkosten decken unsere Spender und die Unterstützerkreise unserer Missionare, deren Gehälter wir nicht bezahlen müssen.

Viele fragen sich, wie lange so etwas überhaupt gut gehen kann. Für den Betrieb des Spitals und der anderen Arbeitsfelder von Diospi Suyana benötigen wir mittlerweile ein Spendenaufkommen von 130 000 US-Dollar im Monat. Weder in meinen Vorträgen noch in unseren Infobriefen rufen wir zu Spenden auf. Wir glauben, dass Gott es den Menschen zeigen wird, ob und in welchem Maße sie sich für Diospi Suyana engagieren sollen. Ich gebe zu, dass sich unser Ansatz nicht gerade mit modernen Fundraising-Konzepten deckt.

In der Aufbauphase erhielten wir qualitativ hochwertige Geräte als Spenden. Aber leider nagte auch an dieser Ausrüstung der Zahn der Zeit und irgendwann würden wir die Hightech leider ersetzen müssen. Mir graute schon davor.

Unter den merkwürdigsten Umständen hatte Siemens uns im Frühjahr 2007 mit einem Computertomografen bedacht. Wie wir hörten, war dies das erste Mal gewesen, dass sich der deutsche Konzern zu so einer Spende in Lateinamerika hatte hinreißen lassen. Als der Chef von Siemens-Peru, Stefano Garvin, am Tag der Einweihung zu diesem Vorgang interviewt wurde, sagte er freundlich in die Kamera: „Mir gefällt es ungemein, dass wir hier die modernste Technologie für die ärmsten Menschen anbieten!"

Nun, was er da so medienwirksam äußerte, stimmte nur bedingt. Bei dem besagten CT handelte es sich um einen Einzeiler, eines der ältesten Modelle am Markt. Auch war es nicht neu, sondern als „Refurbished System" vom Unternehmen runderneuert worden. Trotzdem war es für unsere Arbeit ungemein wertvoll. Etwa 3 000 Patienten wurden von unseren Röntgenmitarbeitern in diese Röhre rein- und rausgeschoben.

In der ersten Juniwoche 2013 geschah das Unvermeidliche. Unser CT streikte. Christian Oswald von unserer IT-Abteilung sowie Medizintechniker Markus Rolli machten sich an die Fehlersuche. Die Siemenstechniker aus Lima rückten an. Die Telefonleitung nach Siemens in Deutschland lief heiß. Nichts half. Das Ding blieb kaputt. Der Fehler lag an der Hard- oder Software der Computereinheit. So weit hatten die Spezialisten das Problem eingegrenzt. Aber für Uraltgeräte gibt es irgendwann weder Programme noch Ersatzteile. Genau aus diesem Grund bin ich ein glühender Verfechter von nagelneuen Materialspenden für unser Missionsspital.

Ein gewisser Dr. Stephan Feldhaus hatte damals den Vorstandsvorsitzenden von Siemens Health Care, Prof. Reinhard, vom Sinn einer solchen Spende überzeugt. Sechs Jahre später frischte ich unsere Verbindung zu Herrn Feldhaus wieder auf. Er war mittlerweile in der Schweiz als einer der Vorstände der Roche-Gruppe tätig. Beim Mittagessen im Kasino zeigte ich ihm, seiner Frau und seinem Sohn Lukas die neuesten Bilder von Diospi Suyana im Laptop.

„Das ist alles ganz wunderbar", rief Herr Feldhaus, „aber wir hätten da als Familie noch ein ganz privates Anliegen." Ich ahnte, was jetzt kommen würde, denn der siebzehnjährige Lukas saß ja wohl nicht ohne Grund mit uns am Tisch. „Könnte unser Sohn nicht bei Ihnen ein freiwilliges soziales Jahr absolvieren?", fragten die Feldhaus. Meine Antwort fiel natürlich genau so aus, wie sie das erhofft hatten.

Von 2012 bis 2013 wurde Herr Feldhaus junior ein Teil unseres Teams. Er erfüllte seine Aufgaben in der Verwaltung mit Bravour und engagierte sich auch in den Kinderklubs. Mit seinem schauspielerischen Talent brachte er die Kleinen regelmäßig zum Grölen. Lukas als Weihnachtsengel war auch für die Erwachsenen eine Lachnummer ersten Ranges. Wir alle hatten mit dem intelligenten Burschen aus Basel wirklich unseren Spaß. Lukas war immer hellwach und er wusste natürlich von unserer Misere mit dem CT.

„Klaus", ruf doch mal meinen Vater an", riet er mir eines Morgens. „Vielleicht kann er uns beim CT-Problem helfen. Er verfügt über gute Kontakte!" Ich schaute Lukas an und war von seinem Vorschlag sofort überzeugt.

„Das mache ich gerne", antwortete ich eifrig, „gib mir doch gleich mal die Telefonnummern deiner Eltern!"

Stefan Feldhaus setzte sich für uns ein, über Bitten und Verstehen. Er telefonierte mehrmals mit Prof. Requardt, dem neuen Vorsitzenden von Siemens Health Care. Und auch Michael Sigmund versuchte er für Diospi Suyana zu erwärmen. Herr Sigmund hatte nach dem Ausscheiden von Dr. Feldhaus seinen Posten als Leiter der Kommunikations-abteilung bei Siemens Health Care übernommen. Dr. Feldhaus kannte Diospi Suyana sowohl durch seinen Sohn als auch durch einen persönlichen Besuch bei uns besser als die meisten anderen. Und deshalb erbat er von Prof. Requardt in langen Telefonaten ein Austauschgerät für unser altes CT.

Prof. Requardt war schließlich überzeugt. „Okay, wir machen das", versprach er. „Einen Sechszeiler für Diospi Suyana nehme ich auf meine Kappe!"

Ich freute mich riesig über diese Zusage. Im Kopf bas-telte ich bereits an einer Eilmeldung für unsere Webseite. „Siemens spendet ein Austauschgerät für ein Spital in Süd-amerika!" Sechs Jahre zuvor hatte ich getextet: „Eilmeldung: Siemens Medical Solutions spendet CT!"

Aber man hat ein Geschenk erst dann in der Tasche, wenn man es vor Ort auspackt, es bestaunt und einen Indianerfreudentanz um die offene Kiste vollführt. Selbst das edelste Angebot kann schnell in der Theorie stecken bleiben. Manchmal gerät eine Zusage einfach in Vergessenheit, ein andermal macht ein übergeordneter Entscheidungsträger einen dicken Strich durch die Rechnung. Oder das Containerschiff nach Südamerika verschwindet auf Nimmerwiedersehen im Bermudadreieck. Zugegeben: So ein Malheur passiert eher selten. Häufiger ist der Ärger im Zoll von Lima, der gerne Sachspenden konfisziert – aus Gründen, die sich dem Normalsterblichen verschließen.

Beim angekündigten CT von Siemens tat sich nichts. Und ein Telefonat Ende August zwischen Feldhaus und Requardt ergab auch, warum. Die Herren aus der Führungsetage hatten unsere Webseite besucht und dabei festgestellt, dass Diospi Suyana als Glaubenswerk voll auf den Gott der Bibel setzt. Requardt und Sigmund sind aber Atheisten. Beide waren verärgert. So etwas wollten sie nicht unterstützen. Mochte Diospi Suyana von den Medien vieler Länder auch mit Lob überschüttet werden und selbst der peruanische Staatspräsident meine Frau und mich in seinen Palast einladen, es half nichts. Wir als Gründer dieses Werkes waren überzeugte Christen, die ihre Kraft aus dem Glauben schöpften und aus ihrer Überzeugung keinen Hehl machten. Damit waren wir ihnen suspekt. Egal, ob uns Tausende von armen Patienten Hilfe suchend die Tür einrannten oder nicht. Das CT wurde aus weltanschaulichen Motiven nicht gespendet und Prof. Requardt machte einen Rückzieher.

Was ist ein Versprechen wert, wenn man an keine höhere Instanz glaubt, die uns jemals zur Rechenschaft ziehen könnte? Richard Dawkins, das Sprachrohr der neuen Atheisten, hatte das in seinem Buch „Out of Eden" treffend beschrieben: „In einem Universum blinder physikalischer Kräfte und genetischer Vervielfältigung werden manche Leute Schaden nehmen, andere werden Glück haben, und darin werden sie keine Vernunft und keine Gerechtigkeit finden. Das Universum, das wir beobachten, hat genau die Eigenschaften, die zu erwarten sind, wenn es unter dem Strich keinen Plan, keinen Sinn, kein Böses und kein anderes Gutes gibt. Nichts als blinde, erbarmungslose Gleichgültigkeit. DNS weiß nichts und schert sich um nichts. DNS ist einfach nur. Und wir tanzen zu ihrer Musik!"

Ich finde als Christ, dass der Atheist Richard Dawkins die Sachlage treffend zusammenfasst. Wenn Gott nicht existiert, dann gibt es in der Tat keine Gerechtigkeit, kein Gut und kein Böse und am Ende bleibt nur die erbarmungslose Gleichgültigkeit. Der Ort, der dann entsteht, hat Charakteristiken, die mich ein wenig an die Hölle erinnern.

Das Austauschgerät von Siemens verschwand wie eine Fata Morgana im Wüstensand und Christian Oswald machte sich sofort wieder an unser defektes CT, also an eine unlösbare Aufgabe. Er saß tagelang im Kontrollraum und tüftelte vor sich hin. Wenn Sie wissen wollen, was eine permanente Frusterfahrung ist, dann setzen Sie sich zu einem Techniker, der sich unentwegt durch Schaltpläne und Softwareprogramme gräbt, ohne den Fehler zu finden. Doch am 21. Oktober, just als meine Frau Martina und Dr. Jens Haßfeld einen Ehrengast durch das Spital führten, hatte der Saarbrücker das CT wieder zum Laufen gebracht. Prof. Ludwig Georg Braun, Ehrenpräsident des Deutschen Industrie- und Handelskammertages, sah unser CT in Aktion. Es war fast zu schön, um wahr zu sein.

Für diesen Einsatz musste ich Christian unbedingt den goldenen Verdienstorden von Diospi Suyana überreichen, selbstverständlich am roten Band. Gleich im Anschluss an die Morgenandacht des 4. November wollte ich diesen feierlichen Akt in der voll besetzten Krankenhauskirche vollziehen.

Montagmorgen halb neun. In wenigen Minuten sollte die Zeremonie beginnen, aber wo steckte der Kerl eigentlich? Im Auditorium hatte niemand ihn gesehen und auf der Empore war er auch nicht. Ich hetzte durch die Gänge und wurde schließlich im Server-Raum des Spitals fündig. Dort arbeitete unser IT-Experte gerade fieberhaft an unserem Computer-system, das wenige Minuten zuvor seinen Geist aufgegeben hatte. Mit etwas Überzeugungskraft gelang es mir, Christian aus der Welt der Kabel, Impulse und Festplatten herauszu-locken. Für drei Minuten stand er etwas schüchtern vor dem versammelten Publikum und erhielt verdienterweise seine goldene Auszeichnung: die Diospi-Suyana-Ehrenmedaille 2013. Kaum baumelte die beklebte Pappscheibe an seinem Hals, rannte er wieder die Treppe hinauf, um die Nadel im Heuhaufen der Hightech zu suchen. Ich argwöhnte gleich, dass er mit diesem Einsatz schon auf die Verdienstmedaille 2014 spekulierte.

Natürlich war uns klar, dass wir hier nur auf Zeit spiel-ten. Wir mussten uns dringend um ein Neugerät bemühen, denn früher oder später würde unser CT endgültig schlapp machen. Ich traf mich in Deutschland mit einem Siemens-Agenten, um vielleicht auf unterer Entscheidungsebene einen guten Preis herauszuschlagen. Ein Sechszeiler von Siemens würde als Gebrauchtgerät über 220 000 Euro verschlingen. Eine Riesensumme für ein Spendenwerk wie Diospi Suyana, das tagtäglich am Tropf wohlmeinender Spender hängt. Eine echte Herausforderung. Die Lösung dieses Finanzbedarfs hatte sich jedoch schon im März des gleichen Jahres ange-bahnt.

In bestimmten Abständen organisieren viele Kirchengemein-den in Deutschland eine evangelistische Großveranstaltung, um für den Glauben an Gott zu werben. Diese Aktion nennt sich ProChrist. Sie hat den positiven Begleiteffekt, dass Christen über alle Konfessionsgrenzen hinweg für einige Wochen bei der Vorbereitung und Durchführung zusammenarbeiten.

Vom 3. bis 10. März 2013 sollten diese Tage in der Porsche Arena in Stuttgart stattfinden. Über Satellit würden 800 evangelische und katholische Kirchen live zugeschaltet sein und damit eine Fernsehgemeinde von über 100000 Zuschauern bilden. Pfarrer Ulrich Parzany hatte mich als Interviewpartner in das Vorprogramm des letzten Abends eingeladen. So weit die Planung. Doch unsere ganze Familie erinnert sich mit Schrecken an die ersten Tage im März 2013.

Das Unheil begann damit, dass unser Hund Blacky gelegentlich seltsam hustete, wenn man jene Töne aus seinem Rachen so bezeichnen möchte. Einige Tage später sahen wir ihn taumeln. Seine muskulären Koordinierungsstörungen zeigten sich plötzlich auch beim Schlucken. Er brachte seinen eigenen Speichel nicht mehr hinunter und der Schaum tropfte von seinem Maul. Sein Verhalten wurde zusehends aggressiver. Er biss unseren Sohn Florian zweimal in die Hand und sprang in mein Gesicht, sodass mir sein Speichel in die Augen spritzte. Ahnen Sie schon, von was ich rede? Genau: Tollwut!

Ich saß in meinem Büro und beobachtete durch die Tür, wie Florian neben Blacky kniete und weinte. Meiner Frau und mir brach es fast das Herz. Wir alle spürten, dass unser Hund seine Krankheit nicht überleben würde. Das war schlimm genug, aber über Nacht war das Gespenst der Tollwut in unser Haus eingekehrt. Wenn es nämlich Tollwut wäre, worauf alle Symptome hindeuteten, dann bestünde für Florian, für mich und selbst für meine Frau hochgradige Ansteckungsgefahr. Und während bei Ebola einige Menschen überleben können, ist das bei Tollwut leider nicht der Fall. Sobald die ersten Anzeichen an einem Menschen auftreten, ist er todgeweiht. Jedes Jahr sterben nach Schätzungen der WHO mehr als 50 000 Menschen an dieser Viruserkrankung, und zwar auf jämmerliche Weise.

Es kam der 1. März. An jenem Tag wollte ich nach Mexiko fliegen, um in der Stadt Toluca zwei Vorträge über Diospi Suyana zu halten. Ich stand auf dem Innenbalkon unseres Hauses und sah etwas so Entsetzliches, dass es mir eiskalt den Rücken hinunterlief. Unser Hund Blacky sprang in seiner Qual rückwärts quer über den ganzen Hof. So etwas hatte ich noch nie gesehen und ich konnte mir erst recht nicht erklären, wie die Anatomie eines Hundes zu so bizarren Bewegungen fähig wäre. Meiner Frau und mir wurde jetzt endgültig klar: Wir mussten unseren Hund von seinen Leiden erlösen und sein Gehirn an ein Speziallabor schicken. Mit einer Spritze durch die Brustwand ins Herz führten wir seinen Tod herbei. Es war schrecklich für uns alle.

Tollwut hinterlässt im Gehirn der Tiere gewisse Veränderungen, die als Negri-Körperchen bezeichnet werden. Falls der Pathologe sie findet, ist für alle Menschen, die Umgang mit dem infizierten Tier hatten, Alarmstufe Rot gegeben. Sie müssen sofort geimpft werden – und falls es schon zu einem Biss gekommen sein sollte, muss die Bissstelle schleunigst mit Antikörpern umspritzt werden, um die Überlebenschancen zu erhöhen.

Eine Stunde zuvor hatten Florian und wir uns in der örtlichen Gesundheitsstation gegen Tollwut impfen lassen. Allerdings war es nur die erste Dosis. Fünf weitere müssten noch folgen.

Gegen zehn Uhr stieg ich in Curahuasi völlig übermüdet ins Taxi, um meine Reise nach Mexiko anzutreten. Die Mitarbeiter der Gesundheitsstation brachten zeitgleich den Kadaver unseres Hundes zur pathologischen Untersuchung nach Abancay, der Hauptstadt unseres Bundesstaates.

Florian ging gebrochenen Herzens in die Schule und meine Frau abgekämpft zur Arbeit.

Samstagmorgen. Gegen 11 Uhr holte mich der mexikanische Arzt Dr. Daniel Fuentes am Flughafen von Mexico City ab. Am Abend würde meine erste Präsentation am Hospital Gral. Lopez Mateo stattfinden. Aber meine Gedanken weilten ganz woanders. Tollwut. Bei Florian lagen die Bisse an der Hand schon zehn Tage zurück. Eine verdammt lange Zeitspanne bei Tollwut! Hatten sich die Viren womöglich schon seinem Gehirn genähert?

Der Vortrag war längst vorbei und ich saß am Computer im Hotel. Mir war hundeelend zumute. Im Internet studierte ich die empfohlenen Strategien zur Verhinderung der Krankheit. Meine Frau machte in Curahuasi das Gleiche. Ich rief sie an und wir entschieden, dass Florian auf jeden Fall die Injektionen von Antikörpern um die Wunde benötigte. Aber wo könnten wir diese herbekommen? Tina telefonierte von Curahuasi aus in der Weltgeschichte herum. Und ich klingelte bei mehreren Krankenhäusern in Lima an – immer mit derselben Frage: „Haben Sie Antikörper gegen Tollwut?" Es klingt unglaublich, aber in der Achtmillionen-Metropole Lima war nichts aufzutreiben. Man sagte uns, dass nur die US-amerikanische Botschaft einen kleinen Vorrat von Antikörpern im Kühlschrank aufbewahre, jedoch ausschließlich für den eigenen Gebrauch.

Um Mitternacht trafen wir beide eine Entscheidung. Tina würde mit Florian von Cusco nach Lima und dann nach Quito, Ecuador fliegen. Missionsarzt Dr. Wolff, den wir glücklicherweise spät am Abend auf seinem Handy erreicht hatten, hatte uns versichert, diese Antikörper seien in einem Krankenhaus der Hauptstadt vorrätig. In einer Nacht-und-Nebel-Aktion schafften es Tina und Florian innerhalb von vierundzwanzig Stunden, die 2000 Kilometer nach Quito hin und wieder zurück zu fliegen. Missionsarzt Eckehart Wolff verteilte die Antikörper fachmännisch mit kleinen Stichen rund um die Wunde an der Hand.

Mein Aufenthalt in Mexiko war vorbei und ich wartete in Orlando auf den Anschlussflug nach Frankfurt. Über Skype nahm ich zu Tina Kontakt auf. „Liegt die Analyse vom Hundegehirn vor?", rief ich beklommen in den Lautsprecher meines Laptops.

Die Antwort meiner Frau stieß mich förmlich vom Stuhl. „Ja, es ist Tollwut", hörte ich Tinas traurige Stimme. „Eine Mitarbeiterin der Gesundheitsstation hat aus Abancay erfahren, der Verdacht habe sich bestätigt!"

Wir sehen jeden Tag das größte Leid im Fernsehen und trotzdem gehen wir halbwegs entspannt zu Bett, weil uns das Elend anderer glücklicherweise nicht betrifft. Aber wehe, wehe, die Krebserkrankung, der Flugzeugabsturz oder die tragische Massenkarambolage auf der Autobahn erwischt Ihre Frau, Ihren Sohn oder Ihre Tochter. Dann verstehen Sie von einer Sekunde zur nächsten, warum Christen ihre ganze Hoffnung darauf setzen, dass Gott einmal alle unsere Tränen abwischen wird ... an einem Ort, den die Bibel Himmel nennt.

Die Tollwutdiagnose stellte sich, Gott sei es gedankt, als Irrtum heraus. Unser Hund hatte wohl an Hundstaupe gelitten, einer Viruserkrankung, die mit gleichen Symptomen wie Tollwut einhergeht, aber für Menschen ungefährlich ist. Unsere Erleichterung über den guten Ausgang lässt sich kaum mit Worten beschreiben.

Am 5. März holte ich am Frankfurter Flughafen meinen Leihwagen ab und am 7. März hielt ich in Freudenberg bei Siegen den ersten Vortrag meiner Rundreise in Deutschland. Im Saal der evangelischen Gemeinschaft wurden 140 Zuhörer

Zeugen, wie Klaus John mit den fulminanten Anfängen einer Erkältung zu kämpfen hatte. Ich hustete ins Mikrofon und putzte mir die Nase, bis meine Taschentücher eine feuchte Konsistenz annahmen. Wie hätte es auch anders sein sollen? Diese unglaubliche nervliche Belastung, diese furchtbare Kombination aus Angst, Schlafentzug, Jetlag und Reisestress forderte jetzt ihren Tribut. Es war Donnerstag und drei Tage später würde ich auf der ProChrist-Bühne in Stuttgart von Diospi Suyana erzählen. Mit aufgequollenen Lippen, einer heiseren Stimme und einem fiebrigen Kopf.

Seit Jahren bete ich zu Gott. Ich bitte ihn nicht um ein leichtes Leben, sondern um die Erfahrung seiner Gegenwart. Und ich glaube sagen zu können, genau so ist es auch gekommen. Bedingt durch die häufige Trennung von meiner Familie, die Verantwortung für unser Werk und die regelmäßigen Schreckensmeldungen ist mein Leben wirklich nicht einfach. Manchmal sitze ich nachts in der Ecke eines Flughafens und fühle mich so unwohl, dass ich befürchte, mich übergeben zu müssen. Aber Gott hat mir und unserer Familie dafür Hinweise seiner Nähe geschenkt, die all diese Mühen mehr als wettmachen.

Nach dem Vortrag fuhr ich nach Wiesbaden zurück. Ich spürte, wie der grippale Infekt in meinem Körper mit Wucht loslegte. Ich fühlte mich total entmutigt und betete zu Gott, dass er mich doch gesund machen möge. Ich wollte so gerne in Stuttgart mit Tatkraft und Begeisterung von unseren Erfahrungen der Treue Gottes reden können und nicht als ein Häufchen Elend auf die Bühne getragen werden. Schon seit Monaten hatte ich dieses Interview bei ProChrist Gott anbefohlen. Es würde viele Christen im Glauben ermutigen und hoffentlich Atheisten über ihr eigenes Weltbild ins Grübeln bringen. Und jetzt das! Zwei Wochen Drehzahl im roten Bereich hatten den Motor meines Körpers überfordert.

Freitagmorgen erwachte ich in meinem Bett. Ich musste erst meine Gedanken ordnen und mich an die Geschehnisse der letzten Tage erinnern. Wo war eigentlich meine Erkrankung? Ich fühlte mich so wohl wie schon lange nicht mehr. Von Schnupfen, Husten, Heiserkeit keine Spur. Meine Erschöpfung und meine Gliederschmerzen vom Vorabend waren wie weggeblasen.

Sonntagabend in Stuttgart. Locker, entspannt und fit stand ich auf der Bühne und beantwortete die Fragen von Moderator Jürgen Werth. Und ich meine sagen zu können, dass der Funke übersprang. 100 000 Zuschauer hörten von der wundersamen Geschichte eines Krankenhauses in Peru. Ein Hospital, aus dem Glauben geboren und durch den Glauben erhalten. An 800 Standorten in Europa sammelten evangelische und katholische Christen nach meinem Beitrag Geld für vier karitative Projekte. Eines von ihnen: Diospi Suyana.

Am 28. Mai flog der Vorsitzende unseres Vereins, Olaf Böttger, nach Berlin. Im Rahmen einer Feierstunde wurde die Sozialkollekte mit den üblichen Presseschecks überreicht. Volker Kauder von der deutschen Bundesregierung begleitete die Zeremonie. Über 100 000 Euro hatten Christen in Europa als Reaktion auf mein Interview für Diospi Suyana gespendet. Der Betrag entsprach nach dem damaligen Wechselkurs umgerechnet 140 000 US-Dollar. Damit war der Löwenanteil für die Anschaffung unseres neuen Computertomografen auf dem Konto. Weitere Unterstützung erhielten wir vom Medizinisch-Christlichen-Hilfswerk e. V., das seinen Dienst im Vorjahr eingestellt hatte und Diospi Suyana eine Summe von 40 000 Euro (54 000 US-Dollar) übermachte. Mit der ausdrücklichen Zweckbestimmung, das Geld für die Anschaffung eines CTs einzusetzen.

Am 9. Dezember saß ich im Büro der peruanischen Firma Tecnasa im Süden Limas. Beide Chefs kannten Diospi Suyana schon seit Jahren. Sowohl Jorge del Busto wie auch sein Sohn Andres verstanden, dass nun ihr Beitrag gefragt war. Anstatt den Importpreis beim Verkauf zu verdoppeln, wie in Peru üblich, verzichtete Tecnasa auf jegliche Gewinne. Unter diesen Bedingungen unterschrieb ich gerne den Kaufvertrag für ein nagelneues CT der Firma Hitachi. Der Wert für den 16-Zeiler lag in Japan bei 215 000 US-Dollar, also umgerechnet 160 000 Euro. Dieser Preis war für uns erschwinglich geworden, nicht weil ein Vorstandsvorsitzender von Siemens Health Care über seinen Schatten gesprungen war, sondern weil Europäer und Peruaner, Katholiken und Protestanten eine Allianz der Freundschaft geschlossen hatten.

Der Kampf um Container Nr. 32

In unserer Jugend- und Studentenzeit haben meine Frau und ich uns für viele interessante Aktionen engagiert. Außer der Mitarbeit in den verschiedenen Arbeitsgruppen unserer Kirchengemeinde umstellten wir mit Gleichgesinnten gelegentlich amerikanische Raketenbasen. Wir demonstrierten auch gegen die Startbahn West des Frankfurter Flughafens, um den drei Millionen Bäumen auf dem Gelände beizustehen.

Ob unsere Sprechchöre von damals etwas bewegt haben, weiß ich nicht. Aber unser soziales Gewissen wurde auf jeden Fall geschärft. Auch bei Amnesty International gab ich ein Gastspiel. Ich erinnere mich, wie ich empörte Briefe an Diktatoren geschrieben habe mit der Bitte um Freilassung politischer Gefangener. Denn selbst die schlimmsten Bösewichter werden nervös, wenn der Briefkasten überquillt und im Fünfminutentakt verärgerte E-Mails im Posteingang eintreffen. Im Laufe der Jahre habe ich diese Möglichkeit einer kollektiven Brief- oder E-Mail-Kampagne stets im Hinterkopf behalten. Ich dachte mir, dass der Tag auch bei Diospi Suyana käme, an dem wir diese Methode einsetzen würden.

Der 22. Juni 2012 war ein heißer Dienstag. Ich stellte die Klimaanlage im Auto auf Maximal ein und ließ mich von meinem Navi zielsicher nach Bad Bocklet leiten. Um halb zwei, also kurz nach der Mittagspause, würde mich Frau Roer empfangen. Die energiegeladene Unternehmerin hatte vor Jahren die Firma DT&Shop gegründet, die Materialien jedweder Art für Zahnlabors vertreibt. Der allgemeine Eindruck der großen hellen Gebäude außen und innen wirkte auf mich ziemlich innovativ.

Einige Minuten später saßen wir in einem Tagungsraum beisammen. Die attraktive Dame sah sich aufmerksam die Bilder von Diospi Suyana auf einem Bildschirm an. Als ich mit meinen Ausführungen fertig war, machte Frau Roer nicht viel Federlesen, sondern legte los: „Herr John, der Glaube hat in der Weltgeschichte eine Menge Unheil angerichtet!" Die Direktorin hatte den Kern unserer Arbeit sofort erkannt: der Glaube an Gott. „Ich selbst bin Feministin und habe mir durch einen Aufenthalt in Indien einen weiten Horizont angeeignet", fuhr sie fort, „Diospi Suyana ist mir da zu eng!"

Ich fühlte mich wie ein begossener Pudel. Was sollte ich ihr entgegnen? Mir fiel nichts Rechtes ein und deshalb schwieg ich. Frau Roer ließ ihrer Kritik an unserem missionarischen Ansatz freien Lauf und ich fürchtete, dass die Stunden auf der Autobahn unter der prallen Sonne reine Zeitverschwendung gewesen waren. In Gedanken packte ich bereits meine Sachen.

„Aber natürlich wollen wir Ihnen helfen", hörte ich Frau Roer plötzlich sagen. „Schicken Sie uns mal eine Liste der Dinge, die Sie für das Labor brauchen!"

Warum sie das tat, weiß ich nicht. Auf Anweisung von Frau Roer spendete DT&Shop den gesamten Jahresbedarf für unser Zahnlabor. Alle Produkte von bester Qualität in Dutzenden Kisten verpackt. Die Höhe der Spende lag im sechsstelligen Bereich.

Am 25. Dezember 2012 luden die Hafenarbeiter in Lima/ Callao unseren Container Nummer 32 vom Schiff und transportierten ihn in das Containerlager von DP World. Unter den Sachspenden befanden sich auch die teuren Materialien von DT&Shop. Unsere Zollagentur Monte Sion kontaktierte die Behörden des Staates, die bei der Entzollung der Fracht ein Wörtchen mitzureden hatten. Briefe und E-Mails wurden verschickt, Telefonate geführt. Aber irgendwie steckte bei diesem Vorgang zu viel Sand im Getriebe.

Am Freitag, dem 4. Januar, räumten am frühen Morgen die Mitarbeiter der Lagerhalle alle 218 Kisten aus dem Container. Ein Beamter der Behörde DGIEM hatte versprochen, den Inhalt der Ladung für das Gesundheitsministerium zu überprüfen. Doch der Mann erschien nicht. Die Zollagentur Monte Sion brachte den Fall telefonisch bis zum späten Nachmittag in Erinnerung. Die Mühe blieb leider umsonst. Schließlich wurden unsere Sachspenden im Wert von 202 000 US-Dollar am Abend wieder im Container gestapelt. Eine Geschichte, die an das berüchtigte Hornberger Schießen erinnert. Es hatte aber keinen Wert, sich darüber groß aufzuregen. Insgesamt fünfmal packten gelangweilte Arbeiter im Auftrag der Bürokraten unseren Großraumcontainer aus und wieder ein.

Die Wortwechsel zwischen mir und den Angestellten von DGIEM über das Telefon waren wenig freundlich. Am Abend folgte dann in der Zentrale von DGIEM eine Krisensitzung, in der ich einmal mehr die Geschichte von Diospi Suyana in meinem Laptop vorführte.

„Mir war nicht klar, welche Bedeutung Diospi Suyana

hat", sagte der Beamte. „Morgen in aller Frühe werde ich die Dokumente ausfüllen!" Als das Treffen endete, lag längst die Dunkelheit über Lima, aber um den Container Nr. 32 war es offenbar etwas heller geworden.

Von 2003 bis 2013 hatte ich schon unzählige Kämpfe mit den Behörden im Bundesstaat Apurimac und in Lima ausgefochten. Ich hatte längst gelernt, dass peruanische Ministerien beim Import von Hilfsgütern nach Peru die größten Stolpersteine in den Weg legen.

Die Tage vergingen. Wir kamen nicht voran. Die Gebühren für die Lagerung des Containers in der Halle sowie für die französische Transportfirma CMA stiegen unablässig in die Höhe. Ich merkte, dass ich meine Bemühungen um die Freigabe des Containers deutlich intensivieren müsste. Mithilfe einiger Politiker erhielt ich am 17. Januar eine Audienz beim Vizeminister für Gesundheit. Dr. José Carlos Del Carmen und sein Mitarbeiterstab waren zugegen. Ich beschrieb Diospi Suyana als ein Werk des Glaubens, das immer wieder von bürokratischen Hemmnissen bedroht sei.

Der Vizeminister brachte seine Antwort auf die kurze Formel: „Morgen muss der Container aus dem Zoll!" Ich dankte ihm für seinen Vorsatz, doch leider bewegte sich der Container keinen Millimeter vom Fleck.

Am Dienstag, dem 22. Januar, hatte ich den Direktor von der Arzneimittelbehörde DIGEMID an der Strippe. Anscheinend war der Ausdruck „Diospi Suyana" für Sr. Pedro Luis Yarasca noch ein absolutes Fremdwort. Seine Behörde hatte kistenweise Produkte von DT&Shop aussortiert mit der fadenscheinigen Begründung, es fehle die Angabe von Haltbarkeitszeiten. Ich war aber aus Deutschland bereits informiert worden, dass diese Materialien unbegrenzt haltbar seien und deshalb kein Verfallsdatum benötigten. Der Wert der ausgemusterten Güter lag bei rund 40000 US-Dollar.

Unser Ton am Telefon wurde rau. Der Direktor hatte weder für unser Spital noch für unsere Patienten ein Herz, das war zwischen den Zeilen deutlich herauszuhören. Und leider zeigte er sich für meine Argumente in keiner Weise zugänglich. Die Gleichgültigkeit vieler peruanischer Beamter macht mir emotional am meisten zu schaffen. „Sr. Yarasca", rief ich schließlich entnervt in den Hörer, „wenn Sie mir nicht helfen, dann werde ich mich an das peruanische Volk wenden!"

Der Oberbürokrat war von meiner offenen Warnung nicht beeindruckt und antwortete: „Na, dann tun sie das ruhig. Ich habe nichts dagegen!"

Am 23. und 24. Januar ging meine Pendeldiplomatie per Telefon und E-Mail unermüdlich weiter. Ich erreichte nichts. Gar nichts. Am Abend saß ich zu Hause am Schreibtisch und dachte nach. Dreißig Tage waren seit der Ankunft des Containerschiffs verstrichen. Diospi Suyana wollte über 200 000 US-Dollar von feinsten Waren für die ärmsten Patienten des Landes einführen. In bester Qualität wohlgemerkt. Und bei den Behörden stieß ich nur auf Desinteresse und Borniertheit. Selbst meine lange Audienz beim Vizegesundheitsminister hatte keine Fortschritte gebracht.

Ich erinnerte mich an meine Briefe bei Amnesty International dreißig Jahre zuvor. Wie wäre es, wenn ich unsere Notlage über die Webseite von Diospi Suyana publik machen würde? Ich könnte unsere Freunde in aller Welt bitten, durch eine umfangreiche E-Mail-Kampagne die Behörden unter Druck zu setzen. Es war durchaus ein riskantes Unternehmen. Ich würde einem korrupten System die Stirn bieten und es quasi herausfordern. In den USA sagt ein Sprichwort: „You can't beat the system. Du kannst gegen das System nie gewinnen." Aber wenn Gott seinen Segen zu diesem Vorhaben schenken würde, dann könnte es trotzdem gelingen.

Spät in der Nacht schrieb ich eine Nachricht mit der

Überschrift: „SOS – Wir brauchen Ihre schnelle Hilfe!" Ich erklärte unsere Notlage und bat unsere Unterstützer um höfliche und kurze E-Mails, die sie mit der Bitte um Freigabe unserer Sachspenden an vier verschiedene Adressaten schicken sollten: die Gesundheitsministerin Sra. Midori de Habich, den Vizegesundheitsminister Dr. José Carlos del Carmen, an die Vorsitzende des Gesundheitsausschusses im Kongress Sra. Karla Schaefer und an den Direktor der staatlichen Behörde DIGEMID Sr. Pedro Luis Yarasca. Ich ergänzte, dass sich Diospi Suyana über eine Kopie der E-Mail freuen würde.

In einem zweiten Schritt informierte ich eine Reihe von Pressevertretern und Schlüsselpersonen und äußerte meinen Wunsch um publizistische Rückendeckung.

Um Mitternacht Peruzeit (7 Uhr MEZ) trafen die ersten E-Mails ein. Bis um 2 Uhr in der Frühe blieb ich wach. Mit jedem Klick auf die Taste „E-Mail empfangen" erreichte mich ein weiterer Postsack, prall gefüllt mit Bittgesuchen an die Ministerin.

Hatte ich Angst? Und wie! Ich fühlte mich wie ein Mann, der allein einer Übermacht entgegengeht und nicht weiß, wie der Tag für ihn enden wird. Habe ich gebetet? Und ob! Zwar aus Unsicherheit und Sorge, aber mit der festen Hoffnung, dass Gott intervenieren würde. Denn ich setzte mich schließlich nicht für mich selbst ein, sondern für die armen Patienten, die unter der Gleichgültigkeit der Bürokraten zu leiden hatten.

Am Samstag, dem 26. Januar, bedankte ich mich beim weltweiten Diospi-Suyana-Freundeskreis. Innerhalb von nur vierundzwanzig Stunden hatten wir schon über 2000 Kopien von E-Mails erhalten, die Unterstützer an die von mir empfohlene Verteilerliste verschickt hatten. Sie kamen aus Deutschland, der Schweiz, Österreich, Belgien, den Niederlanden, Großbritannien, Finnland, Rumänien, Schweden, Ecuador, Chile, Peru, Singapur, Japan, Tonga, Südafrika, Kanada und den USA.

Wenn die Politiker am Montagmorgen ihre Laptops hochfahren würden, käme es auf jeden Fall zum Showdown, zur Entscheidung. Ich musste jetzt unbedingt in die Hauptstadt reisen, um vor Ort in die Auseinandersetzung einzugreifen.

Am Montag, Dienstag und Mittwoch holte ich mir in Lima die Schützenhilfe der Medien. Die wichtigste Tageszeitung Perus, „El Comercio", veröffentlichte einen kritischen Artikel und das Massenblatt „La Republica" druckte sogar den exakten Wortlaut meiner ausführlichen E-Mail an die Gesundheitsministerin ab. In diesem Kampf konnte ich mich auch auf meinen Freund Renato Canales verlassen. Er war mittlerweile Pressechef des 5. Fernsehkanals. Wie die größte Selbstverständlichkeit der Welt ließ er ein Interview mit mir im Mittags- und Abendmagazin ausstrahlen.

Ich wurde bei der deutschen Botschaft vorstellig und auf Veranlassung des Botschafters begannen sich die Diplomaten beharrlich im Gesundheitsministerium über den Fortgang des Falles zu erkundigen. Container Nr. 32 hatte sich zu einem echten Skandal gemausert, der in vielen Ländern ein Echo auslöste. Und überall falteten evangelische und katholische Christen ihre Hände, um Gott um sein Eingreifen zu bitten.

Wochen später berichtete mir ein Kongressabgeordneter von einem denkwürdigen Gespräch, das er in jenen aufregenden Tagen mit der Gesundheitsministerin geführt hatte. „Ich erhalte Tausende E-Mails und wann immer ich meinen Computer anschalte, kommen mehr", hatte ihm Sra. Midori de Habich geklagt, „was soll ich nur tun?"

Seine Antwort hatte gelautet: „Geben Sie den Container frei, sonst erhalten Sie noch viele Tausend weiterer E-Mails."

Mittwochmorgen, der 30. Januar. Ich saß im Chefbüro von DIGEMID meinem Widersacher Sr. Pedro Luis Yarasca gegenüber. Die Stimmung war zum Zerreißen gespannt. Ich packte meinen Laptop aus und erzählte ihm mit grimmiger Entschlossenheit die Geschichte von Diospi Suyana. Eine Woche zuvor hatte er nur mit den Achseln gezuckt, als ich ihm am Telefon verkündete, ich würde mich an das peruanische Volk wenden. Zu seinem Schrecken hatte sich das Volk bei ihm gemeldet, über die Presse, das Fernsehen und Tausende von E-Mails aus zwanzig Ländern. Aus Europa, Asien, Afrika sowie Nord- und Südamerika hatten ihn Menschen aufgefordert, bitte eines nicht zu vergessen: die Notlage der Quechua-Indianer in den Bergen Perus.

Sr. Pedro Luis Yarasca verzog keine Miene. Er sagte nur: „Heute Morgen haben wir Ihren Container freigegeben!" Das war alles. Ich konnte gehen. Welch ein Triumph! Wir hatten endlich gewonnen.

Kaum war ich aus dem Gebäude draußen, setzte ich mich an einen Tisch in einem nahe gelegenen Restaurant und meldete auf unserer Webseite den glücklichen Ausgang unseres gemeinsamen Kampfes. Es dauerte nicht lange und die ersten Glückwünsche erreichten uns per E-Mail.

Ich denke, der obige Fall ist in der Geschichte Perus einzigartig. Normalerweise geben Nichtregierungsorganisationen klein bei, wenn ihre Sachspenden im Zoll hängen bleiben. Humanitäre und medizinische Güter jedweder Größenordnung gehen dem Land damit verloren. Die Leidtragenden sind die Ärmsten der Armen.

Nicht jeder war mit meinem Vorgehen einverstanden. Diospi Suyana erhielt drei Zuschriften, die unsere Strategie kritisierten. Ein Dozent eines evangelischen Seminars in Lima machte mir sogar den Vorwurf, ich hätte der evangelischen Bewegung Perus mit dieser Aktion langfristig geschadet. Die betroffenen Politiker würden zu gegebener Zeit zurückschlagen und sich quasi rächen. Aus seinen Worten entnahm ich den Satz „You can't beat the system." Du kannst gegen das System nicht gewinnen, zumindest nicht ungestraft.

Ich teile seine Meinung nicht. Anderthalb Jahre später, im Juni 2014 lud mich die Gesundheitsministerin in ihr Büro ein. Sie konnte sich noch gut an unsere E-Mail-Kampagne erinnern. Ich zeigte ihr die PowerPoint-Präsentation mit den Bildern von Diospi Suyana.

Sra. Midori de Habich lachte mich herzlich an und sagte: „Dr. John, machen Sie sich über die ständigen Hürden keine Gedanken. Sie sind ein Mann des Glaubens!" Mit diesen Worten gab sie mir die Hand und entschwand durch die Tür zu ihrem nächsten Termin.

Das perfekte Medienereignis

Diospi Suyana ist ein christliches Werk, bei dem jeder über die Medien Anteil nehmen kann. Mit dem, was wir tun und glauben, sind wir völlig transparent. „Offenheit" heißt unser Motto. Es gibt keine Geheimnisse und deshalb auch keine unangenehmen Überraschungen. Den einen mögen wir zu fromm sein und den anderen zu weltlich. Manche kritisieren meine konziliante Haltung der katholischen Kirche gegenüber und anderen bin ich nicht katholisch genug. Gelegentlich höre ich sogar den versteckten Vorwurf, dass Diospi Suyana die Indianer Perus auf viel zu hohem Niveau behandeln würde. In der Tat meinen einige, dass veraltete Gerätschaften und abgelaufene Medikamente für die Armen dieser Welt doch mehr als ausreichend wären. Wie dem auch sei, wer uns in Curahuasi besucht, findet genau das vor, was er in unseren Vorträgen oder diversen Berichten über uns erfahren hat.

Der erste Zeitungsartikel über uns erschien Ende Dezember 2003 in unserer Heimatstadt Wiesbaden. Bis zum Jahresende 2020 haben wir in unserer Datenbank über 550 Reportagen in den Print- und audiovisuellen Medien registriert. Erst zählten wir noch die Länder, in denen von Diospi Suyana berichtet wurde. Doch spätestens nach dem langen TV-Beitrag, den die Deutsche Welle in mehreren Sprachen im November 2013 ausstrahlte – und zwar weltweit –, hatte sich diese Erbsenzählerei erübrigt. Im Oktober 2014 brachte Bethel TV ebenfalls einen langen Fernsehbericht, der Afrika und die Arabische Halbinsel erreichte. Wenn man Einschaltquoten und Leserzahlen addiert sowie die Breitenwirkung von Webseiten ermittelt, haben wohl mittlerweile zwischen 50 und 100 Millionen Menschen von Diospi Suyana Notiz genommen.

In unserem Heimatland habe ich mich besonders über den Bericht in der „Sonntag Aktuell" gefreut. Sie ist die Sonntagsausgabe von 46 säkularen Tageszeitungen. Zu Ostern 2011 fand sich auf Seite 2 ein umfangreicher Artikel über das „Krankenhaus der Hoffnung". Für die 2 Millionen Leser wurde der Glaube als Triebfeder unseres Handelns keinesfalls ausgeblendet, sondern besonders gewürdigt.

Leider erleben wir gelegentlich, dass Journalisten Diospi Suyana auf den „Lebenstraum eines Arztehepaars" reduzieren wollen. So zum Beispiel, als meine Frau im November 2011 von Bayern 2 in München interviewt wurde. „Eins zu Eins. Der Talk" ist ein besonderes Sendeformat. Eine ganze Stunde lang wird ein Prominenter über sein Leben befragt. Bevor Martina das Studio betrat, war der frühere Bundespräsident Roman Herzog an der Reihe gewesen. Im Gespräch wollte der Moderator wissen, woher denn meine Frau für ihre anstrengende Arbeit als Missionsärztin die Kraft nähme. „Nun", sagte Tina, „ich stehe morgens früh auf, lese in der Bibel und spreche ein Gebet!" Das Interview wurde fünf Tage später in Süddeutschland gesendet. Aus unerfindlichen Gründen hatte die Redaktion den Hinweis auf den Glauben als Energiequelle herausgeschnitten. Das hat natürlich nichts mit gutem Journalismus zu tun und entspricht schlicht und ergreifend einer Zensur des Rundfunks. Glücklicherweise ist so eine einseitige Berichterstattung eher selten.

In unserer Wahlheimat Peru haben sich außer der Presse und dem Radio bis heute einunddreißig Fernsehreportagen mit Diospi Suyana beschäftigt. Die Reporter und Drehteams sind zu unseren besten Freunden geworden. Wenn es hart auf hart kommt, kann ich sie jederzeit bitten, uns in der öffentlichen Meinung Gehör zu verschaffen. Deshalb ist es mir ein echtes Anliegen, dass Diospi Suyana jedes Jahr zum Gegenstand einer größeren Reportage wird.

Die wichtigste Wochenzeitschrift „Somos" hatte im September 2006 über die „Engel der Anden" geschrieben. Damals befand sich am Ortsrand von Curahuasi nur eine Großbaustelle, von der niemand prophezeien konnte, ob sie sich jemals in ein modernes Krankenhaus verwandeln würde. Ab 2008 hegte ich die stille Hoffnung, dem Magazin noch einmal das fertige Produkt präsentieren zu dürfen. Und so lauerte ich jahrelang auf die passende Gelegenheit.

Am 6. Juli 2012 fand in unserer Krankenhauskirche ein Festakt erster Güte statt. In Anwesenheit von Presse und Fernsehen überreichte Adriana Rubio, Generaldirektorin von Roche (Peru), dem Krankenhaus drei Laborgeräte im Wert von 100 000 US-Dollar. Meine Frau und unsere Tochter Natalie hatten in den Nachtstunden vor dem wichtigen Ereignis die gespendeten Maschinen mithilfe einer Beamer-

Projektion nachgezeichnet. Sie sahen aus wie echt und jeder musste über diesen genialen Streich der fleißigen Künstlerinnen schmunzeln.

Das Schweizer Unternehmen hatte an einer größeren Publizität seiner Spende Interesse und deshalb lud das PR-Büro von Roche ein Journalistenteam von SOMOS nach Curahuasi ein. Es ist gar nicht so einfach, mit Medienleuten zu arbeiten. Einige von ihnen sind notorisch unzuverlässig. Sie melden sich per Telefon und wollen von jetzt auf gleich mit der Reportage beginnen. Doch dann wird der Besuch mehrmals kurzfristig abgesagt und gelegentlich verschwindet das ganze Konzept in der untersten Schublade.

August, September, Oktober. Die Kontaktpersonen von Roche und ich waren zwar regelmäßig im Gespräch, aber das Team von SOMOS rückte nicht an. Immer kam irgendetwas dazwischen. Ich fürchtete schon, dass die Reportage auf den Sankt-Nimmerleins-Tag verschoben worden war. Leider gab man mir weder Namen noch Telefonnummern, um selbst bei den interessierten Journalisten nachhaken zu können.

Am 29. November 2012 veranstaltete der Minenbesitzer Guido del Castillo in seinem eigenen Museum in Lima eine Vorstellung der spanischen Ausgabe meines Buchs. Unter den achtzig Gästen saß auch die frühere Präsidentengattin Pilar Nores. Um eine fundierte Meinung abzugeben, hatte sie die 270 Seiten gründlich verinnerlicht. Obwohl Peruaner vom Lesen nicht allzu viel halten, nahmen rund vierzig Buchläden in Lima die Lektüre in ihr Sortiment auf.

In den Tagen zuvor hatte ich eine Reihe von Journalisten zu dem Event eingeladen. Journalist Renzo Guerrero von der Tageszeitung „El Comercio" sagte sein Kommen zu. In seiner freundlichen Antwort erwähnte er unter anderem, dass seine Kollegin Gabriela Machuca von SOMOS ja eigentlich schon längst einen Ortsbesuch am Spital habe durchführen wollen.

Jetzt hatte ich meine Ansprechpartnerin endlich gefunden. Am 18. Januar, mitten in unserer Auseinandersetzung um Container Nummer 32, schaute ich in der Zentrale von Somos vorbei. Neben mir am Tisch saß eine ungeduldige Gabriela Machuca, die zwischen ihren vielen Terminen das Gespräch mit mir gerade noch so in ihr Tagespensum gepresst hatte. So schnell es ging, arbeitete ich mich durch meine Laptop-Präsentation. Ich hatte gerade so richtig Fahrt aufgenommen, da unterbrach mich die Journalistin: „Machen Sie Schluss!", rief sie. „Ich sehe ja ein, dass wir nach Curahuasi kommen müssen. Sie haben mich längst überzeugt!"

Am 31. Januar traf Frau Machuca in Begleitung der Fotografin Lucero del Castillo am Spital ein. Am nächsten Morgen wollten die beiden mit ihren Recherchen beginnen. Nun, was geschah am 1. Februar 2013? Gegen 9:30 Uhr am Vormittag trat unsere hunderttausendste Patientin über die Schwelle des Spitals! Niemand von uns hätte so ein zeitliches Zusammenfallen arrangieren können. Gott selbst musste dieses Medienereignis von langer Hand geplant haben.

Hermelinda Contreras, die schüchterne Bauersfrau aus den Bergen, fühlte sich sicherlich wie in einer Traumwelt. In ihrem Leben war sie noch nie der große Star gewesen. An jenem Tag wurde ihr diese Ehre zuteil. Im Wartesaal baten wir um die Aufmerksamkeit aller. Tina und ich gratulierten unserer Patientin auf das Herzlichste und Verwaltungsdirektor Stefan Seiler überreichte ihr einen üppig gefüllten Präsentkorb. Auf dem beigelegten Gutschein stand, dass alle diagnostischen Maßnahmen und die Kosten ihrer Behandlung vom Spital bezahlt werden würden.

Aber an was litt unsere gefeierte Patientin eigentlich? Vielleicht an Heiserkeit oder einer leichten Magenverstimmung? Oder hatte nur die Neugier sie nach Curahuasi gelockt? Nein, weit gefehlt.

Die arme Quechua-Indianerin war zwei Tage unterwegs gewesen in der Hoffnung, am Missionsspital endlich die ersehnte Hilfe zu finden. Vor Jahren hatte ihr Ehemann sie im Suff mit der Axt in den Schädel geschlagen. Diese Wunden waren längst verheilt. Ihr wirkliches Problem hieß: Neurozystizerkose. Bei dieser Erkrankung durchdringen die Larven des Schweinebandwurms die Darmwand und bilden in mehreren Organen flüssigkeitsgefüllte Zysten, die meist verkalken. Wenn das Gehirn betroffen ist, stellen sich bald starke Kopfschmerzen und Krampfanfälle ein.

Als die kranke Indianerin in unseren Computertomografen geschoben wurde, standen Gabriela und Lucero natürlich daneben. Einen besseren Aufhänger für eine Reportage über Diospi Suyana als das Schicksal dieser Indianerin hätten sie sich niemals wünschen können.

Am 15. Februar schrieb mir Gabriela Machuca: „Sehr geehrter Dr. Klaus, ich schicke Ihnen die gute Nachricht, dass der Artikel morgen auf fünf Seiten veröffentlicht werden wird. (…) Aber natürlich ist es unmöglich die Geschichte von Diospi Suyana zu erzählen, sie ist einfach unerschöpflich. Ich habe das getan, was ich konnte, und hoffe, dass der Bericht helfen wird, Bürokraten und Herzen zu bewegen!"

Fünf große Seiten in SOMOS sind in Peru vergleichbar mit fünf Seiten im deutschen „Stern" oder im britischen „The Economist".

Auf der ersten Doppelseite sahen die Leser Hermelinda im Computertomografen liegen. Und am Ende der Röhre schauten Röntgenmitarbeiter John Lentink und Krankenschwester Silvia Escalantes erwartungsvoll der Patientin entgegen. Die Überschrift der Reportage traf voll ins Schwarze: „Das Krankenhaus des Glaubens!" In großen Buchstaben hatten die Journalistinnen geschrieben, dass sie selbst unsere hunderttausendste Patientin persönlich im Spital kennengelernt hatten.

In der westlichen Welt hält so mancher den Glauben an Gott für eine langweilige Angelegenheit. Und das müde Häuflein von vielleicht zwanzig oder dreißig alten Damen in vielen sonntäglichen Gottesdiensten scheint der Antipol schlechthin eines Formel-1-Rennens zu sein. Dramatik und Nervenkitzel sehen anders aus. Ich halte diese Sicht der Dinge für einen schweren Irrtum. Wenn wir im Vertrauen auf Gott leben und als sein Bodenpersonal seine Aufträge erfüllen, wird es erst so richtig spannend.

Da kämpfen wir um das Leben unserer Patienten und erhalten als Dank die Vorladung zum Gericht. Und während mir eine Schmutz-E-Mail die Kehle zuschnürt, stöhne ich innerlich: „Gott, muss das wirklich sein!" Aber ein Fahrstuhl in Peru entsteht bei einem Abendessen im Winterurlaub. Und kaum sind die Journalistinnen der wichtigsten Wochenzeitschrift Perus im Spital eingetroffen, meldet sich im Eingangsbereich „Patientin Einhunderttausend" pünktlich zur Stelle ...

Nichts, was Gott in die Wege leitet, ist langweilig. Er ist der beste Regisseur nervenaufreibender Biografien. Sein Drehbuch bringt Pointen ins Skript, an die wir nie gedacht hätten. Und natürlich erscheinen bei seinen Theaterstücken alle Darsteller im richtigen Augenblick auf der Bühne.

Wo tut es Ihnen denn weh?

Neurozystizerkose. Ein Gehirn voller Wasserblasen – bei diesem Gedanken kann sich einem wirklich der Magen umdrehen. „An was leiden denn die Quechua-Indianer in Peru?", werde ich regelmäßig gefragt. Meine stereotype Antwort lautet: „An den gleichen Krankheiten wie Sie auch. Hinzu kommen die typischen Armutskrankheiten!"

Es ist diese elende Kombination aus Armut, Gleichgültigkeit und Aberglaube, die für so viele Tragödien in der sogenannten Dritten Welt verantwortlich ist. Streng genommen gehört Peru in Anbetracht seines Bruttosozialproduktes gar nicht zu den Entwicklungsländern. Dem weißen Bevölkerungsanteil geht es ziemlich gut und auch die Mischlinge haben genug, um zu überleben. Die 10 Millionen Indianer in den Anden leben aber vergessen und verachtet unter Bedingungen, wie meine Frau und ich sie mit eigenen Augen in Westafrika gesehen haben. Hier kommt also in Peru wie in vielen anderen Ländern auch noch das Thema der sozialen Ungerechtigkeit hinzu. Anhand einiger Beispiele möchte ich versuchen, die Lebenswirklichkeit der Indianer zu beschreiben.

Die Indianerin und ihr Sohn Jorge waren im Bus sechs Stunden aus ihrem Distrikt zum Hospital Diospi Suyana gefahren. Die Mutter machte sich große Sorgen. Der Kleine sollte doch mit seinen dreizehn Jahren eigentlich langsam groß werden. Sie ahnte, dass bei ihrem Kind etwas nicht stimmte.

Die Blickdiagnose meiner Frau wurde durch das Labor alsbald bestätigt. Das Kind litt an einer angeborenen Unterfunktion der Schilddrüse. Da Screening-Untersuchungen bei Neugeborenen in den Bergen Perus fehlen, blieb bei diesem Patienten der Hormonspiegel chronisch zu niedrig. Mit einer Körpergröße von 99 Zentimetern sah Jorge aus wie ein Dreijähriger. Und seine verminderte Intelligenz würde es ihm wohl nie gestatten, einer geregelten Arbeit nachzugehen, geschweige denn, eine eigene Familie zu gründen. Hätte man ihm die entsprechenden Hormone frühzeitig verabreicht, hätte er sich ganz normal entwickeln können.

Viele Touristen aus dem Umfeld der Esoterik, die zuhauf alljährlich Peru besuchen, schwärmen von der traditionellen Medizin der Curanderos (Schamanen). Oft fragen sie mich, ob wir denn mit den Schamanen zusammenarbeiten würden. Sicherlich könnten wir von der jahrtausendelangen Erfahrung der „Naturärzte" so einiges lernen. Ich muss bei diesen Vorschlägen unwillkürlich an Patienten wie Rodrigo Huaman denken.

Der Mann aus Curahuasi trank seit Jahren viel zu viel. Die alkoholischen Getränke jeder Art, einschließlich selbst gebrauten Fusels, hatten sein Gehirn arg in Mitleidenschaft gezogen. Dann wurde der Mann regelmäßig von Krampfanfällen heimgesucht. Die Familienangehörigen brachten Rodrigo zu einem Curandero. Die zweifelhaften Dienste der Curanderos sind nicht gerade billig. Da der Glaube an die Macht der Geister unter den Quechuas sehr verbreitet ist, bezahlt man den Zauberdoktor in harter Währung bar auf die Hand.

Rodrigo lag ohnmächtig auf einer Matte beim Medizinmann, der nun mit seinen Riten begann. Er flößte dem Bewusstlosen zunächst ein Getränk ein. Da die Hustenreflexe nicht funktionierten, lief ein Teil der Brühe direkt in die Lunge. Außerdem führte der „Zaubertrank" zu einer lebensgefährlichen Übersäuerung des Stoffwechsels.

Als Rodrigo um die Mittagszeit endlich zum Hospital Diospi Suyana gebracht wurde, krampfte er im Zehnminutentakt. Dr. Washburn und seine Kollegen taten alles, um dem Kranken zu helfen. Der Alkoholiker überlebte. Diesmal hatte sein Leben am seidenen Faden gehangen. Aber es gibt keine einfache Therapie für Alkoholismus und Aberglaube. Für die meisten unserer Patienten ist ihr Dasein einfach nur ein Überlebenskampf. Und besonders hart sind die Quechua-Indianer betroffen.

Anfang Oktober 2014. Ein Arzt aus Cusco fragte telefonisch nach, ob unsere Augenärztin Dr. Buck ein Kind in Narkose untersuchen könnte. Dem Jungen hatte sein älterer Bruder versehentlich einen Holzstab ins linke Auge gestoßen. Es bestand also der hochgradige Verdacht auf eine ernste Augenverletzung.

Unsere Mitarbeiter warteten den ganzen Tag auf den Patienten, aber er kam nicht. Auch der nächste Tag verstrich. Schließlich an einem Freitagabend erschien die Mutter mit dem Jungen an der Hand und ihrem Baby auf dem Rücken. Es stellte sich heraus, dass die Familie einfach kein Geld für die Fahrt gehabt hatte. Zwei Tage waren vergangen, bis die Eltern endlich die notwendigen Finanzen für die Reise bei Bekannten ausleihen konnten. Unterwegs nach Curahuasi hatte der Vater erfahren, dass seine einzige Kuh, die er in der Obhut der Kinder gelassen hatte, entlaufen war. Er hatte umgehend den Heimweg angetreten, um das Tier zu suchen.

In der Augenklinik weinte die Mutter. Sie befürchtete, dass ihre begrenzten Geldmittel für die Behandlung gar nicht ausreichen würden. Dr. Buck beruhigte sie und nahm den Kleinen stationär auf. Das Auge des Jungen war so geschwollen, dass die Operation verschoben werden musste.

Drei Tage später wurde das Auge unter Vollnarkose mikroskopisch untersucht. Es fand sich ein tiefer Riss in der Lederhaut mit Vorfall der Aderhaut. In der Wunde steckte noch eine fünf Millimeter lange Holzfaser. Mit größter Sorgfalt entfernte unsere Augenärztin den Fremdkörper und verschloss die Wunde. Eine Nachuntersuchung bestätigte, dass durch den Eingriff das Augenlicht erhalten werden konnte. Die Behandlung im Operationssaal und auf der Station erfolgte für diese arme Quechua-Familie zu einem symbolischen Preis von nur 20 Soles (6 Euro). Die restlichen Kosten wurden über Spenden beglichen.

Die Bergwelt der Anden ist atemberaubend schön, aber auch gefährlich. An einem Freitagnachmittag fuhr ein Krankenwagen zum Eingang des Hospitals Diospi Suyana. Eine alte Indianerin lag bewegungslos auf der Trage. Der einliefernde Arzt gab eine kurze Zusammenfassung der Ereignisse.

Am Vorabend hatte die Achtundsiebzigjährige noch auf dem Feld gearbeitet. An den steilen Hängen ist der Ackerbau mit der Hand äußerst mühsam. Man muss sich vorsehen, wohin man tritt, besonders wenn die Dämmerung einsetzt. Maria Barazorda stolperte plötzlich und verlor den Halt. Dann purzelte sie einige Meter talabwärts. Ein rasender Schmerz durchzog ihren Rücken und ihre linke Hüfte. Sie versuchte, sich wieder aufzurappeln, schaffte es aber nicht. Alles tat ihr weh. Die letzten Sonnenstrahlen verglühten an den fernen Schneegipfeln und wenig später hüllte die Nacht mit ihrer Dunkelheit Berge und Täler ein.

Niemand hörte Maria rufen und niemand wusste, wo sie eigentlich steckte. Eine Bettunterlage aus Dornen und Steinen ist nicht das sanfteste Ruhekissen für eine alte Frau. So langsam fielen die Temperaturen. Maria trug keine Armbanduhr. „Werde ich morgen noch am Leben sein", fragte sich die Indianerin, „oder werde ich hier in einigen Stunden erfrieren?"

Maria schaffte es durch die Nacht. Im Morgengrauen wurde sie endlich von ihren Angehörigen gefunden. Glücklicherweise zeigten die Röntgenuntersuchungen keine Brüche. Im Missionsspital erhielt sie Wärme, Zuwendung und die notwendigen Schmerzmittel. So hat sich Maria wieder erholt.

Jede Woche am Hospital Diospi Suyana bringt Überraschungen mit sich und kein Tag gleicht dem anderen. Da ich seit vielen Jahren täglich einen Bericht auf unserer Webseite veröffentliche, halte ich diese permanente Ausnahmesituation für unsere Leser fest. Am 27. Oktober 2010 schrieb ich die folgenden Zeilen:

Mittwochmorgen: Als ich am Spital aus dem Auto steige, fällt mir der große Bus vor der Tür auf. Später höre ich, dass zwei Australierinnen und eine Amerikanerin mit vierzehn Patienten aus dem Bundesstaat Cusco angereist sind.

Nach der Morgenandacht beginnt der normale Stress in den Abteilungen des Spitals. Eine Indianerin klagt mir ihr Leid. Sie habe keinen Coupon mehr bekommen, also keinen Arzttermin. Gemeinsam gehen wir zur Kasse und ich spreche mit Evarista Carraso, die für die Verteilung der Coupons zuständig ist. Heute stehen schon dreißig Patienten auf der Warteliste, höre ich, und auch am Donnerstag und Freitag sind alle Ärzte ausgebucht.

Im ersten Operationssaal kämpft Gynäkologe Dr. Haßfeld mit einer großen Plazenta im Bauchraum. Da gehört sie nicht hin und er muss sie entfernen. Der Blutverlust hätte so manchen Betrachter längst in eine sanfte Ohnmacht geführt, aber Dr. Haßfeld bleibt aufrecht am Tisch stehen. Die Patientin wird es ihm später einmal danken.

Um 10 Uhr taucht eine Kommission aus Lima auf. Sie wollen die Blutbank inspizieren. Ich erzähle den Beamten erst einmal die Geschichte von Diospi Suyana. Drei Stunden später, also nach der Führung durch das ganze Krankenhaus, geht es in die Blutbank. Die Besucher aus Lima sind mittlerweile restlos von der Diospi-Suyana-Idee überzeugt und sagen: „So wie hier müssten alle Krankenhäuser in Peru funktionieren."

Um die Mittagszeit höre ich, dass gleich drei Notfälle auf eine schnelle Operation warten. Dr. Haßfeld findet noch die Energie, eine stielgedrehte Ovarialzyste zu entfernen. Julia Noeske, eine Kinderärztin aus Deutschland, verbringt heute ihren ersten Nachmittag am Missionsspital. Doch anstatt Kinder zu untersuchen, hilft sie netterweise im Operationssaal aus. Auch als chirurgische Assistentin scheint sie eine Menge draufzuhaben.

Medizintechniker Tobias Lächele führt die englischsprachigen Besucher durch die Gänge des Spitals. Die Damen aus Übersee kriegen den Mund nicht mehr zu. Diospi Suyana ist offensichtlich anders als der Standard.

Chirurg Matthias Stephani entfernt einen vereiterten Blinddarm und danach ist wieder Jens Haßfeld an der Reihe. Denn eine Eileiterschwangerschaft hat das Leben einer jungen Frau in Gefahr gebracht.

Die Damen aus Australien sind dankbar abgereist und die Kommission befindet sich auf dem Weg nach Abancay. Die Patienten liegen etwas schlaff auf der Intensivstation und Schwestern sowie Ärzte gehen müde nach Hause. In der Nacht werde ich wieder nach Lima reisen, um mit den Behörden der Hauptstadt freundliche Worte zu wechseln. Aber bis heute Nacht um drei kann noch sehr viel passieren! Gibt es einen Platz, wo wir Mitarbeiter lieber wären als hier im Missionsspital? Ich glaube nicht!

Diospi Suyana ist nicht nur ein Krankenhaus für Arme, sondern auch ein Missionsspital. Gelegentlich treffe ich mit diesem Ausdruck einen neuralgischen Punkt bei meinen Zuhörern. Ich war soeben mit meinem Vortrag an der Leipziger Universität zu Ende gekommen, da rief eine Studentin von ganz oben im Hörsaal: „Krankenhaus ist gut, aber warum Mission?"

Wann immer solch ein Einwand geäußert wird, antworte ich mit einem Erlebnis aus dem Alltag unseres Spitals.

Es war ein langer und anstrengender Tag gewesen. Dr. Luz Peña und meine Frau Martina hatten es fast geschafft.

Nur noch ein Patient wartete auf Zuwendung. Aber der Fall schien ziemlich kompliziert zu sein. Ein großer Tumor fraß sich durch die Brustwand. Der junge Mann von weit weg war offensichtlich dem Tod geweiht.

„Wir können Ihnen hier nicht helfen", sagte meine Frau. „Sie sollten sich aber bald an das Instituto Nacional de Enfermedades Neoplásicas, das große Krebskrankenhaus in Lima, wenden. Vielleicht sehen die Ärzte dort noch eine Therapiemöglichkeit!"

Der Patient schüttelte den Kopf. „Dort war ich schon. Die Ärzte in Lima haben mich zu Ihnen geschickt!"

Martina verstand plötzlich, dass der Mann nicht umsonst die zwanzig Stunden im Bus nach Curahuasi gefahren war. „Warten Sie", rief sie, „ich bin gleich wieder da!"

Ein paar Minuten später erhielt der Todgeweihte ein Heft über den Glauben und das Buch über Diospi Suyana. Im leeren Wartesaal standen zwei Ärztinnen, ein junger Patient, der schon das Ende seines Lebens erreicht hatte, seine Frau und sein Bruder.

Die Ärztin kam auf das Wesentliche zu sprechen. „Wissen Sie, wenn ich heute Abend den Heimweg antrete und die Panamericana da unten überquere, kann mich ein Auto überfahren. Die Frage ist dann: Wohin gehe ich?" Der Wartesaal schien bis eben völlig verlassen. Aber jetzt änderte sich die ganze Atmosphäre. „Ich weiß, wohin ich gehe", fuhr meine Frau fort. „Weil Jesus am Kreuz für meine Sünden starb, wartet auf mich der Himmel. Wollen Sie auch dorthin?"

Martina beugte sich zum Patienten hinunter und formulierte für den Krebskranken langsam ein Gebet. Satz für Satz sprach er es nach und übergab sein Leben ganz bewusst einem Gott, den er noch nie persönlich kennengelernt hatte.

Allen liefen mittlerweile die Tränen über das Gesicht. Der Patient weinte, seine Frau und sein Bruder ebenfalls. Und daneben standen zwei Ärztinnen mit feuchten Augen. Es waren keine Tränen der Verzweiflung oder des Selbstmitleids. Vielmehr spürten fünf Menschen in diesem Augenblick die heilige Gegenwart Gottes – mitten im Wartesaal, umgeben von 120 leeren Stühlen.

Wenn Sie uns fragen, wie wir es mit der Mission halten, dann kann ich nur sagen: „Positiv!" Wir sehen zum Glauben an Jesus Christus einfach keine Alternative. Weder in Peru noch an irgendeinem anderen Ort der Welt.

Die Erpressung

Montag, der 2. April 2012. Kurz vor dem Mittagessen stieg ich vor der Tür meines Hauses aus dem Taxi. Meine Reise durch Deutschland und Österreich hatte zwar nur zwei Wochen gedauert, aber ich hatte 16 Vorträge in das enge Zeitfenster hineingequetscht. Am Dienstag betrat ich mein Büro und ließ mich von meinen Kollegen über alle wichtigen Ereignisse informieren.

„Klaus, du musst dringend eine Patientin untersuchen!", sagte meine Frau Tina. „Sie wurde vor etwa drei Wochen von einem Besuchschirurgen an der Gallenblase operiert. Im Ultraschallbefund erkennt man eine Menge Flüssigkeit im Bauchraum. Ich mache mir große Sorgen um sie!"

Die Jahre 2011 und 2012 waren für die Organisation unseres Spitals nicht einfach. Wir deckten die Allgemeinchirurgie mit Chirurgen ab, die uns jeweils für einige Wochen aushalfen. Nicht alle von ihnen sprachen gutes Spanisch und bedingt durch ihre kurzen Einsätze litt gelegentlich die Nachsorge der Patienten.

Ich studierte die Akte. Die laparoskopische Entfernung der Gallenblase war ein absoluter Routineeingriff gewesen. Am ersten postoperativen Tag – kurz vor Abreise des Chirurgen nach Deutschland – hatte er sich noch zufrieden über den Zustand der Patientin geäußert. Einen Tag später war die Frau entlassen worden und sie hatte eine zehnstündige Heimreise nach Puno angetreten.

Vorsichtig tastete ich den Bauch von Sra. Quispe ab. Sie zuckte zusammen, als ich leicht auf die rechte obere Seite drückte. Dieser Patientin ging es nicht gut. Jeder Medizinstudent hätte das sofort gesehen. Schon der Blick in ihr Gesicht zeigte, dass sie gesundheitlich schwer angeschlagen war.

Ich erläuterte der jungen Frau und ihrem Mann meinen Schlachtplan. „Vermutlich ist Galle aus dem Gallenblasenbett ausgetreten", sagte ich mit Bedauern in meiner Stimme, „ich schlage vor, dass wir die Bauchhöhle über einen kleinen Schnitt spülen und eine große Drainage einlegen. Solche Gallelecks schließen sich meist spontan!"

Mein Verdacht bestätigte sich bei der Operation. Bei der Flüssigkeitsansammlung handelte es sich in der Tat um Galle. Gründlich spülte ich den Bauch mit physiologischer Kochsalzlösung und schob eine breite Drainage unter die Leber.

In den unmittelbaren Tagen nach der kleinen Revision schien die Patientin sich zu erholen. Sie lief herum und nahm Nahrung zu sich. Blutdruck, Puls und Temperatur blieben im Normalbereich. Doch dann verschlechterte sich ihr Allgemeinzustand erneut. Als eine Ultraschalluntersuchung literweise freie Flüssigkeit zeigte, ahnte ich Böses.

Ich musste die Patientin erneut operieren und der Sache auf den Grund gehen. Ich eröffnete die Bauchhöhle mit einem langen Bauchschnitt und versuchte, mir einen genauen Überblick zu verschaffen. Es dauerte nicht lange, und die Sachlage war völlig klar. Bei der Entfernung der Gallenblase hatte das

Chirurgenteam den Gallengang durchtrennt und die Komplikation nicht erkannt. Normalerweise kann der Gallengang repariert und die Verbindungsstelle über eine sogenannte T-Drainage während der Phase der Ausheilung geschient werden. Zu meinem Entsetzen sah ich allerdings, dass der Gallengang direkt am Lebereingang gekappt worden war. Der entstandene Gewebsdefekt von fast drei Zentimetern ließ eine End-zu-End-Verbindung (Anastomose) kaum zu.

Mein Assistent und ich versuchten alles. Wir mobilisierten die beiden Seiten des Gallengangs, so gut es ging. Ein hoffnungsloses Unterfangen. Meine Zunge klebte mittlerweile am Gaumen. Dieser Fall war der Super-GAU der Gallenblasenchirurgie, der größtmögliche anzunehmende Unfall. Als sich bei der weiteren Präparation eine Blutung einstellte, packte ich die Bauchhöhle kurzentschlossen mit einigen Kompressen und deckte die Wunde ab.

„Wir müssen die Patientin nach Lima verlegen", sagte ich traurig, „vielleicht kann ein Experte der Leberchirurgie eine Dünndarmschlinge an den Lebereingang annähen!"

Im Katastrophenfall handelt ein Team unglaublich schnell. Eine halbe Stunde später war der Krankenwagen nach Cusco unterwegs. Gynäkologe Jens Haßfeld und ich begleiteten die Patientin. Von Cusco müsste die Verlegung in die Hauptstadt Lima auf dem Luftweg erfolgen. Ich nutzte meine guten Kontakte zur Clinica Angloamericana. Dort arbeitete der wohl beste Leberchirurg Perus. In mehreren Telefongesprächen beschrieb ich meinen Operationsbefund und bat ihn um Hilfe.

„Ich werde sehen, was sich machen lässt!", versprach mir der Peruaner.

Sra. Quispe verkraftete die Verlegung in die Hauptstadt gut und nach einigen diagnostischen Maßnahmen schob man die Patientin zum dritten Mal innerhalb von zehn Tagen in einen Operationssaal. Mehrmals rief ich in Lima an, um mich nach dem Befinden der Kranken zu erkundigen. Ich hörte keine guten Nachrichten. Der Chirurg dort kämpfte bis zum Umfallen. In der Not erscheint ein Moment unglaublich lang und eine Stunde wird zur Ewigkeit. Schließlich endete die Marathonoperation nach acht langen Stunden. Es war Dr. Franco gelungen auf mühsamste Weise eine Dünndarmschlinge an einen Gallengang im Lebergewebe anzunähen. Für diese heikle Operation hatte er einen Nachmittag und eine halbe Nacht benötigt.

Kurz vor Mitternacht teilte er mir das Operationsergebnis mit: „Dr. John, ich habe alles getan, was ich konnte, ob die Naht auch halten wird inmitten des entzündeten Gewebes, ist aber keineswegs sicher!"

Tag für Tag falteten viele Missionare in Curahuasi ihre Hände und beteten um Gottes Segen. Die Verbindungsstelle hielt, aber die Genesung der Patientin sollte sich über mehrere Wochen hinziehen.

Die Clinica Angloamericana ist kein Missionsspital, sondern eines der teuersten Krankenhäuser Perus. Dr. Franco verzichtete dankenswerterweise auf sein Honorar. Trotzdem belief sich die Krankenhausrechnung von Frau Quispe auf über 20000 US-Dollar. Das Wichtigste für mich war natürlich die Tatsache, dass die Mutter von vier Kindern diese lebensgefährliche Komplikation überlebt hatte.

Etwa zehn Tage später erschien der Mann der Patientin bei mir im Büro und kam sofort auf sein Anliegen zu sprechen. „Dr. John, der Gallengang wurde am Hospital Diospi Suyana durchtrennt. Sie müssen für die Rechnung in Lima aufkommen!"

„Sr. Quispe", erwiderte ich, „es tut mir leid, dass Ihre Frau so viel Schweres durchmachen musste. Aber eine Verletzung des Gallenganges kann in jedem Krankenhaus vorkommen.

Der verantwortliche Chirurg der ersten Operation hat in seinem Leben Tausende von Gallenblasen entfernt. Ihre Frau wurde vor dem Eingriff über alle möglichen Komplikationen informiert. Wir können als Missionsspital nicht die Kosten anderer Kliniken übernehmen!"

„Dr. John, ich habe für Sie eine wichtige Mitteilung", knurrte der Mann mit grimmigem Blick. „Unser ‚Padrino‘ arbeitet als Anwalt am Obersten Gerichtshof in Lima!" Ich wusste augenblicklich, was das bedeutet, aber versuchte mir meine innere Unruhe nicht anmerken zu lassen.

„Vielleicht wäre es das Beste, wir setzten uns in Lima mit Ihrem Padrino an einen Tisch und suchen eine Lösung!" Auf meinen Vorschlag ging er ein und wir vereinbarten einen Verhandlungstermin in der Hauptstadt. Ein Padrino ist in Südamerika der wohlhabende Freund der Familie. Er erhält gelegentlich Geschenke und sonstige Aufmerksamkeiten. Im Gegenzug hilft er mit seinem Einfluss und finanziellen Mitteln, um seinen Schützlingen in Notlagen beizustehen.

Am 24. April trafen wir uns in einem Restaurant in Lima. Sr. Quispe, ein Verwandter und der besagte Jurist saßen auf der einen Seite des Tisches, Dr. Brady, damals Vizedirektor unseres Spitals, und ich auf der anderen.

Wir waren für die Familie ein gefundenes Fressen. Als Ausländer verfügten wir in ihrem Weltbild über jede Menge Geld. Auch wenn wir rechtlich keineswegs zu einer Ausgleichszahlung verpflichtet waren, könnten sie uns in einen langen Prozess verwickeln. In Südamerika trägt der Krankenhausdirektor die volle Verantwortung. Nicht der Besuchschirurg aus Deutschland, sondern ich würde – je nach Verlauf der Dinge – diesen dornenreichen Kampf führen müssen, koste es, was es wolle.

Während David Brady im Stillen betete, zeigte ich in meinem Laptop die Bilder von der Entstehung unseres Spitals.

Wir waren keineswegs reiche Gringos, die als Kühe bis auf den letzten Tropfen gemolken werden konnten. Bei Diospi Suyana handelte es sich vielmehr um die Wunder Gottes und eine extreme Opferbereitschaft seitens der Missionare und unserer Unterstützer.

Alle am Tisch waren von meinem Vortrag bewegt. „Dr. John", ergriff der Anwalt das Wort, „ich habe den größten Respekt vor dem, was Sie, Ihre Frau und Ihre Kollegen in Curahuasi leisten. Trotzdem müssen wir uns über die Bezahlung der Kosten Gedanken machen!"

Mit den Anwälten der Kanzlei Olaechea hatte ich den Fall im Vorfeld genauestens erörtert. Dr. José Olaechea leitete die Gruppe von 40 Anwälten. Nach einem meiner Vorträge in Lima hatte er mir seine kostenlose Rechtsberatung angeboten. Die Hilfestellung sollte sich auch diesmal wieder als ungemein wertvoll herausstellen.

„Natürlich muss Diospi Suyana eigentlich nichts bezahlen", sagten mir die Juristen, „aber wenn der Anwalt der Familie mit all seinen Kontakten, die er hat, den Fall in die Medien bringt, dann gute Nacht!" Und mit warnender Stimme fügten sie noch hinzu: „Wenn die Frau sich nicht von der Komplikation erholt oder sogar daran verstirbt, dann kann der Fall sogar bis ins Parlament gebracht werden!"

Der Rat von Olaechea war mir lieb und teuer. Die Anwälte berieten uns ohne jegliches Honorar, um ihren Beitrag zum karitativen Werk von Diospi Suyana zu leisten. Sie waren absolute Profis und hatten nur ein Ziel vor Augen: mir reinen Wein einzuschenken.

Als unsere Sitzung im Restaurant zwei Stunden später zu Ende ging, hatten wir uns geeinigt. Diospi Suyana würde einen Großteil der Krankenhausrechnung in Lima bezahlen. Über unsere Hilfestellung sollte in der Anwaltskanzlei Olaechea im Beisein aller eine notarielle Vereinbarung getroffen werden. Mit dieser Kostenübernahme wäre Diospi Suyana für alle Zukunft von weiteren Geldforderungen befreit.

Vielleicht ahnen Sie schon, wie die Geschichte weiterging. Nachdem Diospi Suyana den Betrag überwiesen hatte, dauerte es nicht lange, und Sr. Quispe meldete sich wieder bei mir. „Dr. John, wir haben da noch weitere Auslagen für Flüge, Hotels und so weiter, und so weiter. Es wäre gut, wenn Sie diese Ausgaben auch übernehmen würden. Sonst müssen wir doch noch den Gerichtsweg beschreiten!"

Über viele Monate drangsalierte mich Sr. Quispe. Wenn mein Handy früh am Morgen klingelte, sah ich schon an der Nummer, dass er es war. Selbst spät am Abend suchte er mich heim. Zweimal tauchte er selbst im Spital auf und verlangte die Herausgabe sämtlicher Akten, um sie mit gewieften Anwälten bis ins letzte Detail zu analysieren.

Was sollte ich nur machen? Ein Prozess über Jahre und die Gefahr einer Schlammschlacht in den Medien würde das letzte Quäntchen Energie aus mir herauspressen. Die ständigen Flüge nach Lima, die Verhandlungen in Gerichtssälen und der daraus resultierende Dauerdruck könnten mich und meine Familie an den Rand der absoluten Belastbarkeit treiben.

„Dr. John, wenn Sie jetzt weitere Zahlungen leisten, werden Sie bis an das Ende Ihrer Tage keinen Frieden finden. Dann sind Sie erpressbar geworden!" So lautete die Warnung der Kanzlei Olaechea.

Meine Frau Tina und ich flehten monatelang um Gottes Schutz. Da wir oft verzweifelt waren, beteten wir intensiv. Die Last der Verantwortung lag auf unseren Schultern. Während alle anderen Missionare im Krisenfall ihre Koffer packen können, um binnen vierundzwanzig Stunden Peru zu verlassen, haben wir diese Option nicht. Wir sind die Gründer von Diospi Suyana. Dafür haben wir unser ganzes Leben in die Waagschale geworfen. Und mag ein Prozess sich auch zehn Jahre hinziehen, wir haben keine andere Wahl, als ihn bis zum bitteren Ende auszufechten.

Einige Monate später verstummte die Stimme von Herrn Quispe am Telefon. Warum er seinen Erpressungsversuch aufgab, weiß nur Gott allein. Er hatte in seiner Gnade unsere Gebete erhört.

Seit jener Ausnahmesituation im Jahr 2012 müssen alle Ärzte, die am Hospital Diospi Suyana tätig sind, ein Dokument mit sechs Regeln unterschreiben. Sie reichen von der gewissenhaften Führung der Patientenakten bis zur Vermeidung von Risikobehandlungen. Bei brisanten Fällen müssen sie sich vorher meine dezidierte Erlaubnis einholen. Denn auch wenn Gott uns im Sommer 2012 bewahrt hat – ich möchte alle notwendigen Maßnahmen ergreifen, um für die Zukunft vorzusorgen.

Der verlorene Prozess

Unser Sohn Florian spielte als Teenager mit dem Gedanken, Jurist zu werden. Mutig, mutig, denke ich, denn mir flößt die Justiz einen großen Respekt ein. An Gerichtsgebäuden schleiche ich vorbei, ohne auf mich aufmerksam zu machen. Als ordentlicher Bürger werfe ich kein Papier auf die Straße und mache keinen Kratzer an den Wagen des Oberstaatsanwalts. Ich möchte keinen Beamten des Strafvollzugs ärgern und hoffe im Gegenzug, dass die grauen Herren auch mich in Frieden lassen.

Leider habe ich festgestellt, dass die Gerichte sich manchmal für mich interessieren. Die Vertreter der Gerechtigkeit schicken mir Briefe, die ich selbst nach dreimaligem Durchlesen nicht verstehe. Mir werden Fristen gesetzt und Strafen angedroht, dass ich sofort nach dem nächstbesten Stuhl greife, um mich zu setzen. Und kaum eine Angelegenheit hat mir so viele graue Haare beschert wie der Fall „Constructec". Er wurde mein unliebsamer Wegbegleiter in sechs langen Jahren.

Im Januar 2007, also während der Bauphase des Spitals, trennte sich Diospi Suyana von der Baufirma Constructec. Wir hatten bei dem ecuadorianischen Unternehmen die nötige Sorgfalt beim Umgang mit unseren Spendengeldern vermisst. Und gemäß dem Motto „Besser ein Ende mit Schrecken als ein Schrecken ohne Ende" unterschrieben wir den Auflösungsvertrag. Mit einer Zahlung von 39 000 US-Dollar hatten wir Constructec endlich vom Hals.

Einige Tage nach meiner Unterschrift erbat unser Bauingenieur Udo Klemenz von Constructec die Belege über die Versteuerung ihrer Gewinne. Eine Summe von 34 000 US-Dollar hatte Constructec von uns kassiert, um in Peru die notwendigen Steuern an den Staat abzuführen. Als gemeinnütziges Werk hätten wir dann vom Finanzamt den gleichen Betrag wieder zurückerhalten. Mehrere unfreundliche E-Mails gingen hin und her. Schließlich wurde deutlich, dass Constructec die Steuern hinterzogen hatte. Inhaber Carlos Pullas war mit dem Geld verschwunden und hatte logischerweise Diospi Suyana um diesen Betrag geschädigt. Wir konnten natürlich nicht um eine Steuerrückerstattung bitten, da Constructec die anfallenden Steuern gar nicht bezahlt hatte.

Die Lösung lag auf der Hand. Diospi Suyana zog die 34 000 US-Dollar einfach von den 39 000 US-Dollar des Auflösungsvertrags ab. Udo Klemenz, unser Vereinsvorsitzender Olaf Böttger und ich waren zufrieden, doch Carlos Pullas ärgerte sich total. Der Ecuadorianer sah seine Felle davonschwimmen. So hatte er sich das nicht gedacht.

Im Mai 2008 brachte der Postbote ein Einschreiben an unsere Haustür, das ich gründlich studieren musste, um den Inhalt zu erahnen. Mir wurde die Sachlage aber schnell klar, als ich den beigefügten Brief überflog. Unten prangte meine schöne Unterschrift auf dem Dokument des Auflösungsvertrags.

Wie mir unser peruanischer Buchhalter Edgar Montalvo erklärte, versuchte Carlos Pullas mithilfe von „Coface" den Betrag von uns einzufordern. Coface ist ein weltweites Unternehmen, das sich auf das Eintreiben von Schulden versteht. So schnell es ging, flogen Edgar Montalvo und ich nach Lima und erläuterten in der peruanischen Niederlassung von Coface den Sachverhalt. Natürlich hatte dort niemand von den hinterzogenen Steuern gewusst. Daraufhin legten die Damen und Herren den Fall zu den Akten und entschuldigten sich bei uns für die entstandenen Unannehmlichkeiten.

Im Sommer 2008 zeigte Diospi Suyana die Baufirma Constructec offiziell wegen Steuerhinterziehung an. Jetzt lag es am peruanischen Finanzamt, alle notwendigen Schritte einzuleiten. Doch der Albtraum ging weiter, denn am 29. Oktober 2008 erstattete Constructec beim Gericht in Curahuasi Anzeige gegen Diospi Suyana. Es folgten mehrere Verhandlungsrunden. Immer wieder besprach ich den Fall mit den Anwälten der Kanzlei Olaechea in Lima. Die Angelegenheit raubte mir eine Menge Schlaf, meine Zeit und oft sogar meinen inneren Frieden.

Es gingen zweieinhalb Jahre ins Land, bis der Richter in Curahuasi am 22. März 2011 sein Urteil verkündigte. Er entschied gegen Diospi Suyana. Wir hatten den Prozess verloren. Im Richterspruch argumentierte er, dass Diospi Suyana die finanziellen Verpflichtungen des Auflösungsvertrags erfüllen müsse. Andere Gerichte könnten sich dann mit der Steuerhinterziehung durch Constructec beschäftigen. Wir taten nun das, was wir tun mussten. Innerhalb weniger Tage erhob Diospi Suyana beim Obersten Gerichtshof von Apurimac Einspruch.

Nun hieß es wieder warten und warten. Die Positionen der Richter wurden am Gerichtshof mehrmals neu besetzt. Man sagte uns, dass sich unsere Prozessakte ganz unten im Stapel befinde. Aber die Zeitbombe tickte, der Fall würde nicht verjähren. Sollte sich der Oberste Gerichtshof der Meinung des Richters aus Curahuasi anschließen, wartete auf Diospi Suyana eine Zahlung von rund 50 000 US-Dollar, nämlich die 34 000 US-Dollar Streitwert, die Zinsen seit Anfang 2007 und die Prozesskosten der Gegenseite.

In unseren wöchentlichen Gebetstreffen brachte ich das Thema regelmäßig zur Sprache. Zwei Jahre lang beteten wir Woche für Woche in diesem kleinen Kreis um einen guten Ausgang. Immer wieder gingen mir die Worte aus dem 23. Psalm durch den Kopf: „Er (Gott) führet mich auf rechter Straße um seines Namens willen!" Wir hatten doch stets behauptet, dass Diospi Suyana ein Krankenhaus des Glaubens sei. Erbaut durch Gottes Treue und seine Wunder. Ging es in diesem Prozess nicht auch um den Ruf Gottes?

Am 26. April 2013 erfuhren wir per Zufall, dass der Oberste Gerichtshof das Urteil längst gefällt hatte. Unser Kontaktmann in der Stadt Abancay – eine echte Schlafmütze – hatte uns gar nicht informiert. Es dauerte mehrere Stunden, bevor wir den Inhalt der Urteilsverkündung kennenlernten. Ich atmete erleichtert auf. Der Gerichtshof folgte zum Teil unserer Beweisführung. In einer weiteren Gerichtsverhandlung müsse der Richter in Curahuasi auch den Schaden berücksichtigen, den Constructec uns durch seine Steuerhinterziehung zugefügt habe.

Am Nachmittag wurde ich bei der Friedensrichterin von

Curahuasi vorstellig. Der frühere Richter war längst in eine andere Stadt versetzt worden.

Die Richterin schaute mich fragend an und sagte vorwurfsvoll: „Sie waren neulich bei der Gerichtsverhandlung gar nicht dabei!" Ein Gefühl von Panik kroch in mir hoch. Offensichtlich hatte uns unser Kontaktmann in Abancay auch den Gerichtstermin verschwiegen. Diospi Suyana hatte also beim Folgeprozess durch Abwesenheit geglänzt. All unsere Mühen und Verhandlungen über Jahre, damit uns Gerechtigkeit widerfahren möge, waren wohl umsonst gewesen. Betroffen blickte ich auf meine Schuhspitzen und machte mich auf eine Hiobsnachricht gefasst.

„Aber die Anwälte der Gegenseite fehlten ebenfalls", schob die Richterin nach.

Ich blickte ungläubig in ihr Gesicht. „Was bedeutet das?", fragte ich voller Spannung. Die Dame merkte, wie meine Augen an ihren Lippen hingen.

„Wenn die Anwälte beider Seiten nicht erscheinen, wird ein Prozess archiviert. Er ist zu Ende!"

Nach einer Auseinandersetzung von sechs Jahren hatte Diospi Suyana damit die Auseinandersetzung de facto gewonnen. Wenige Minuten später saß ich beim Bauingenieur Udo Klemenz im Büro. Wir beide falteten die Hände und dankten Gott aus tiefstem Herzen für seinen Segen.

Es heißt in der Bibel, dass Gott es den Seinen manchmal im Schlaf gibt. So war es auch diesmal, denn während der vergangenen Monate hatten wir vom Fortgang der Dinge keine Ahnung gehabt. Aber trotz unseres Nichtwissens und Nichterscheinens hatten wir am Ende die Oberhand behalten.

Menschen, die ganz anders ticken

26. Februar 2013. Ich führte gerade ein Fernsehteam durch die Abteilungen des Spitals, da erhielt ich einen Anruf vom Haupteingang. „Soeben ist eine Delegation aus Puno eingetroffen", informierte mich unser Wächter. „Vielleicht wollen Sie die Herrschaften begrüßen!"

Sofort eilte ich zum Pförtnerhäuschen, um mir selbst ein Bild zu machen. Am Straßenrand stand ein Bus und davor tummelten sich zwanzig Männer und Frauen. Wie ich hörte, handelte es sich um eine hochrangige Kommission der Universität Altiplano aus Puno. Der Rektor, mehrere Dekane sowie eine Gruppe von Ingenieuren und Medienvertretern waren zehn Stunden aus dem Süden des Landes angereist, um mir von ihrer großartigen Idee zu berichten.

„Dr. John, wir möchten dieses Krankenhaus gerne nachbauen", verkündete mir der Rektor feierlich. „Vielleicht können Sie uns Kopien der Baupläne mitgeben!"

Natürlich habe ich diese werten Gäste mit der Vision und der Infrastruktur des Hospitals bekannt gemacht und ihnen bei ihrer Abreise fünf Stunden später viel Erfolg gewünscht. Die Anfrage jener Beamten aus Puno war nicht die erste dieser Art und sie wird auch nicht die letzte gewesen sein.

Sicherlich ließe sich unser Krankenhaus anhand von Zeichnungen an anderer Stelle zum zweiten Mal errichten, allerdings hätte das Endergebnis wohl kaum etwas mit Diospi Suyana zu tun. Nicht die Gebäude oder die teuren Geräte machen unser Werk zu dem, was es ist, sondern die Missionare. Sie füllen die toten Räume mit Leidenschaft und Glauben. Sie verkörpern die Vision von der Liebe Gottes und den Traum von einer gerechteren Welt. Ihre Opferbereitschaft, ihr Fleiß und ihre Freundlichkeit machen Diospi Suyana für Patienten und Außenstehende so attraktiv.

Seit Beginn unserer Tätigkeit in Peru haben sich bereits fast 200 Langzeitmitarbeiter auf ehrenamtlicher Basis eingebracht. Am Tag der Eröffnung 2007 kamen sie alle mit einer Ausnahme aus deutschsprachigen Ländern. Im Zuge meiner Rundreisen durch Europa sowie Nord- und Südamerika hat sich die Zusammensetzung unseres Teams enorm internationalisiert. Im Frühjahr 2015 sind elf Nationalitäten bei Diospi Suyana vertreten.

Die meisten Freiwilligen schließen sich uns für drei Jahre an, einige für fünf und andere fassen sogar ein lebenslanges Engagement ins Auge. Sie finanzieren sich zwar durch private Spenderkreise, aber unter dem Strich erhalten die Missionare nur einen Bruchteil dessen, was sie zuvor in ihren Heimatländern verdient haben.

Diese hoch motivierten Frauen und Männer folgen einer inneren Berufung und verstehen ihren Einsatz in Peru als Ausdruck ihres Glaubens an Gott. Es ist eine Sache, über die „Nachfolge Christi" schlau daherzureden, und eine ganz andere, seine Zelte abzubrechen und mit Kind und Kegel in einem fremden Kulturkreis zu „dienen".

Das Wort „dienen" hört sich etwas altbacken an und das hat seinen tieferen Grund. Denn „dienen" ist nicht das Motto unserer Zeit. „Was habe ich davon?" So lautet die erste Frage des Durchschnittsbürgers. Jeder will in Sicherheit und am besten schmerzfrei sein Leben gestalten. Und ein bisschen Luxus darf auch sein. Das finanzielle Opfer zu Weihnachten für Caritas oder Brot für die Welt tut dem eigenen Wohlbefinden gut. Man gibt von seinem Überfluss und freut sich, kein moralischer Schweinehund zu sein.

Unsere Missionare riskieren hingegen auf den gefährlichen Straßen Perus ihr Leben. Trage ich jetzt vielleicht etwas zu dick auf? Nein, keineswegs. Es vergeht keine Woche, in der nicht irgendwo im Land ein Bus über die Klippen in die Tiefe stürzt. Allein im näheren Einzugsgebiet unseres Spitals haben sich seit 2004 vier schwere Busunglücke ereignet. Fast jeder von uns kann von einem „Beinahe-Unfall" berichten und von meinem ersten Buch wissen Sie vielleicht, dass ich selbst kurz vor Weihnachten 2008 um ein Haar zu Tode gekommen wäre. Als ich vor Jahren in Deutschland eine Lebensversicherung für mich abschließen wollte, klopfte ich vergeblich an die Türen der Agenturen. Der bloße Hinweis auf meine Tätigkeit in Peru genügte. Überall schüttelten die Sachbearbeiter ihre Köpfe. Mein Risiko sei für eine Versicherung einfach zu hoch.

Missionare ticken in der Tat anders als der Rest der Welt. Im täglichen Leben verzichten sie auf das vertraute Essen und oft müssen sie sogar ihren Tag ohne fließendes Wasser managen, wenn nämlich die Stadtverwaltung wegen Wassermangels ganze Wohnviertel von der Versorgung abklemmt. Der Spaß hört schnell auf, wenn man am Morgen auf seine angenehme Dusche verzichten muss.

Wenn das Leben unbequem wird und es anfängt wehzutun, brauchen sie eine echte tiefe Überzeugung, einen inneren Auftrag, der sie davon abhält, zu türmen. Unsere Leute sind bei uns mit einer „Mission", deshalb nennen sie sich völlig zu Recht „Missionare". Ihr Glaube wird als echt empfunden, nicht weil sie fromme Sprüche klopfen, sondern weil sie in jeder Beziehung bereit waren und sind, einen persönlichen Preis zu bezahlen. Auf unsere Patienten wirkt das glaubhaft. Die meisten von ihnen lassen auf ihrer Reise nach Curahuasi andere Krankenhäuser am Wegrand links liegen. Sie ziehen es vor, zwei oder drei Tage vor dem Hospital Diospi Suyana zu nächtigen, bis sie endlich einen Arzttermin erhalten. Warum tun sie das? Sie vertrauen den Missionaren, die nicht des Geldes wegen nachts zum Labor rennen, um ihr eigenes Blut für einen anämischen Indianer zu spenden.

Sicherlich wimmelt es in den Hauptstädten Afrikas und Südamerikas von Mitarbeitern internationaler Organisationen, die mit ihren Programmen die Welt verbessern wollen. Bitte verstehen Sie mich jetzt nicht falsch, wenn ich Ihnen sage, dass die meisten dieser Entwicklungshelfer so leben wie die Vertreter der High Society. Sie arbeiten in angenehm temperierten Büros. Vor der Tür wartet der Chauffeur mit einem schicken Wagen. Und ihr Gehalt ist mit einem Auslandszuschlag um den Faktor 2 oder 3 multipliziert worden.

An einem Sonntag lud mich einmal der Leiter einer deutschen Stiftung zu sich nach Hause ein. Eigentlich glich sein Heim keinem gewöhnlichen Haus, sondern eher einem Schloss. Es lag hoch oben auf einem Hügel vor Lima und bot einen wunderschönen Blick auf die Welt der Armen unten. Der ganze Wohnbezirk war umzäunt und am Eingang standen Wächter, um böse Elemente von dieser Insel der Glückseligkeit fernzuhalten. Missionare verfolgen einen ganz anderen Ansatz. Sie leben auf Augenhöhe mit den Armen in ihrer unmittelbaren Nachbarschaft.

Es müssen schon merkwürdige Typen sein, die sich für ein Missionarsdasein entscheiden. Vielleicht halten Sie unsere ehrenamtlichen Helfer für Aussteiger und vermuten, dass sie womöglich nicht in der Wettbewerbsgesellschaft der westlichen Welt konkurrenzfähig wären. Ich kann Ihnen versichern, dass diese Annahme weder auf meine Frau und mich noch auf unsere Leute zutrifft.

Dr. Jens Haßfeld hat von 2007 an für fünf Jahre die Gynäkologie und Geburtshilfe aufgebaut. Seine Frau Damaris und ihre vier Kinder gliederten sich trotz aller Schwierigkeiten gut in die peruanische Gesellschaft ein. Als die Haßfelds danach für zwölf Monate einen Heimataufenthalt in Deutschland einlegten, erhielt Jens in Bietigheim sofort eine Chefarztposition. Wie kann ein Arzt so schnell die Leiter nach oben klettern? Nun, Jens Haßfeld machte sein Abitur mit der Note 1,0. Er verfügt über ein hohes Maß an sozialer Kompetenz und beweist im Operationssaal seine überdurchschnittliche Fingerfertigkeit. Für 2013 hatte die Familie ihre zweite Ausreise nach Peru geplant.

Die Lokalpresse in Bietigheim beschrieb Dr. Haßfeld als einen Glücksfall für das Stadtkrankenhaus. Fast schon zwangsläufig bot ihm das Spital in Bietigheim einen unbefristeten Vertrag an. Die Antwort von Jens Haßfeld: „Nein, ich kehre nach Peru zurück!" Dabei wusste der Gynäkologe, dass er aufgrund seiner Qualitäten und Führungsstärke sogar kräftig an der Gehaltsschraube hätte drehen können. Schließlich machte ihm die Krankenhausdirektion ein verführerisches Angebot: „Dr. Haßfeld, wir geben Ihnen die üblichen 30 Tage Urlaub und obendrein noch einige Wochen extra, damit Sie in Peru Ihre ‚moralischen Ansprüche' befriedigen können!" Wer wäre bei so einer Offerte nicht ins Grübeln gekommen.

Am 20. August 2013 durfte ich die Haßfelds in unserer Morgenandacht willkommen heißen. Jens und Damaris hatten eine bewusste Entscheidung für Diospi Suyana getroffen mit einer lebenslangen Perspektive. Der Gynäkologe hat die Rolle des stellvertretenden Krankenhausdirektors übernommen. Anfang 2014 schaffte seine Frau Damaris nach 15-jähriger Abwesenheit wieder den Sprung ins Berufsleben. Die Kinderkrankenschwester ist ein enormer Gewinn für die Belegschaft und für höhere Aufgaben geradezu prädestiniert.

Missionare sind weder Traumtänzer noch Spinner. Sie überlegen sich jeden Schritt gewissenhaft und ignorieren keineswegs die Konsequenzen ihres Handelns. Schließlich steht viel auf dem Spiel. Als meine Frau und ich uns 1998 anschickten unser Leben als Missionsärzte in Südamerika zu verbringen, ernteten wir nicht nur Lob, sondern auch bittere Vorwürfe. „Ihr erfüllt euch einen Lebenstraum, aber eure Kinder müssen es später ausbaden!" Solche oder ähnliche Bemerkungen bleiben keinem unserer freiwilligen Mitarbeiter erspart. Auch Daniel und Susan Dreßler nicht. Der Landschaftspfleger und die Anästhesistin leben mit ihren drei kleinen Jungs in Curahuasi. Ihr Dienst für Diospi Suyana ist ein Beispiel dafür, wie „hochgefährlich" eine Buchwidmung sein kann.

Es war Samstag, der 8. September 2012. Vor über 200 Vertretern christlicher Buchgeschäfte erzählte ich die Geschichte von Diospi Suyana. Der Konferenzsaal in Rehe war bis auf den letzten Platz gefüllt. Danach stand ich am Ausgang und signierte Bücher. Unter den vielen Zuhörern, die aus dem Saal strömten, befand sich auch eine gewisse Frau Herrmann.

„Ich nehme gerne zwei Bücher mit", sagte sie geflissentlich. „Ein Buch will ich meiner Tochter geben, die ist nämlich auch Ärztin!"

„In welchem Fachbereich ist denn Ihre Tochter tätig?", wollte ich gerne wissen.

„Sie arbeitet in Wismar als Anästhesistin. Schreiben Sie ihr ruhig eine Widmung ins Buch. Sie heißt übrigens Susan Dreßler!" Frau Herrmann freute sich, dass ich ihrer Aufforderung nachkam.

Ich musste nicht lange überlegen. Es fehlten bei uns Narkoseärzte an allen Ecken und Enden. Also schrieb ich vorne ins Buch einen einzigen Satz, der als klarer Notruf gedacht war: „Liebe Susan, wir brauchen Sie dringend in Peru!"

Als Frau Herrmann und ihr Mann zu Hause diese Widmung lasen, wussten sie genau, dass dieses erst neutrale Buch zu einer gefährlichen Bombe geworden war. Nach langem Ringen überreichten sie ihrer Tochter die Lektüre trotzdem beim nächsten Besuch.

Wer freut sich nicht über ein kleines Geschenk? Susan schlug den Deckel auf. Sie las den Appell, der ganz klar an sie gerichtet war, sogar mit Vornamen.

Herbst 2012. Susan und ihr Mann Daniel beschäftigten sich fast täglich mit dem Thema „Diospi Suyana". An ihre Pinnwand hatten sie geschrieben: „Diospi Suyana?" Als überzeugte Christen beteten sie jetzt regelmäßig um Gottes Führung.

Schließlich wollte sich Daniel Dreßler das Missionsspital in Peru anschauen. Diese Reise sollte als Entscheidungshilfe dienen. Obwohl die Flüge im Januar 2013 ziemlich teuer waren, kaufte er sich ein Ticket. Zwei Wochen später erhielt seine Frau von ihrem Arbeitgeber eine völlig unerwartete Nachzahlung. Interessanterweise deckte der Betrag die gesamten Reisekosten.

Mindestens für dreieinhalb Jahre wollen sich die Dreßlers bei Diospi Suyana einbringen. Der Weg nach Peru und durch die Sprachschulzeit wurde für die fünfköpfige Familie zu einem ständigen Hürdenlauf. Im Februar 2014 gaben sie der Ostseezeitung ein Interview. Daniel und Susan studierten zu jenem Zeitpunkt in der südperuanischen Stadt Arequipa die spanische Sprache. Aus ihren Antworten auf die Fragen der Journalistin blitzte kein Funken verklärter Romantik. „Beim Gedanken an zu Hause schleicht sich auch manch eine Träne in die Augen", schrieben sie. „Wir vermissen vor allem Freunde und Familie!"

Akademiker und Handwerker, Alte und Junge, Optimisten und Pessimisten, Lutheraner und Katholiken, Europäer und Amerikaner sind einer Stimme nach Peru gefolgt, die sie für den Ruf Gottes halten. Einige von ihnen mussten kurz vor der Ausreise schlimme Hiobsbotschaften verkraften. Bei Tabea Seiler, der Frau unseres Verwaltungsleiters, wurde plötzlich ein insulinpflichtiger Diabetes diagnostiziert. Bei

Anja Nöh, der Frau von Dr. Nöh, kam es völlig unerwartet zu einem Bandscheibenvorfall der Halswirbelsäule. Nach solchen Nachrichten hätten wohl viele ihre Südamerikapläne begraben. Die Seilers und die Nöhs ließen sich aber nicht beirren. Sie waren von der Echtheit ihrer „Berufung" überzeugt und stiegen ins Flugzeug.

Die Neuankömmlinge sprechen unterschiedliche Sprachen und haben verschiedene Gewohnheiten. Aber trotz ihrer kulturellen, ethnischen und sozio-ökonomischen Vielfalt reihen sie sich in die Missionsgemeinschaft ein.

Das, was sich bei uns abspielt, bringen Journalisten auf die folgende Formel: Diospi Suyana ist kein Krankenhaus, sondern eine Familie. Eine gute Beschreibung, wie ich meine. Wie in jeder Familie gibt es auch bei uns gelegentlich Reibereien und Streitigkeiten, aber alle Mitglieder verbindet ein starkes Zusammengehörigkeitsgefühl. Nicht nur, weil wir am gleichen Strang ziehen, sondern auch, weil wir dasselbe Familienoberhaupt anerkennen. Jesus Christus ist der Chef unseres Lebens. Theologisch könnte man es so ausdrücken: Nicht wir handeln, sondern Gott handelt durch uns. Wir sind seine Werkzeuge.

Zugegebenermaßen ist dieser Ansatz kilometerweit von einer „Geiz-ist-geil-Haltung" entfernt. Aber eines ist sicher: Wir mögen vielleicht nicht über volle Bankkonten verfügen, wie die meisten unserer Kollegen in Europa oder den USA, aber glücklich sind wir. Und unsere Herzen platzen förmlich vor Sinnerfüllung.

Vom Kinderklub zum Kinderhaus

Wenn ich mit meiner Frau Martina in Curahuasi spazieren gehe, ertönt es von allen Seiten: „Hola Doctorita!" (Hallo kleine Ärztin!) Der warme Ton in den Stimmen und der zärtliche Blick in den Augen der Kinder bringt ihre tiefe Zuneigung zum Ausdruck. Die meisten von ihnen kennen Martina von den Kinderklubs. Im November 2005 gründeten die Australierin Lyndal Maxwell und meine Frau den ersten Klub in einem privaten Wohnzimmer. Spiele, Geschichten, Lieder und Sport lockten die Kinder bald an wie das Licht die Fliegen. In den Gruppenstunden erhielten die Kleinen nicht nur ein buntes Programm, sondern vor allem Aufmerksamkeit und Wertschätzung.

15 Jahre später existieren zwölf solcher Klubs unter der Fahne von Diospi Suyana. Die wöchentlichen Stunden werden von bis zu 400 Kindern besucht. Zu besonderen Anlässen wie Weihnachtsfeiern kommen sogar bis zu 1000. Sie lieben das Programm heiß und innig, welches sich durch das ganze Jahr zieht, nur unterbrochen durch die offiziellen Schulferien.

„Lyndal, was soll ich in den Ferien nur machen?", klagte ein kleines Mädchen. Sie war untröstlich, dass sie während der großen Ferien auf den Kinderklub verzichten musste. In dem folgenden Gespräch wurde bald deutlich, warum ihr diese neunzig Minuten so ans Herz gewachsen waren. „Ich habe neulich gebetet, dass es zu Hause keinen Streit gibt", sagte sie munter, „und, Lyndal, stell dir vor, eine ganze Woche lang herrschte bei uns Frieden!"

Das, was die Kinder bei Diospi Suyana lernen, geben sie zu Hause an ihre Eltern und Geschwister weiter. Unzählige Eltern haben von positiven Veränderungen im häuslichen Umfeld berichtet. „Gott hat dich lieb und du kannst mit deinen Sorgen zu ihm kommen, so wie du bist!" Diese Botschaft ist in den Klubs unüberhörbar. Sie ist das Beste, was ein Indianerkind in Curahuasi und ein Universitätsprofessor in London jemals erfahren können. Denn wenn Gott mich lieb hat, dann bin ich wertvoll, auch wenn ich in einer extremen Armut aufwachse oder in einer materialistischen Gesellschaft innerlich vor die Hunde gehe.

Als unser Kinderhaus am 16. April 2012 feierlich eingeweiht wurde, erhielten unsere Klubs endlich die notwendige Infrastruktur, die ihrer so wichtigen Arbeit angemessen ist. Auch dieses Bauvorhaben, bereits das dritte von Diospi Suyana, wurde von Udo Klemenz geleitet. Missionare und Peruaner bringen sich gleichermaßen in diesen Arbeitszweig ein, der in den letzten Jahren von Alexandra Kopp auf vorbildliche Weise koordiniert wurde.

Die Indianerkinder der Anden sind nicht zu beneiden. Zu Hause leiden sie oft unter familiärer Gewalt, sie ertragen den Alkoholismus ihrer Eltern und drohen nicht selten zu verwahrlosen. Und genau aus diesen Jungs und Mädchen, die zu den Diospi-Suyana-Kinderklubs kommen, formte Sophia Oester ein erfolgreiches Ensemble für ein besonderes Kindermusical auf Spanisch. Es handelte von den Abenteuerreisen des Apostels Paulus. Der 30. August 2012 markierte ein denkwürdiges Ereignis. Es war das erste Mal in der Geschichte Curahuasis, dass 150 Kinder im Rampenlicht unseres Amphitheaters sangen.

Die deutschen Originaltexte sowie die Musik stammten aus der Feder von Birgit Minichmayr. Sie und ihr Mann Hannes gründeten vor Jahren in Österreich die KISI-Kids, die mittlerweile in mehreren Ländern die Botschaft des Glaubens an ein junges wie altes Publikum weitertragen. Die beiden katholischen Christen teilen mit Diospi Suyana den Glauben an Gott und die Liebe zu Jesus Christus.

Wer hätte das 2006 beim Bau des Amphitheaters gedacht,

dass einmal junge Indianerkinder mit grenzenloser Begeisterung ein Musical zur Ehre Gottes anstimmen würden? Und diese Kinder, die zu Hause oft „nichts wert" sind, bekamen Applaus von 1 500 Menschen für ihre gelungene Darbietung.

Neue Horizonte

Die Schulbank ist hart, besonders, wenn man als kleiner Pimpf aus Deutschland kommt und plötzlich in Ecuador einen nationalen Kindergarten besuchen muss. Unsere Tochter Natalie war gerade mal vier und ihr Bruder Dominik zwei, als sie an den Vormittagen ihre ersten Erfahrungen in einem Kinderhort Quitos sammelten. Währenddessen schluckten meine Frau und ich unsere ersten Brocken Spanisch herunter, die eine Privatlehrerin mundgerecht auf unsere Zunge legte.

Wie wir von den Aufsichtspersonen des Kindergartens hörten, schwiegen sich unsere beiden höflich und geheimnisvoll aus. Kein Ton kam über ihre Lippen. Man konnte nur hoffen, dass sie ihre spanischsprachige Umgebung akustisch und optisch trotzdem registrierten. Irgendwann nach vielen Wochen platzte bei ihnen schließlich der Knoten. Sie plapperten auf Spanisch lebhaft drauflos und machten damit deutlich, dass sie den Einstieg in die neue Welt Lateinamerikas geschafft hatten.

Als wir im Mai 1999 unsere Tätigkeit als Missionsärzte an einem Krankenhaus im Landesinneren aufnahmen, schickten wir Natalie und Dominik auf eine einheimische Schule. Sie trugen die gleichen Schuluniformen, saßen an den gleichen schäbigen Tischen und stöhnten über die gleichen Hausaufgaben wie ihre ecuadorianischen Altersgenossen.

Im Herbst 2003 folgte die nächste Phase. Wir zogen in das Nachbarland Peru, um im Bundesstaat Apurimac ein Krankenhaus zu gründen. Unsere Kinder, mittlerweile drei an der Zahl, fühlten sich bald in der peruanischen Kultur zu Hause. Sie sangen in der Schule inbrünstig die Nationalhymne, als gälte es, dieses Land ein zweites Mal von den Spaniern zu befreien. Wie ihre Schulfreunde entwickelten sie bald eine gewisse Antipathie den Chilenen gegenüber, die im Salpeterkrieg (1879–1884) einen Teil Südperus annektiert hatten. Bei den öffentlichen Festen tanzten sie in bunter Verkleidung mit ihren Schulklassen Folkloretänze. Sie hüpften über den Platz wie kleine Inkas und wiegten sich im Rhythmus von Melodien, die bei Europäern wegen ihrer disharmonischen Fünftonmusik normalerweise ein gewisses Unbehagen hervorrufen.

Hatte anfänglich zwischen uns und der örtlichen Bevölkerung eine gewisse vorsichtige Distanz geherrscht, so hatten die Kinder mit ihrer überzeugenden Tanzdarbietung das Eis gebrochen. Immer wieder sprachen Indianerfrauen Tina auf dem Markt an: „Doctorita, wir hätten nie gedacht, dass deine Kinder genauso tanzen können wie unsere!"

Natalie, Dominik und Florian trugen zwar einen deutschen Nachnamen, aber innerlich passten sie sich allmählich an die Welt von Pedro, Rodrigo, Fernanda und Maria an. Tina und ich begrüßten diese Entwicklung.

Wir ignorierten den traurigen Zustand des Schulgebäudes und sahen galant über die ungewohnten Unterrichtsmethoden hinweg. Natürlich merkten wir, besonders meine Frau, dass Auswendiglernen und seitenweises Abschreiben von Texten im pädagogischen Konzept eine wichtige Rolle spielten. Kreativität und logisches Denkvermögen wurden hingegen weniger gefördert.

Äußerlichkeiten waren wichtig. Auf dem Schulhof standen

unsere Kinder allmorgendlich in tadelloser Uniform stramm und für die öffentlichen Paraden erlernten sie den üblichen Stechschritt. Brust raus, Bauch rein, das Bein zackig in die Höhe und den strengen Blick geradeaus in die Ferne gerichtet. Inmitten dieser Reihen marschierten unsere Sprösslinge als echte peruanische Patrioten mit.

Bei der Pünktlichkeit der Lehrer haperte es gewaltig. Und bei der Disziplin ebenfalls. Die überforderten Klassenleiter griffen gerne mal zum Stock, um den Schülern handfest zu zeigen, wo es langging. Ich erinnere mich an ein denkwürdiges Mittagessen in unserer Küche. Wir löffelten gerade unsere Suppe, als Natalie mit einer für ihre Eltern erstaunlichen Nachricht herausrückte: „Der Lehrer hat uns heute alle mit dem Rohrstock auf die Finger geschlagen. Aber es hat gar nicht so wehgetan!"

Mir fiel fast der Löffel aus der Hand. Ein rabiater Lehrer, der Kollektivstrafen einsetzt und auf meine hübsche Tochter „einprügelt", war für meinen Appetit alles andere als förderlich. „Wie heißt der Kerl?", wollte ich wissen und sah Natalie scharf in die Augen.

„Papa, untersteh dich, Rabatz zu machen. Ich sag dir seinen Namen nicht!"

Ich sprang auf und dem Protestgeschrei meiner Familie zum Trotz eilte ich durch die Tür zum Auto. Über mein ernstes Gespräch mit dem Direktor der Anstalt waren meine Kinder alles andere als begeistert. Als ich mich fünfzehn Minuten später wieder in das Mittagessen einreihte, hagelte es Vorwürfe.

„Papa, du bist unmöglich! Was werden jetzt die anderen Schüler sagen?"

Die pädagogischen Stilmittel der Lehrer in Curahuasi missfielen uns in der Tat gewaltig. Aber wohl gravierender war das konstant schlechte Abschneiden Perus bei der internationalen Pisa-Studie. Bei der Untersuchung 2012 schaffte es das Land, in allen drei Teilbereichen auf dem allerletzten Platz zu landen. Ein Ergebnis, über das sich im Erziehungsministerium in Lima keiner allzu lange aufregte.

Aber trotz Rohrstock, miesen Standards und einer beklagenswerten Infrastruktur setzten Tina und ich voll auf die Karte der Integration. Und in dieser Beziehung hätten sich die Dinge kaum besser entwickeln können. Peruanische Kinder gingen bei uns ein und aus und luden Natalie, Dominik und Florian regelmäßig zu ihren Geburtstagsfeiern ein. Keiner störte sich an der etwas helleren Hautfarbe der „Gringitos", wie sie unsere drei liebevoll nannten.

In den Abendstunden half meine Frau unseren Kindern bei den Lektionen der Deutschen Fernschule. Mir erschienen diese Kurse, ehrlich gesagt, etwas zu schwer. Missmutig blätterte ich gelegentlich durch die dicken Hefte. Aber glücklicherweise war ich klug genug gewesen, Tina zu heiraten, und *sie* hatte den Heimunterricht fest im Griff. Woher sie die erforderlichen Energien nahm, nach dem langen Pensum im Spital noch anspruchsvolle Aufgaben zu lösen, ist mir völlig schleierhaft. Sie schaffte es und motivierte dabei Natalie, Dominik und Florian, mit Freude zu lernen. Dass unsere Kinder so erfolgreich Schulen in Deutschland, Ecuador, Peru und den USA besuchten, ohne zu scheitern, liegt an zwei wesentlichen Faktoren. Die Intelligenz hat Gott ihnen verliehen und die spezielle fürsorgliche Förderung zu Hause erhielten sie von meiner Frau.

Die anderen Missionarsfamilien, die sich uns im Laufe der Monate anschlossen, beäugten die peruanischen Schulen mit großer Skepsis. Für die meisten war ihr Einsatz in Peru zeitlich begrenzt. Sie machten sich sorgenvolle Gedanken. Würden ihre Kinder mehrere Jahre ihrer Schulausbildung in einem Bergdorf der Anden verschwenden – mit desaströsen

Konsequenzen für den Rest ihrer schulischen Karriere? War die Missionsarbeit der Eltern gewissermaßen ein Egotrip auf Kosten der Kinder? Die Rufe nach einer Schule für Missionarskinder wurden immer lauter.

Tina und ich hielten dagegen. „Macht es so wie wir. Bei unseren Kindern klappt es an einheimischen Schulen, warum soll es bei euren anders sein?" Aber wir bemerkten durchaus, dass sich einige Familien innerlich und bald äußerlich verabschiedeten. Nachdem sie ihren Abschnitt von drei Jahren bei Diospi Suyana absolviert hatten, packten sie ihren Hausstand zusammen und flogen nach Europa zurück.

„Wir wären ja gerne länger geblieben", ließen sie uns wissen, „aber unsere Kinder werden an den Schulen hier nicht froh und wir auch nicht!"

Das war für uns eine bittere Lektion. Argumente hin oder her, sobald jemand mit seinen Füßen abstimmt und geht, wird es ernst. Immerhin reiste ich jedes Jahr sechs Monate um die Welt, um die Geschichte von Diospi Suyana unters Volk zu bringen. Dabei hatte ich stets die Hoffnung, neue Mitarbeiter für unsere Arbeit in Südamerika zu gewinnen. Natürlich ist es leichter, Missionare zum Bleiben zu bewegen, als neue in Übersee anzuwerben. Tina und ich wurden das Thema Schule nicht mehr los.

Zweieinhalb Monate nach der Einweihung der Zahnklinik gelang es Tina und mir, für ein Wochenende Urlaub vom Hospital zu machen. Im Ort Urubamba, der im heiligen Tal der Inkas liegt, wollten wir uns mal richtig ausschlafen. Unsere Kinder würden sich während dieser Zeit selber managen. Selbstverständlich wollten wir telefonisch den Kontakt zur Basis pflegen, um unsere Teenager mit guten Ratschlägen auf dem Pfad der Tugend zu halten.

Samstagmorgen, 11. September 2010. Meine Frau und ich tippelten munter auf einem der vielen Wanderwege des

Ortes. Die atemberaubende Berglandschaft und der blaue Himmel über uns hoben die Stimmung. „Wir laufen bis zur Schneegrenze", witzelte ich mit Blick auf die 5 oooer vor uns. Natürlich war keinem von uns nach sportlichen Höchstleistungen zumute, stattdessen wollten wir reden und gemeinsam laut nachdenken. Und das taten wir mit Leidenschaft.

Die folgenden zwei Stunden entwickelten sich zu einem Brainstorming feinster Qualität. Wir sprachen über unsere Kinder, Urlaubsreisen, unseren gemeinsamen Lebensabend, die Belange des Krankenhauses und die Vor- und Nachteile einer Diospi-Suyana-Schule.

Als wir um die Mittagszeit unsere Schuhe am Eingang des Gästehauses abputzten, war die Entscheidung längst gefallen. Tina und ich würden alles in unserer Macht Stehende tun, um eine moderne Bildungsanstalt in Curahuasi zu gründen. Sie sollte Missionarskindern und peruanischen Kindern in gleicher Weise offenstehen. Über den Weg der Erziehung würde die Gesellschaft verändert werden, und zwar zum Besseren. Das war unser erklärtes Ziel. Die Lehrer sollten als erstklassige Pädagogen und aktive Christen nicht nur die üblichen Lerninhalte vermitteln, sondern auch den Glauben an Gott auf authentische Weise vorleben. Gewissermaßen als ein Nebenprodukt würde diese Bildungsstätte die Missionare bei der Ausbildung ihrer Kinder entlasten. Besonders für junge Missionarsfamilien würde Diospi Suyana dadurch an Attraktivität gewinnen.

Tina lag im Bett und schmökerte in einem Roman, während ich an einem einfachen Holztisch die ersten zwei Seiten eines Projektentwurfs verfasste. Achteinhalb Jahre zuvor hatten wir in Ecuador unsere Planungen für den Bau eines modernen Missionsspitals schriftlich zu Papier gebracht. Jetzt war die Schule an der Reihe. Und wieder sollte es ein Vorhaben in Abhängigkeit von Gott werden, bei dem Gott

Urheber, Organisator und Ziel zugleich sein würde. Heißt es doch im Buch der Bücher, dass wir alles, was wir unternehmen, für Gott tun sollen.

Ich drückte auf die Speichertaste meines Laptops und las Tina voller Enthusiasmus meine schlauen Ergüsse vor. Ja, ohne Zweifel, die Schule war soeben entstanden. Wir konnten sie vor unserem geistigen Auge förmlich sehen. Wir lachten uns an und spürten wieder das berühmte Kribbeln in der Magengegend, das unsere Aufbruchsstimmung begleitete. Die Zeichen der Zeit standen auf „Schule". Wann, wie und wo waren nur noch „kleine" Detailfragen, die Gott zu seiner Zeit beantworten würde.

Ein ganzes Jahr sollte verstreichen, bevor ich auf Seite 3 weiterschrieb. Doch auch während dieser kreativen Pause trieben wir die Gründung der Schule zielbewusst voran. Bei der nächsten Vereinssitzung im Juli 2011 erweiterte Diospi Suyana Deutschland seine Satzungsziele. Und im September erwarben wir in Curahuasi ein Grundstück von 8 500 Quadratmetern Größe. Es lag im Grünen, war ziemlich eben und zu einem ortsüblichen Preis zu haben. Nach langen Verhandlungen überwiesen wir 220 000 US-Dollar an den Verkäufer. Für den Bauplatz war gesorgt, jetzt fehlte nur noch die Schule.

Udo Klemenz baute in jenen Monaten unter Hochdruck am Diospi-Suyana-Kinderhaus, dem dritten großen Vorhaben unseres Vereins. Als ich ihn eines Abends dabei ertappte, wie er mit einem prüfenden Blick über das Gelände der geplanten Schule schlich, frohlockte ich innerlich. Wenn unser Bauingenieur so viel Interesse für ein abgeerntetes Anisfeld aufbrachte, dann würde er die Schule als weiteres Ehrenamt errichten. Mit Professionalität, Leidenschaft und natürlich mit totaler Hingabe.

Eine große Koalition der Willigen

Nicht jeder Berg muss bestiegen werden und nicht jedes gute Projekt gehört notwendigerweise zu unserem eigenen spezifischen Lebensauftrag. Auf die korrekte Auswahl der Herausforderungen, die wir während unserer produktiven Jahre anpacken, kommt es an. Aber wer entscheidet eigentlich darüber? Nur wir selbst, oder haben andere da ein Wort mitzureden?

Wenn wir am Sonntagmorgen das Vaterunser beten und die Stelle murmeln „Dein Wille geschehe", machen sich vermutlich die wenigsten Gedanken, was es mit diesem Willen Gottes auf sich haben könnte. Die meisten würden sagen, dass wir Menschen uns anständig benehmen und keine Steuern unterschlagen sollten. Also das Gute tun, das Böse lassen und am besten immer hübsch anständig bleiben. Meine Frau und ich sind überzeugt, dass der Wille Gottes sich nicht im Allgemeinen erschöpft, sondern radikal persönlich wird. Was will Gott von uns? Er hat sich ja wohl etwas dabei gedacht, als er uns mit bestimmten Fähigkeiten ausgestattet hat.

Diese Vorstellung steht und fällt natürlich mit unserem Glauben an einen Gott, der uns kennt und liebt. Ich weiß, dass dieser Ansatz auf viele Menschen in der heutigen Zeit völlig rätselhaft wirkt. Für sie ist Gott jemand, der die Dinge in Bewegung setzt, ohne sich danach in die weiteren Abläufe einzumischen.

Was schenkte meiner Frau und mir die Gewissheit, dass die Gründung einer großen Schule nicht nur sinnvoll, sondern Teil unserer eigenen Berufung wäre? Sicherlich, es gab gute Gründe für dieses Mammutvorhaben. Aber wichtiger war wohl der tiefe Friede, den wir über der ganzen Sache empfanden. Wenn so ein inneres Gefühl nicht trügt, dann durften wir wohl erwarten, dass Gott – wenn es ihn denn gibt – seinen Segen dazu schenkt. Glaube muss mehr sein als Gefühlsduselei. Am Ende entscheidet der Test in der Praxis. Ich überlasse Ihnen das Urteil, ob Sie diese himmlische Unterstützung bei der Projektentwicklung unserer Schule erkennen können oder nicht.

Für mich sind Tipps und Empfehlungen, die ich von anderen erhalte, von größter Bedeutung. Ich beginne meist darüber nachzudenken, ob es sich bei diesem oder jenem Gedankenanstoß vielleicht um einen Fingerzeig von oben handeln könnte. In den letzten zwölf Jahren bin ich unzähligen dieser Spuren nachgegangen. So auch am 1. November 2011, als ich von Wiesbaden nach Lauf an der Pegnitz fuhr, um das Ehepaar Linder zu besuchen. Die Idee hatten mir zwei Mitarbeiter vom Missionsspital, John und Viola Lentink, in den Kopf gesetzt. Hin und zurück waren das an jenem Tag schlappe 600 km, ohne Erfolgsgarantie wohlgemerkt. Cornelius und Tina Linder betrieben ihr eigenes Architektenbüro und sie waren bereit, sich meinen Vortrag über Diospi Suyana einmal unverbindlich anzuhören.

Während meines einstündigen Vortrags strahlte Tina Linder über das ganze Gesicht. Ihr Mann Cornelius nickte immer wieder zustimmend. Solche Leute holt man gerne in sein Boot. Also räusperte ich mich am Ende der Präsentation und sagte: „Könnten Sie sich vorstellen, die Planungsarbeiten für die Schule kostenlos durchzuführen?"

„Das wäre möglich", antwortete Frau Linder wohlüberlegt. Ihr Mann pflichtete ihr bei. „Wir haben bereits in Äthiopien für arme Kinder eine Schule geplant und sogar die Bauarbeiten vor Ort geleitet!" Die beiden ahnten wohl, wie umfangreich die Ausarbeitung solcher Pläne werden würde. Immerhin hatten wir den Bau einer Schule für bis zu 600 Kinder anvisiert mit einem geschätzten Finanzvolumen von rund 3 Millionen US-Dollar. Aber die Stimmung war gut und die Geschichte von Diospi Suyana geradezu fantastisch. Möglicherweise hatten die beiden schon im Vorfeld auf unserer Webseite herumgeschnüffelt und sich längst entschieden. „Ja, wir machen mit!" Ihre Zusage wertete ich als festes Versprechen und bot ihnen sofort das Du an.

Wie mir Tina Linder ein Jahr später gestand, gestalteten sich die Planungen derart kompliziert und umfangreich, dass sie und ihr Mann phasenweise die Hälfte ihrer Arbeitszeit für die „Diospi-Suyana-Schule" investierten. Der finanzielle Verlust für ihren kleinen Zweimannbetrieb stieg ins Unermessliche, denn ihr Beitrag geschah auf rein ehrenamtlicher Basis. Und von dieser Zusage wichen sie nicht ab. Als der letzte Strich am Reißbrett gezogen und die letzte Messung im Computer durchgeführt waren, erreichte ihre Spende eine Summe von über 100 000 Euro.

Ein gewisser Jürgen Engel aus Mettingen bei Osnabrück errechnete die gesamte Statik und schickte uns für diese wochenlange Arbeit nie eine Rechnung. Wir sparten durch diese großmütige Tat immerhin weitere 35 000 Euro. Der Statiker hatte mein erstes Buch „Ich habe Gott gesehen" gelesen und wusste also ziemlich genau, dass Diospi Suyana nicht den üblichen Gesetzen von Preis und Leistung unterworfen war. Es handelte sich vielmehr um eine hochinfektiöse Herzblutangelegenheit, bei der das Virus der Begeisterung schnell von einem zum anderen überspringt.

Udo und Barbara Klemenz packten in der ersten Juniwoche 2012 zum vierten Mal in Curahuasi ihre Koffer aus. Nach Spital, Zahnklinik und Kinderhaus würde der Niederbieler auch die Bauleitung der Schule übernehmen. Ein Gehalt hatten wir mit ihm nicht vereinbart. Er würde seine internationale Erfahrung wieder kostenlos einbringen und Diospi Suyana dadurch über 100 000 Euro an Ausgaben ersparen.

Über diese „kleine Geste der Großherzigkeit" würden weder er noch ich jemals ein Wort verlieren.

Am 15. Juni 2012 schrieb der Bauingenieur seinen ersten Bericht über die Fortschritte beim Schulbau. Ich veröffentlichte ihn auf unserer Webseite und wählte als Überschrift einen, wie ich dachte, passenden Satz: „Eine altbewährte Stimme meldet sich wieder!" Im jeweiligen Abstand von einer Woche würden noch hundert weitere Zusammenfassungen folgen. Im Auftrag von Diospi Suyana machte wieder einmal eine Bau-Crew ziemlichen Lärm im sonst so friedlichen Hochtal von Curahuasi. Die Bagger rollten, Lastwagen brachten Zement und Sand auf die Baustelle und schwere Maschinen ratterten um die Wette. Die Trockenzeit hatte begonnen und die Sonne schien freundlich vom Himmel. Alles schien bestens zu laufen.

Da hörte ich plötzlich in der letzten Juniwoche Gerüchte, nach denen das Rathaus der Stadt uns bei der Erteilung der Baulizenz zur Kasse bitten würde. Ich war sofort alarmiert. Rechtlich ließ sich so eine Entscheidung nicht anfechten. Die Stadtväter hatten sogar die Möglichkeit, 1,5 Prozent der projizierten Projektkosten von uns einzufordern. Nachdem ich drei Zahlen in den Taschenrechner getippt hatte, verstand ich, was auf dem Spiel stand. Eine Summe von 50000 US-Dollar. Normalerweise muss ich 50 Vorträge in Klubs und Kirchengemeinden halten, um so einen enormen Geldbetrag für Diospi Suyana zu sammeln. In Anbetracht des karitativen Charakters unserer Arbeit war überhaupt nicht einzusehen, warum das Rathaus aus dem wohltätigen Bau einer Schule Kapital schlagen sollte. Aber das musste ich einem peruanischen Bürgermeister erst einmal klarmachen.

4. Juli 2012. Ich saß in einem Gästehaus in Lima und verfolgte im Internet Natalies Flug. Unsere siebzehnjährige Tochter ging in Wiesbaden auf die Oberstufe und hatte vor,

uns während ihrer Sommerferien zu besuchen. Die Daten im Web beunruhigten mich. Ihr Flugzeug hatte Frankfurt ziemlich spät verlassen und ob es mit ihrem Anschlussflug in Madrid klappen würde, war mehr als zweifelhaft.

In den Abendstunden erreichte ich Natalie über Skype. Wie ich hörte, hatte die Fluggesellschaft LAN ihren Sitzplatz an einen anderen Fluggast vergeben, obwohl ihr Flugzeug eigentlich noch rechtzeitig das Terminal des Madrider Flughafens erreicht hatte. Jetzt saß Natalie in einem Hotel und wusste nicht, wann und wie es für sie nach Südamerika weitergehen würde.

Ich war total frustriert. Natürlich hatte ich mich gefreut, unsere Tochter nach den Monaten der Trennung in Lima in die Arme zu schließen. Ich gehöre zu den Eltern, die sich schnell um ihre Kinder Sorgen machen. Jetzt hatte ich dazu einen echten Anlass. Und obendrein konnten mir weder Natalie noch Vertreter der Airlines Angaben über ihre Ankunft in Lima machen. Was für ein Ärger! Hoffentlich würde meiner minderjährigen Tochter in Madrid nichts zustoßen. Ich vertraute Natalie der Fürsorge Gottes an und dachte angestrengt nach. Eine Fahrt zum Flughafen hatte sich somit erübrigt. Vielleicht sollte ich meine Zeit in Lima auf andere Weise sinnvoll nutzen.

Auf Verdacht hin rief ich den Bürgermeister von Curahuasi an. Irgendjemand hatte mir zugeflüstert, dass der Chef unserer Stadtverwaltung in Lima einige Behördengänge zu erledigen habe. Und genauso war es. Sr. Vergara Abarca meldete sich prompt.

„Alcalde (Bürgermeister)", rief ich in mein Handy, „ich halte mich übrigens auch in der Hauptstadt auf. Dürfte ich Sie heute Abend in Ihrem Hotel besuchen, ich würde Ihnen gerne einige Bilder im Laptop zeigen!" Dicke Leute sind gemütlich, soll Julius Cäsar vor langer Zeit gesagt haben.

Wenn Sie mit den Körpermaßen unseres damaligen Bürgermeisters vertraut sein sollten, dann wissen Sie, dass Sr. Abarca extrem gemütlich sein muss.

„Dr. John, das ist kein Problem. Kommen Sie um halb acht vorbei!"

Mein Taxi brachte mich an die Tür seiner Unterkunft. Ich nahm wohlwollend zur Kenntnis, dass der Bürgermeister zur Zufriedenheit der Steuerzahler in einem günstigen Quartier eingekehrt war. Wenig später setzten wir uns gemeinsam an einen Tisch. Sein Rechtsberater Sr. Eduardo Guevara Camara war auch zugegen.

Einige Bilder hatte ich angekündigt. Das war natürlich die Untertreibung des Monats, denn ich wollte den höchsten Würdenträger unseres Distriktes eine ganze Stunde lang durch alle Höhen und Tiefen von Diospi Suyana führen. Sechzig Minuten verstrichen. „Vielen Dank für Ihre Geduld mit mir!", sagte ich schließlich mit einer gewissen Demut und wartete auf die Reaktion des Bürgermeisters.

„Dr. John, vielen Dank für alles, was Sie und Ihre Leute für unseren Distrikt schon geleistet haben. Sie können fest mit meiner Unterstützung rechnen!" Diesen Satz hatte ich erhofft. „Wissen Sie was, Herr Bürgermeister. Ihre Hilfe benötigen wir jetzt wirklich dringend. Bitte erlassen Sie uns die gesamte Zahlung für die Baulizenz der Schule!"

Der Alcalde nickte und versicherte wortgewaltig, dass er das gerne tun würde. War der Politiker nun ein Opfer seiner eigenen Rhetorik geworden, oder hatte die Geschichte von Diospi Suyana ihn wirklich tief berührt? Ich wusste es nicht. Aber auf jeden Fall wollte ich sofort Nägel mit Köpfen machen.

„Herr Bürgermeister, dann schlage ich vor, dass wir Ihre Zusage gleich mit einem Handschlag besiegeln und das Foto dazu auf unserer Webseite veröffentlichen!" Der Rechtsbeistand des Bürgermeisters eignete sich vorzüglich als Fotograf und noch vor Mitternacht hatte ich unsere Übereinkunft ins Netz gesetzt.

Sr. Abarca hielt Wort. Auf sein Drängen hin beschloss der Stadtrat, uns die 50 000 US-Dollar zu erlassen, komplett und ohne Wenn und Aber. Rückblickend bin ich Gott dankbar, dass unsere Tochter in jener Nacht ihren Weiterflug in Spanien verpasste. Überraschenderweise entstanden dadurch Umstände, die es mir ermöglichten, den Bürgermeister zu treffen mit dem eben beschriebenen Ergebnis.

Sie stimmen mir sicherlich zu, dass mein Intermezzo mit dem Bürgermeister einen wundersamen Ausgang hatte. Und „wundersam" ist der richtige Ausdruck, um die gesamte Entwicklung unseres Schulprojektes zu beschreiben.

Am 20. März 2013 meldete ich mich am Empfang der Firma Nora in Weinheim. Die Nora GmbH produziert mit ihren Kautschukböden den wohl besten Belag, der auf dem Weltmarkt erhältlich ist. Vier Mitarbeiter aus der Export- und PR-Abteilung des Unternehmens erwarteten mich. Sie zeigten mir in einem kleinen Ausstellungsraum ein Kautschukquadrat, das über dreißig Jahre auf dem Frankfurter Flughafen treue Dienste geleistet hatte und immer noch aussah wie neu.

Bei meinem Vortrag in kleiner Runde fing ich bei A wie Amerika an und hörte bei Z wie Zubehör, sprich Fußbodenbelag, auf. Für mein wohlwollendes Publikum gab es kein Zögern. Den Nora-Leuten, allen voran Verkaufsdirektor Gilbert Gourdin, war sofort klar, dass die Diospi-Suyana-Schule unbedingt mit dem Hochleistungsfußboden aus ihrem Hause ausgestattet werden müsste. Diese Einschätzung teilte ich. Die 2000 Quadratmeter entsprachen immerhin einem Marktwert von rund 80 000 US-Dollar.

Herr Gourdin begleitete mich nach dem Treffen zu meinem Mietwagen. In unserem kurzen Gespräch redeten wir nicht über Preise, Spendenbescheinigungen oder Exporthürden. Vielmehr sprachen wir beide über die unsichtbare Welt, deren Existenz uns mehr bedeutete, als Erfolg und volle Bankkonten.

Einige Wochen später unterrichtete mich Gilbert Gourdin über den weiteren Fortgang der Dinge. Die Firmenleitung hatte eine Materialspende für unsere Schule abgelehnt. Mit Unmutsfalten auf der Stirn hatten die Direktoren die Frage gestellt, was denn Nora in Europa mit dem Bau einer Schule in den Anden zu tun hätte. Die Antwort lag auf der Hand: nichts, rein gar nichts! Und damit war die in Aussicht gestellte Spende vom Tisch.

Diese Entscheidung einiger am Gewinn orientierter Manager ist eigentlich keine echte Überraschung. So ist unsere Welt beschaffen. Da bleibt wenig Platz für Idealismus und Träumereien. Doch Gilbert Gourdin wusste, dass zwischen Himmel und Erde vieles geschieht, was sich der menschlichen Logik entzieht.

Der Kautschukfußboden wurde nämlich doch nach Peru geliefert. Ohne Rechnung, ohne PR-Werbeeffekt und ohne viel Tamtam. Gourdin überzeugte die Führungsriege von Nora davon, dass eine *Probeverlegung* des Kautschuks in einer Schule in Peru sinnvoll wäre. Wie er das geschafft hat, wird für immer sein Geheimnis bleiben, denn im September 2014 verstarb er ganz plötzlich an einer akuten Hepatitis C.

Szenenwechsel. Sonntag, 13. Mai 2012. In der ersten Reihe der Evangelischen Kirchengemeinde seufzte eine Zuhörerin tief und vernehmlich. Soeben war mein Vortrag in Bad Zwischenahn zu Ende gegangen. Es war ein warmer Frühlingstag gewesen und die Besucher der Abendveranstaltung drängten dem Ausgang entgegen. Ich wollte gerade meine Technik verstauen, als plötzlich Pastor Lothar Bublitz aus Bremen vor mir stand.

„Was machst *du* denn hier?", fragte ich überrascht. „Ich habe dich ja seit Ewigkeiten nicht gesehen!"

„Ich möchte dir meine Tochter Michaela vorstellen", antwortete der Geistliche. „Sie würde gerne bei euch in Peru ein Praktikum absolvieren!" Von solchen Anfragen werden wir bei Diospi Suyana geradezu überschwemmt. Meistens erteilen wir den Interessenten freundliche Absagen. Doch Lothar Bublitz und seine hübsche Tochter waren eine ganze Stunde durch Norddeutschland gefahren, um mir persönlich ihr Anliegen vorzutragen. Und außerdem hatte Diospi Suyana durch Lothars Vermittlung im Jahr 2004 eine größere Erbschaft erhalten. Ich ahnte, dass ich diesmal um eine Ausnahmeregelung nicht herumkommen würde, zumal die junge Dame hoch qualifiziert war.

„Ich werde mal schauen, was sich machen lässt", bemerkte ich verbindlich und gab den beiden die Hand.

„Ach, da wäre noch etwas", sagte Lothar. „Du solltest unbedingt bei der Stiftung ‚Bild hilft – Ein Herz für Kinder' einen Antrag stellen. Wir haben beim Bau unseres Kindergartens auch einen Zuschuss erhalten!"

Ich habe durchaus eine blühende Fantasie. Jeder, der mich kennt, wird das gewiss bestätigen. Aber die Bild-Zeitung um Geld für die Diospi-Suyana-Schule zu bitten, überstieg meine Vorstellungskraft.

Die Bild-Zeitung ist das meistgelesene Boulevardblatt Europas. Ob es an dem reißerischen Schreibstil oder den Fotos mit den leicht bekleideten Damen liegt, überlasse ich gerne dem Urteil meiner Leser. Aber „Bild" in eine Partnerschaft mit Diospi Suyana zu bringen, war nie meine Absicht gewesen.

Zwei Wochen später stand ich im Büro von Udo Klemenz und erzählte ihm von dieser „Schnapsidee". Wir mussten beide schmunzeln, aber schließlich erinnerten wir uns an das alte Sprichwort, dass man nichts unversucht lassen sollte! Und in meinem Innersten hörte ich eine leise Stimme, die mir sagte, Lothar Bublitz sei mit diesem Tipp vielleicht von Gott nach Bad Zwischenahn geschickt worden.

Als ich einige Tage darauf von Pastor Bublitz die Antragsformulare per E-Mail erhielt, machte ich mich tatsächlich ans Werk und füllte die Zeilen mit Fakten und Zahlen.

Udo und ich erstellten gemeinsam einen Finanzplan, denn wie soll man glaubwürdig um finanzielle Zuwendungen bitten, wenn man gar nicht genau weiß, wie viel das Projekt eigentlich kosten wird? Ja, so war es. Obwohl wir mitten im Bau steckten, gab es noch gar kein detailliertes Finanzierungskonzept. In meiner Beschreibung unseres Werkes ließ ich über den wahren Charakter unserer Gesinnung keinen Zweifel aufkommen. Ich wies darauf hin, dass meine Frau und ich bei der Umsetzung unserer Vision von Anfang an nicht mit den eigenen begrenzten Möglichkeiten gerechnet hatten, sondern mit der Allmacht Gottes.

Auf Seite neun formulierte ich das folgende Schlusswort: „Wir bitten um 240 000 Euro an finanzieller Unterstützung, die fast 10 Prozent des Gesamtvolumens ausmachen. Wir sind überzeugt, dass das ‚Colegio Diospi Suyana' mit Gottes Hilfe entstehen wird. Wir möchten ‚Bild hilft e. V.' einladen, ein Teil dieses Traumes zu werden!"

Ob die Stiftung das wollte? Absolut! Frau Krüger, Leiterin der Stiftungsgeschäfte, war von Diospi Suyana so bewegt, dass sie die fünf Direktoren der Bild-Zeitung von unserer Schule begeisterte. Die hohen Herren entschieden einmütig, den Bau des Colegio Diospi Suyana mit der beantragten Summe zu unterstützen.

Das Geld wurde uns in drei Ratenzahlungen überwiesen und sofort in Zement, Stahl und Dachplatten umgesetzt. In Anbetracht dieser gewaltigen Unterstützung müsste ich eigentlich die Bild-Zeitung abonnieren, gewissermaßen als kleine Gegenleistung? Darüber werde ich wohl ein Leben lang nachdenken.

Falls Sie Christ sein sollten, könnte die nächste Episode Sie vielleicht ein wenig erstaunen. Es war Montag, der 13. Mai 2013. Ich fuhr gerade durch Süddeutschland, um am Abend zu einer Gruppe von Studenten in Ulm zu sprechen. Einer Empfehlung folgend, rief ich bei der Firma WPU in Illertissen an und bat um einen kurzfristigen Vorstellungstermin. WPU stellt für Schulen hochwertige Werkräume her. Und ich hatte die leise Hoffnung, dass sich vielleicht entsprechende Mobiliare als Spenden akquirieren ließen.

Der Außendienstler an der Strippe hatte nichts dagegen, mich in der Firma kurz zu treffen. Wohlweislich hatte ich meinen Wunsch nach einer Sachspende nicht an die große Glocke gehängt. Als ich wegen einer kleinen Frühstückspause etwas zu spät den Eingang von WPU erreichte, war der gute Mann schon wieder unterwegs. Ich fühlte mich also wie bestellt und nicht abgeholt.

Statt des Angestellten nahm sich der Inhaber Michael Kiehl meiner an. Es schien, als habe der freundliche Herr geradezu auf mich gewartet. Ich durfte meinen Laptop auf einen Tisch stellen und mit meiner Präsentation loslegen.

„Das ist toll, was Sie in Peru auf die Beine gestellt haben!", meinte der Chef mit einem lobenden Unterton. „Allerdings, was Ihren Glauben angeht, muss ich Sie enttäuschen. Ich bin überzeugter Buddhist und war erst neulich beim Dalai Lama!"

Das ist ja interessant, dachte ich. Der Geschäftsmann hatte

auf mich gar keinen religiösen Eindruck gemacht. Jetzt war ich gespannt, wie er auf mein eigenes Glaubensbekenntnis, das Bestandteil eines jeden Vortrags ist, reagieren würde.

„Also, den Werkraum für die Schule übernehmen wir. Das schaffen wir schon!", sagte Herr Kiehl im Brustton der Überzeugung. „Und vielleicht kriegen wir noch andere Firmen ins Boot."

Ich bedankte mich artig und wir vereinbarten, in Kontakt zu bleiben.

Mehrere Monate verstrichen und fast wollte ich schon an seiner Zusage zweifeln, da erhielt ich von Herrn Kiehl eine vielversprechende E-Mail. Auf meinem Bildschirm erschien eine umfangreiche Aufstellung von Möbeln und Werkzeugen, die er für unsere Schule spenden würde. Ich war richtiggehend platt und saugte die Liste wie einen Liebesbrief ein zweites und ein drittes Mal in mich ein.

Michael Kiehl erzählte dem Inhaber der Schreinerei Schneider aus Waldstetten von seinem Engagement für Diospi Suyana. Christoph Schneider fing Feuer und sponserte seinerseits 27 neue Büroschränke für die Schule. Das, was Herr Kiehl aus freien Stücken selbst spendete beziehungsweise veranlasste, lag deutlich jenseits der 20 000 Euro-Marke.

Im Laufe der Jahre haben sich die unwahrscheinlichsten Unterstützer in unsere Sponsorenliste eingetragen. Ich nahm manchmal mit offenem Mund zur Kenntnis, wie Gott durch Christen und Atheisten, Buddhisten und Juden, Agnostiker und Esoteriker, Ja-Sager und Nein-Sager, Altruisten und Egoisten, Enthusiasten und Langweiler das Werk von Diospi Suyana vorantrieb. In meinen Vorträgen mache ich stets deutlich, dass ich mich als Nachfolger Jesu Christi verstehe. Ich werde mich nicht verbiegen, damit irgendein Firmenchef mit anderer Weltanschauung unsere Arbeit begünstigt. Allerdings hoffe ich in der Tat, dass alle meine Zuhörer die

„Wunder" bei Diospi Suyana als Hinweise auf Gottes Wirken begreifen.

Vor zehn Jahren hörte ich auf einer christlichen Managertagung einen interessanten Spruch. „Eine Vision ist dann gut, wenn sie uns total erfüllt, vielen Menschen dient und Gott ehrt!" An diesem Leitfaden versuche ich mich zu orientieren. Diospi Suyana begeistert meine Frau und mich bis in die letzte Pore. Und gerne sind wir als emotionale Brandstifter aktiv.

Es ist unstrittig, dass unser Krankenhaus wie auch mittlerweile die Schule zum Segen für eine ganze Region geworden sind. Und mit dem, was wir sagen und tun, wollen wir auf Gott hinweisen. Die Zuhörer unserer Vorträge spüren das und tief in ihren Herzen kommt etwas ins Schwingen, was sie selbst vielleicht gar nicht richtig deuten können. Die Konsequenzen sind deshalb oft im höchsten Maße erstaunlich.

Gesucht: Der Herr Direktor

Ich bin froh, dass meine eigene Schulzeit schon über drei Jahrzehnte zurückliegt. Da ich aber häufig Vorträge in Schulen zu halten habe, bietet sich mir immer wieder die Gelegenheit, das schulische Treiben aus nächster Nähe zu betrachten. Völlig gefahrlos, quasi wie ein Besucher im Zoo. Ohne jegliche Angst vor einer Mathematikarbeit wandele ich entspannt durch lange Gänge, die mir in meiner Jugendzeit bestimmt Ehrfurcht eingeflößt hätten. Und begegnet mir der Herr Direktor persönlich, dann grüße ich ihn ohne irgendein Gefühl der Beklemmung.

Mir tut der Schulleiter mehr leid als seine Schüler. Er

trägt nämlich die Verantwortung für so ziemlich alles, was schiefläuft, obwohl er selbst an den Missständen meistens unschuldig ist. Wenn Schüler und Lehrer längst den Heimweg angetreten haben, bleibt er einsam und allein in seinem Büro zurück. Er schreibt noch unangenehme Briefe, bastelt an komplizierten Lehrplänen, ärgert sich mit exzentrischen Eltern herum und erträgt zähneknirschend die telefonische Kritik der Schulaufsichtsbehörde. Wenn Sie ein einfaches Leben anstreben, dann werden Sie alles Mögliche, aber bitte kein Direktor. Auf ihm lastet der Druck durch missliebige Eltern und unbequeme Lehrer. Und den größten Stress macht er sich sogar selbst. Er weiß nämlich, dass das Niveau seiner pädagogischen Einrichtung ganz wesentlich von seinen eigenen Führungsqualitäten als Leiter abhängt.

Aus diesem Grund suchten wir für die Diospi-Suyana-Schule den besten Direktor auf dem Markt – allerdings zum üblichen Nulltarif eines Missionars. Einige Kandidaten äußerten ein lauwarmes Interesse an so einem Posten, allerdings hielt ich – ehrlich gesagt – keinen von ihnen für wetterfest genug, um in den Bergen Perus in einer fremden Sprache die Fahne der Schule hochzuhalten.

Am 19. September 2012 hielt ich in der Evangelischen Freikirche in Bornheim einen Vortrag. Krankenschwester Tabea Fröhlich bereitete sich auf ihre Ausreise nach Peru vor und hatte mich in ihre Gemeinde eingeladen. Gegen Ende meiner Präsentation blendete ich einige Fotos von der Diospi-Suyana-Schule ein, an der Udo Klemenz mit seinen Arbeitern eifrig baute. Sie trafen einen Mann hammerhart, der im mittleren Drittel des Saals saß. Christian Bigalke.

Der Oberstudienrat aus Wülfrath hatte weder zu Bornheim noch zu dieser Kirche einen persönlichen Bezug. Seine Teilnahme an der Veranstaltung war eher „zufälliger" Natur.

Da einer seiner Freunde sich einige Wochen zuvor in Bornheim niedergelassen hatte, wollte Christian ihm helfen, nach dem Wohnsitz auch eine „geistliche Heimat" zu finden.

Kaum erschien das erste Bild der Schule auf der Leinwand, war es um den Lehrer geschehen. Seine Gedanken flogen zurück nach Nicaragua. Im Jahr 2002 hatte er das mittelamerikanische Land im Rahmen einer Studienreise besucht. Während seines Aufenthaltes lernte er einen gewissen Pastor Oscar Cortez kennen, der ihn eines Nachmittags zu einer kleinen Spritztour in sein Auto einlud.

„Christian, ich muss dir etwas zeigen!" So hatte er den Ausflug begründet. Nach einer kurvenreichen Fahrt durch schmutzige Straßen bremste er am Stadtrand vor einem heruntergekommenen Gebäude. Die beiden Männer stiegen aus. „Weißt du, Christian, in dieser alten Fabrik möchte ich mit Gottes Hilfe einmal eine Schule für arme Kinder unterbringen!" Mit glänzenden Augen betrachtete der junge Nicaraguaner die Bauruine, die wohl jeder andere am liebsten sofort dem Erdboden gleichgemacht hätte.

Christians Blick glitt zu den schäbigen Mauern mit den vielen eingeschlagenen Fensterscheiben hinüber und dann zurück in das leuchtende Gesicht des Pastors. Und mit einem Mal fiel es ihm wie Schuppen von den Augen. Er verstand plötzlich den tieferen Sinn dieser kleinen Exkursion. Die Leitung einer Schule für benachteiligte Kinder, das war nicht nur ein Fernziel des Pastors, sondern in diesem Moment seine eigene Lebensbestimmung geworden. Wann und wo, das würde die Zukunft zeigen.

Christian Bigalke stand am Ende meines Vortrags in Bornheim vor mir. Das, was er mir mit kurzen Worten über sein Leben mitteilte, machte mich unglaublich hellhörig. Ich spürte sofort, dass seine eigene Berufung, eine Schule für arme Kinder zu leiten, echt war. Der verbeamtete Spanischlehrer strahlte eine tiefe Entschlossenheit aus, die mir imponierte. Und ich begann zu ahnen, dass ich soeben den „Herrn Direktor der Diospi-Suyana-Schule" kennengelernt hatte.

Zehn Jahre lang hatte Christian über so einem Vorhaben gebrütet. Bei seiner Frau Verena waren es sogar achtzehn Jahre gewesen. Denn 1994, während eines humanitären Einsatzes in Ruanda, hatte die überzeugte Christin das unbeschreibliche Grauen menschlicher Perversität mit eigenen Augen gesehen. Eine Million Menschen, Hutus und Tutsis, hatten sich in einem Blutrausch gegenseitig abgeschlachtet. Umgeben von Waisenkindern, deren traurige Augen ihre tiefe innere Verzweiflung widerspiegelten, begann die Lehrerin ihren eigenen Lebensauftrag zu vermuten.

Einige Autoren der Bibel benutzen an manchen Stellen den Ausdruck: „Als die Zeit erfüllt war." Da beschrieb der Prophet Jesaja zum Beispiel lange vor Christi Geburt mit ergreifenden Worten die Leidensgeschichte Jesu. Rund achthundert Jahre später geschah es, weil sich die Zeit erfüllt hatte.

Gott bestimmt den Zeitpunkt, er gibt das Startsignal. Und schon überschlagen sich die Ereignisse nach einer langen Phase scheinbarer Passivität. So auch bei den Bigalkes.

Nur zwei Tage später trafen wir uns in Halle/Westfalen wieder. Diesmal hatte Christian seine Frau mitgebracht. Auch sie sollte meinen Vortrag über Diospi Suyana erleben. Noch vor meiner Präsentation in der evangelischen Kirche überreichten mir die beiden zwei edle Bewerbungsmappen mit ihren beeindruckenden Lebensläufen. Und um jegliche Missverständnisse zu vermeiden, konnte man sie an ihrer blauen und roten Farbe leicht auseinanderhalten. Für solche kleinen Hilfen bin ich durchaus dankbar ...

Christiane Gerner vom Haller Kreisblatt erschien eine halbe Stunde vor der Veranstaltung. Sie stellte mir mehrere Fragen zu Diospi Suyana und machte einige Fotos für die

Zeitung. Unter der Überschrift: „Wir vertrauen auf Gott" zeigte der Artikel am 26. September ein großes Bild mit zwei strahlenden Bigalkes und einem dankbaren Missionsarzt. Damit war die Mitarbeit der Bigalkes von der Presse schon so gut wie abgesegnet – lange vor ihrem offiziellen Bewerbungsgespräch. Tausende von Lesern erfuhren aus ihrer Tageszeitung, dass sich die Zeit für eine Lehrerfamilie offensichtlich erfüllt hatte.

Es ist der Traum fast aller Lehrer, den Beamtenstatus zu erlangen. Als Beamter genießen sie viele Vorteile. Ihre Pension im Ruhestand ist weit überdurchschnittlich und sie haben einen leichten Zugang zu einer privaten Krankenkasse. Aber das Beste ist ihre Jobsicherheit. Unter der Voraussetzung, dass sie nicht Monat für Monat das Silberbesteck aus der Schulmensa klauen, sind sie praktisch unkündbar. Ein verlockender Aspekt für ein Berufsleben besonders in wirtschaftlichen Krisenzeiten. Und Christian Bigalke zählte als Oberstudienrat zu den glücklichen Beamten der deutschen Republik.

Beamte müssen natürlich treu ihre Pflicht erfüllen. Sie können sich nicht einfach aus dem Staub machen mit dem Hinweis: „Freunde, in fünf Jahren bin ich wieder da!" Denn für Aussteiger ist der Beamtenstatus nicht gedacht. Vater Staat wird ernstlich böse, wenn er einen Fahnenflüchtigen unter seinen sonst so braven Beamten entdeckt.

Als Christian seinem Chef am Carl-Fuhlrott-Gymnasium von seinen Plänen in Peru erzählte, sah dieser ihn verständnislos an. „Herr Bigalke, das ist eine Kamikazenummer!", brummelte der Direktor hinter seinem Schreibtisch. Sein besorgter Blick war eine deutliche Warnung, den mühsam errungenen Beamtenstatus nicht durch unüberlegte Dummheiten aufs Spiel zu setzen.

Christian nickte unmerklich. Natürlich hatte sein Vorgesetzter recht. Ein Abtauchen über Jahre irgendwo in Südamerika war mit der Rolle eines Beamten nicht kompatibel. Aber so ist das manchmal bei Christen. Wenn sie einen Weg als Gottes Auftrag erkannt haben, dann gehen sie jedes Risiko ein. Karriere, Absicherung und volles Bankkonto – für viele Menschen Inbegriff eines glücklichen Lebens – verlieren ihre Bedeutung. Um es kurz zu machen: Wenn es nicht anders ginge, dann war Christian bereit, seinen Beamtenstatus aufzugeben.

Um ganz ehrlich zu sein – solche Leute sind mir als Mitarbeiter bei Diospi Suyana die allerliebsten. Mission bedeutet nämlich Hingabe und Opferbereitschaft. Mission ist kein Parkplatz, bis sie endlich ihren begehrten Studienplatz erhalten haben. Mission ist keine Auszeit, weil ihnen der Stress zu Hause über den Kopf wächst, und auch kein Lückenfüller nach Verlust ihres Arbeitsplatzes. Sie handeln sich stattdessen einen Wust an Unannehmlichkeiten und Nachteilen ein im Vertrauen auf einen Wanderprediger, der vor zweitausend Jahren ausrief: „Wer mir folgen will, der verleugne sich selbst und nehme sein Kreuz auf sich und folge mir nach!"

Trotzdem wollte Christian alle Möglichkeiten ausloten. Er wurde bei der Bezirksregierung vorstellig und bat um seine Beurlaubung.

„Für wie lange wollen Sie nach Peru gehen?", fragten die Damen und Herren mit einem mitleidigen Lächeln.

„Für fünf Jahre oder länger!", antwortete er leise.

„Ausgeschlossen!", schallte es zurück. „Für so eine Zeitspanne gibt es keinerlei Rechtsgrundlage!"

Nun hat aber Christian Bigalke eine Eigenschaft, zu der ich ihm einfach gratulieren muss: Er hat einen ganz langen Atem. Fünf Monate lang klopfte er an die Türen der Schulbehörde. Er tat es so höflich und freundlich, dass man ihn nicht ohne Weiteres im hohen Bogen auf die Straße werfen konnte. Und im gleichen Zeitraum baten er und seine Frau Verena Gott um einen Ausweg. Denn die Bigalkes wussten, dass Gott Ja sagen kann, auch wenn alle Bürokraten Nein sagen.

Was dann folgte, ist schlichtweg einzigartig. Kaum ein halbes Jahr war vergangen, da machte eine Sachbearbeiterin eine interessante Entdeckung. Sie fand einen Paragrafen, nach dem es für einen Lehrer in Nordrhein-Westfalen statthaft wäre, zwölf Jahre unbezahlten Erziehungsurlaub zu nehmen – vorausgesetzt, er hätte zu Hause für zwei Kinder zu sorgen.

Glücklicherweise sind Christian und Verena Eltern von zwei goldigen Mädchen. Sie heißen Maryse und Lisanne. Die beiden freuen sich riesig, dass ihr Papa sie jetzt zwölf Jahre lang „im Urlaub" erziehen wird. Nebenbei leitet der Papa noch eine Schule in Peru ... Aber das tut absolut nichts zur Sache.

Die heiße Phase

Woche für Woche schrieb Udo Klemenz seinen Baubericht, den ich an jedem Freitag auf unserer Webseite publizierte. Der Bauingenieur tat dies so anschaulich, dass so mancher Do-it-yourself-Freak die Schule in seinem Heimatland hätte nachbauen können. Um die Kosten zu drücken, bemühte ich mich weiterhin um Sachspenden aus dem In- und Ausland. Die PERI GmbH aus Weißenhorn stellte uns während der gesamten Bauzeit unentgeltlich die Verschalungselemente im Wert von 100 000 Euro zur Verfügung. Die peruanische Firma Celima spendete die Boden- und Wandfliesen. Alle

Lampen im Wert von 25 000 US-Dollar produzierte das Unternehmen Josfel in Lima. Der Inhaber Jorge Luis Feliu hatte bereits 2007 die Beleuchtung für unser Hospital gegen eine Spendenbescheinigung geliefert.

Kurz vor Weihnachten 2013 reiste ich nach Lima, um vor einer Gruppe katholischer Unternehmer unsere Arbeit vorzustellen. Bedingt durch den üblichen Weihnachtsstress waren in der Kirche Maria Reina nur zwölf Männer zugegen. Am Ende reichten wir uns die Hände und beteten gemeinsam das Vaterunser. An jenem Abend hörte ich viele Lobeshymnen und wohl jeder wünschte mir überschwänglich Erfolg und Gottes Segen.

Einer von ihnen, Hektor Dasso, war eher ruhiger Natur. Er gab mir seine Visitenkarte und sagte: „Herr John, den Transport von einem Container übernehme ich!" Ich hatte den Geschäftsleuten nämlich erzählt, dass drei Container mit den Schulmöbeln sowie dem Dach der Sporthalle von Lima nach Curahuasi transportiert werden müssten. Jeder Transport würde uns mit allem Drum und Dran rund 5 000 US-Dollar kosten.

In meinem Leben habe ich schon viele „hochheilige" Versprechen gehört, die danach nicht eingehalten wurden. Zwei Wochen verstrichen und ich befürchtete schon, Hektor Dasso würde es bei seiner Absichtserklärung bewenden lassen. Doch ich sollte mich irren. Am 6. Januar 2014 erhielt ich überraschenderweise eine E-Mail.

„Sehr verehrter Klaus", schrieb Hektor Dasso, „ich war mit meiner Familie auf einer Urlaubsreise im Ausland. Ich nahm ihr Buch (über Diospi Suyana) mit. Als ich anfing zu lesen, konnte ich einfach nicht mehr aufhören. Mir fehlen einfach die Worte, um dieses Werk zu beschreiben. Es ist ein großartiges Beispiel von Gottvertrauen!" Seine E-Mail spiegelte nicht die übliche südamerikanische Höflichkeit wider, sondern eine echte Gefühlsregung. Und so schrieb er weiter: „Was den Transport des Containers angeht, halte ich mein Wort und verdoppele meinen Einsatz. Morgen werde ich in aller Frühe 10000 US-Dollar überweisen!" Am nächsten Vormittag war das Geld auf unserem Konto.

Seit Beginn meiner Vortragsaktivitäten im Januar 2004 führe ich gewissenhaft Buch über jede meiner Präsentationen. Ich protokolliere den Veranstaltungsort, die Uhrzeit und die Anzahl der Teilnehmer. Außerdem notiere ich die Höhe von etwaigen Kollekten und die Namen der Organisatoren.

Rund 135000 Menschen in 24 Ländern auf 5 Kontinenten haben meinen Vortrag bisher live gesehen. Wohl alle haben geklatscht, viele einmalig gespendet. Einige wenige wie Hektor Dasso haben Diospi Suyana im großen Stil unterstützt. Die weitreichenden Entscheidungen hatten mit Rhetorik nichts, dafür aber umso mehr mit dem Herzen zu tun.

Das vielleicht beste Beispiel für diesen Sachverhalt ist der Geschäftsführer der Dresdener Ascobloc Gastro Gerätebau GmbH. Johannes Wilhelm wäre als Showmaster im Fernsehen eher ungeeignet. Schweigsam, verschlossen und wortkarg saß er zweimal mir, aber wohl zwanzigmal Michael Mörl gegenüber. Als wir ihn baten, uns die Schulküche zu spenden, wiegte er mit seinem Kopf hin und her. Er gab uns weder eine Zusage noch eine Absage. Wenn wir uns bei ihm verabschiedeten, hing stets ein großes Fragezeichen in der Luft. Aber als der Container für Peru gepackt wurde, spendete Herr Wilhelm acht nagelneue Geräte für 20000 Euro. Bei der Krankenhausküche war es ganz ähnlich gewesen. Auch damals hatte er uns über Monate hinweg ein „Vielleicht" kommuniziert. Dann im letzten Augenblick ließ er acht Küchenaggregate im Wert von 36000 Euro von seinen Leuten für die Seereise verpacken. Den Bruttopreis der Qualitätsgeräte rechnete er künstlich auf 6000 Euro herunter und bezahlte die Rechnung am Ende selbst. Nicht als Firmenchef, sondern als Privatmann. Unter den vielen Blüten, die Diospi Suyana im Laufe der Jahre getrieben hat, ist die Unterstützung von Ascobloc eine ganz besonders bunte.

Da der Schulbetrieb im März 2014 beginnen sollte, saß uns ab Herbst 2013 die Zeit im Nacken. Die baulichen Voraussetzungen mussten für den Unterricht einfach gewährleistet sein. Dafür trug Udo Klemenz die Verantwortung. Allerdings saß er seit dem Frühjahr nicht mehr allein im Baubüro. Johannes Bahr, ein junger Bauingenieur aus Regensburg, ging bei Udo quasi in die Lehre. Wir alle wussten, dass die Schule das endgültig letzte Bauvorhaben des Niederbielers sein würde. Und deshalb hoffte ich, dass der „Meister" möglichst viele Tipps aus seiner Trickkiste dem „Gesellen" Johannes mit auf den Weg geben würde.

Normalerweise vergehen in Peru viele Jahre, bis eine neue Schule eine gültige Betriebserlaubnis erhält. Martin Barreis von der Johannes Gutenberg Schule in Lima hatte uns deshalb geraten, mit der Schulbehörde ein Interimsabkommen zu schließen, das uns auch ohne Lizenz den Betrieb gestatten würde. Doch es kam ganz anders. Da eine Privatschule in Curahuasi ihren Dienst einstellte, übernahmen wir nicht nur deren Lizenz, sondern als besondere Zugabe auch ihren Direktor. Nikolas Sierra würde als Konrektor Christian Bigalke bei allen bürokratischen Angelegenheiten beraten. Diese Verkettung von Fügungen hatten nicht wir, sondern ein anderer weit über uns arrangiert. Dessen waren wir uns sicher.

Um den Jahreswechsel 2013/14 trafen die Bigalkes in Curahuasi ein. Christian begann sofort mit der Suche nach geeigneten Lehrern. Ab Januar nahm das kleine Schulbüro Anmeldungen von Kindern entgegen. Sozialarbeiterin Carolin Klett und Julianna Rolli besuchten über 200 Haushalte, um die Lebensumstände der zukünftigen Schüler kennenzulernen. Bei Wind und Regen trabten die beiden über aufgeweichte Wege von Hütte zu Hütte. Alle gewonnenen Eindrücke würden ihnen am Ende helfen, über die Vergabe von Stipendien zu entscheiden.

Am 14. März meldete sich Udo Klemenz auf unserer Webseite zu Wort. „Hallo, liebe Freunde von Diospi Suyana, der Countdown läuft unerbittlich weiter. Jetzt ist es nur noch eine Woche bis zur Einweihung. Wenn ich mir die Bilder von vor drei Wochen anschaue, hätte ich nicht zu träumen gewagt, dass wir so weit kommen würden – besonders bei den Außenanlagen!"

In Drucksituationen zeigt sich Diospi Suyana von seiner besten Seite. Bauarbeiter und Missionare wuselten wie die Ameisen über das Schulgelände. Mittendrin im Getümmel sah man Burkhart Jochum. Der Schreinermeister aus der Pfalz hatte 2007 die meisten Türen des Krankenhauses angefertigt. Als ich die Jochums zum Jahresanfang 2014 anrief und fragte, ob Burkhart sich eine kurzfristige Mitarbeit vorstellen könnte, sagte seine Frau Carolina: „Klaus, wir haben in dieser Woche auch schon über so eine Möglichkeit nachgedacht."

Dann ging alles ganz schnell. Nach einem Gottesdienst in seiner Kirchengemeinde schenkte ihm jemand das Geld für den Flug nach Peru. Kaum stand sein Koffer in einem Apartment hinter dem Krankenhaus, nahm er auch schon das erste Brett in die Hand, um Möbel zu schreinern.

Donnerstag, 13. März. In der großen Sporthalle hingen Leinwand, Beamer und LCD-Lampen an Wand und Decke. 500 gestellte Stühle boten – zusammen mit den Sitzbänken – Platz für 800 Besucher. 13 Klassenräume waren eingeräumt und sahen so gut aus, dass selbst ein Flegel wieder Lust auf

Schule bekam. Der von WPO gespendete Werkraum, der Bio-logiesaal und die Computerabteilung machten deutlich, dass die Infrastruktur des Colegio Diospi Suyana mit einer Pri-vatschule für die Oberschicht Limas mithalten könnte. Auch wenn die Restarbeiten der Anlage noch mehrere Monate in Anspruch nehmen würden, am Montag darauf könnte der Unterricht tatsächlich losgehen.

Die feierliche Einweihung der Schule am Freitag, dem 14. März, dauerte drei Stunden. Das Programm war gefüllt mit Lied- und Redebeiträgen und aufgelockert durch Multi-media-Präsentationen. Meine Frau und ich zeigten Bilder von den Meilensteinen unseres Werkes der vergangenen Jahre. Dann äußerten wir unsere Hoffnung, dass die Schü-ler mehr lernen würden als nur Chemie, Physik und Mathe-matik. Der Glaube böte eine Perspektive, die weit über den Tod hinaus reiche.

In seiner Ansprache stellte Direktor Christian Bigalke die Schule in den Kontext der peruanischen Vergangenheit, in der über Jahrhunderte hinweg soziale Gruppen benachteiligt waren. In Bezug auf die anderen Schulen im Ort betonte er den Wunsch nach Partnerschaft und Kooperation. Die Ver-treter des Erziehungsministeriums würdigten Infrastruktur und pädagogisches Konzept als richtungsweisend für den Bundesstaat Apurimac. Die verschiedenen Fahnen auf der Bühne verliehen der Zeremonie ein internationales Flair.

Alle Lehrer stellten sich selbst und ihr Fach auf humorvolle Weise vor. Offenbar fieberten sie dem Schulbeginn mehr ent-gegen als ihre Schüler. Für einige von ihnen war die Beschäf-tigung an der Diospi-Suyana-Schule sogar mit einem Umzug von Nord- nach Südperu verbunden.

Mit Standing Ovations feierte das Publikum Udo und Bar-bara Klemenz für ihren herausragenden Einsatz in der Bauleitung. Ich nannte die beiden eine lebende Legende. Damit sie bei zukünftigen Projekten von Diospi Suyana schnell nach Curahuasi zurückkehren könnten, schenkten wir ihnen symbolisch ein gebasteltes Motorrad aus Holz. In unserer Laudatio dankten wir den Architekten Linder und dem Statiker Jürgen Engel auf das Herzlichste. Selbstverständlich würdigten wir auch den Beitrag aller wesentlichen Sponsoren.

Reden gehen nicht selten zum einen Ohr hinein und zum anderen wieder hinaus. Als Damaris Huahuachampi mit gefühlvoller Stimme die Hymne von Diospi Suyana intonierte, war ihr aber die volle Aufmerksamkeit aller sicher. Carolina Jochum hatte sie für die Einweihung des Spitals 2007 komponiert und selbst getextet. Das Lied sprach von der Not der Quechuas in den Bergen Perus und der Liebe Gottes, die bei Diospi Suyana auf glaubhafte Weise sichtbar geworden war.

Das Colegio Diospi Suyana

Montagmorgen, 17. März 2014. Auf dem Schulhof standen 180 Schüler geschniegelt und gebügelt in Reih und Glied. Ihre lila Jacken lagen voll im Trend der Modefarbe des Jahres. Sie harmonierten vorzüglich mit den grauen Hosen und Röcken. Das rot-gelbe Logo von Diospi Suyana zierte vom Strumpf bis zum Hemdkragen jedes Kleidungsstück.

Die meisten Kinder waren Peruaner mit dunkler Hautfarbe und schwarzen Haaren. Dazwischen leuchteten die hellen Köpfe der Missionarskinder, die immerhin 10 Prozent der Schüler ausmachten. Das Experiment einer internationalen Schule mit Kindern und Jugendlichen aus allen Schichten der

Bevölkerung hatte begonnen. Wie so eine heterogene Truppe zu einer einheitlichen Schülerschaft mit „Wir-Gefühl" geformt werden könnte, wusste nur einer: Direktor Christian Bigalke. Keiner der peruanischen Lehrer hatte irgendwelche Vorkenntnisse von europäischer bzw. US-amerikanischer Pädagogik. Es blieb zu hoffen, dass ihr Enthusiasmus sie auf dem langen steinigen Pfad der Schulgründung nicht verlassen würde. Zu den Missionarslehrern zählten die Ungarin Julianna Rolli, die Deutsche Lilli Warkentin, die Amerikanerin Alison Caire und einige Monate später die Österreicherin Manuela Trinker sowie die Deutsche Damaris Brudy.

Während der Schulbetrieb langsam in die Gänge kam, ging der Bau der Schule munter weiter. Die friedliche Koexistenz zwischen Schülern und Bauarbeitern funktionierte prächtig. Die wöchentlichen Schulgottesdienste feierten sogar beide Gruppen gemeinsam. Udo Klemenz nahm auf den Unterricht Rücksicht, wo er nur konnte. Erst wenn der letzte Schüler das Gelände zur Mittagszeit verlassen hatte, ging der Lärmpegel steil nach oben.

Sie können den Erfolg eines Projektes beschwören und herbeisehnen, aber nicht erzwingen. Die Realität zeigte bald, wie viel Überzeugungsarbeit Christian Bigalke leisten musste, um den anfänglichen Optimismus seines Teams zu erhalten. Einige Schüler der fünften Klasse waren des Schreibens und Lesens kaum mächtig. Da sie sich als halbe Analphabeten durch die ersten Jahre ihrer schulischen Karriere gemogelt hatten, waren traurige Rückschlüsse auf die Qualität des peruanischen Bildungswesens durchaus berechtigt.

Es dauerte nicht lange und die ersten Eltern von Missionarskindern äußersten ihre Unzufriedenheit über den mangelnden Bildungsfortschritt. Sie hatten wohl irrtümlich angenommen, dass das Colegio Diospi Suyana einer Schule in den USA oder Europa entsprechen würde. In einer Krisensitzung mit allen Missionarseltern wiesen Tina und ich auf die Vorzüge der Schule hin und stärkten Christian und seinem Lehrkörper vehement den Rücken. Nur mit Geduld und harter Arbeit konnte es gelingen, das Schulniveau eines so bunten Haufens anzuheben. Die Voraussetzungen vieler peruanischer Kinder hätten ungünstiger nicht sein können.

Maria, eine Schülerin aus der zweiten Klasse, wuchs zum Beispiel in einer Familie ohne Vater auf. Ihr Zuhause war ein unverputztes Lehmhaus mit einer einzigen Wasserstelle auf dem Hof. Wenn sie ihr Frühstück zu sich nahm, saß sie mit ihren Geschwistern auf dem Bett, denn ein Tisch fehlte im Haus. Das Bett diente gleich drei Personen als Schlafplatz in der Nacht. Maria kannte ihren Vater nicht. Ihre Mutter war vergewaltigt worden, als sie in Lima als Hausmädchen arbeitete. Keiner der verschiedenen Väter ihrer Geschwister war in der Familie präsent. Den Unterhalt für die Familie verdiente die Mutter als Tagelöhnerin auf den Feldern von Curahuasi.

Ähnlich war es bei Anderson. Der Junge besuchte die 4. Klasse. Auch er lebte unter Bedingungen extremer Armut in einem einfachen Lehmziegelhaus. Sein Vater litt an Alkoholsucht und je nach Laune schlug er Anderson und seine Geschwister, bis sie grün und blau wurden. Seine Mutter hatte keine geregelte Arbeit, sondern suchte ständig irgendwelche Gelegenheitsjobs.

Das Colegio Diospi Suyana ist für Kinder wie Maria und Anderson ein Geschenk des Himmels. Sie erhalten eine gute Schulausbildung, lernen Disziplin, Pünktlichkeit und Ordnung. Aber bedeutsamer noch ist die liebevolle Behandlung durch die Lehrer. Da die Väter in den Familien oft fehlen oder als Alkoholiker ihre Rolle als Erzieher nicht ausfüllen, sehen sich unsere Pädagogen mit einer Herkulesaufgabe konfrontiert. Zunächst versuchen sie ein Vertrauensverhältnis zum Schüler herzustellen und dann sein Selbstwertgefühl zu stärken.

Während des ersten Jahres haben Direktor Bigalke und sein Lehrerteam eine beeindruckende Aufbauarbeit geleistet. Die Energie für ihre kräftezehrende Tätigkeit gewinnen sie aus ihrem Glauben an Gott. Sie wollen sich mit dem entsetzlichen Status quo der Kinder nicht abfinden, sondern aktiv und geduldig an einer Veränderung ihrer Lebensumstände arbeiten. Langfristig wird die Diospi-Suyana-Schule den Distrikt Curahuasi nachhaltig verändern, daran besteht kein Zweifel.

Wer bezahlt die Rechnung?

Kosten der Betrieb eines Spitals und der Unterhalt einer Schule eigentlich Geld? Selbstverständlich! Und wie wurden die ganzen Ausgaben für die Errichtung der Infrastruktur bestritten? Von Anfang 2004 bis zum Jahresende 2020 hat Diospi Suyana ziemlich genau einen Betrag von 35 Millionen US-Dollar an Sach- und Geldspenden erhalten. Die finanzielle Unterstützung der vielen Missionare ist dabei nicht einmal berücksichtigt. Das ist für manchen schon eine schwindelerregende Summe. Lassen Sie mich anhand von einigen Zahlen kurz zusammenfassen, wie wir dieses Geld investiert haben.

Das Hospital Diospi Suyana wurde gebaut und mit moderner Technik ausgerüstet. Die Dental- und Augenklinik entstanden mit bester Ausrüstung. Als drittes Projekt errichteten wir das Kinderhaus für die Kinderklubs und schließlich eine Schule mit Platz für 600 Kinder. Von Oktober 2007 bis zum März 2021 registrierten wir über 412 000 Patientenbesuche, deren Behandlung im Durchschnitt zu zwei Drittel vom Wohltätigkeitsfonds bezahlt wurde. Über 1000 Patienten kamen in den Genuss einer intensivmedizinischen Betreuung und 13 500 Operationen führten unsere Chirurgen in dieser Zeitspanne durch.

Jeden Monat erhalten rund 220 peruanische Angestellte ihre Löhne, natürlich mit Beiträgen für die Krankenkasse und Rentenzahlungen. Und täglich werden Verbrauchsartikel benötigt – von Medikamenten, Pflastern und Spritzen bis hin zu Druckerkartuschen in der Verwaltung und Nägeln für die Werkstatt. Woche für Woche betreuen unsere Mitarbeiter 400 Kinder in den Klubs und mittlerweile fast 400 Schüler in der Schule.

Wenn Sie die Einrichtungen von Diospi Suyana besuchen, werden Sie gleich sehen, dass in bester Qualität gebaut, gearbeitet und behandelt wird. Da drängt sich doch unweigerlich die Frage auf, wie mit so „wenig" Geld (35 Millionen US-Dollar) so viel bewirkt werden konnte. Ohne Zweifel hätten all diese Projekte und Serviceleistungen in einem Land der westlichen Welt die zehnfache Summe verschlungen.

Ich führe diese erstaunliche Bilanz auf den Segen Gottes zurück. Jesus hat einmal mit fünf Broten und zwei Fischen eine Volksmenge von 5000 Menschen gesättigt. Und bei Diospi Suyana funktioniert es ganz ähnlich. Gott machte viele Menschen bereit, für unsere Arbeit zu spenden. Es flossen Ströme von Herzblut und über 1000 Menschen haben sich entschlossen, Diospi Suyana durch regelmäßige Gaben zu unterstützen. Ohne ihre Treue könnte unser Werk nicht überleben.

Unzählige Aktionen wurden von Enthusiasten durchgeführt, die mitunter an Rekorde aus dem Guinness-Buch erinnern. Einige davon möchte ich hier beispielhaft erwähnen.

Jörg und Swantje Böttger leben als Rentner in Schmachtenhagen bei Berlin. Sie laden einmal im Monat zu einem besonderen Dinner ein. Die beiden kaufen die Zutaten und gemeinsam mit Freunden wird dann munter gekocht. Meist kommen um die 30 Gäste. Die Feinschmecker genießen die lukullischen Köstlichkeiten und am Ende geht ein Klingelbeutel rum, dessen Inhalt natürlich an Diospi Suyana in Peru überwiesen wird. Wir können nur erahnen, wie viel Arbeit es ist, einen solchen Event auszurichten. Wie oft haben die Böttgers diesen Kraftakt geschafft? Was meinen Sie, vielleicht fünfmal oder gar zehnmal? Bis Ende 2020 haben sie 156 dieser Feste organisiert!

Jörg sagte mir einmal: „Klaus, wir haben uns vorgenommen, bis 100 durchzuhalten!"

Und ich habe mit der Frage geantwortet? „Jörg, warum nicht bis 200?" Jetzt wissen Sie auch, warum meine Mama früher sagte, ich sei ein frecher Lausbub.

Christine Fleck aus Kirchheimbolanden schrieb mir vor Jahren von ihrer glorreichen Idee, in ihrer Pfanne Granola zu brutzeln und das Ergebnis in Tüten verpackt für Diospi Suyana zu verkaufen. Wenn ich ganz ehrlich sein soll, hielt ich das für ziemlichen Blödsinn. Zugegebenermaßen bin ich keine Hausfrau und unterschätze deshalb schnell die Durchschlagkraft einer Küchenproduktion. Bis 2020 hat Christine Fleck am heimischen Herd und in einer nahen Bäckerei über 95 000 Euro für Diospi Suyana erwirtschaftet. Zweifelsohne besitzt sie eine außergewöhnliche Pfanne. Aber Sie werden mir wohl beipflichten, dass sie auch über ein seltenes Durchhaltevermögen verfügt. Wäre sie ein Mann, dann hätte sie sicherlich schon den Triathlon-Titel des „Ironman Hawaii" gewonnen, und zwar in Serie.

Seit 2004 berichten wir fünfmal im Jahr über die Fortschritte unserer Arbeit. Bis zum Druck dieses Buches waren es schon 84 Infobriefe in bester Ausführung, die mittlerweile in einer Auflage von fast 10000 Exemplaren verschickt werden. Gelegentlich bitten einige Unterstützer um E-Mail-Briefe, weil sie gerne Kosten einsparen möchten. Aber wir sind bei den Druckerzeugnissen geblieben. Und das hat natürlich seine Gründe. Die Druckerei Klaus Koch aus Wiesbaden Nordenstadt hat sowohl das Papier als auch den Druck aller Infobriefe gesponsert. Alle Druckereien, die ich kenne, stehen in einem harten Wettbewerb und ihre Inhaber sind nicht gerade auf Rosen gebettet. Aber Andreas und Matthias Koch sehen seit über einem Jahrzehnt in dieser unglaublichen Großzügigkeit ihren Beitrag zu unserem Werk. Das Etikettieren der meisten Rundbriefe haben bisher Freiwillige übernommen, die nach dem 10000sten Handgriff fast dem Wahnsinn verfallen oder rammdösig in ihre Sessel sinken.

Unsere Infobriefe liegen auf unzähligen Wohnzimmertischen, sie hängen an Kühlschränken oder dienen als wertvolle Klo-Lektüre. Ein Exemplar wird von allen Familienmitgliedern gelesen und irgendwann an die Frau Nachbarin weitergereicht. Eine E-Mail hätte nie und nimmer den gleichen Wirkungsgrad. Und dank unserer treuen Freunde ist es uns weiterhin möglich, die Erfindung von Johannes Gutenberg sinnvoll zu nutzen.

Kennen Sie die Flyer von Diospi Suyana? Das Logo ist rotgelb und die Grundfarbe unserer Publikationen ein dezentes Beige. 2004 hat Grafikdesigner Bernd Schermuly die Corporate Identity unseres Vereins definiert. Er hat ein großes Verständnis für Raum und Farben und einen Blick für das Wesentliche. Im Oktober 2013 machte er sich ans Werk, um die Webseite von Diospi Suyana neu zu erfinden. Es wurde ein Kraftakt erster Güte. Nach über 100 Stunden Arbeitszeit hatte er das umfangreichste Vorhaben seiner Designer-Karriere vollendet. Die wenigsten wissen, dass Bernd Schermuly diese Leistung umsonst erbracht hat. Mehrere integrierte Programme auf der Webseite hat er gekauft und Diospi Suyana zur Verfügung gestellt. Mit Argusaugen überwacht er die Aktivitäten der Benutzer und er ist der Erste, der Hackern auf die Schliche kommt. Seine Spende liegt längst im fünfstelligen Bereich.

Schülerin Agens Kloft initiierte ein Benefizkonzert an der Deutschen Schule in Stockholm. Organist Michael Raithelhuber gab in Stuttgart an der Katholischen Kirche St. Maria ein Orgelkonzert für Diospi Suyana. In Reutlingen erspielte die Rockgruppe „anna mo" mit sanften Balladen 2 000 Euro für die gute Sache und die Italienerin Sefora Nelson sang sich in Wuppertal in die Herzen ihrer Zuhörer, natürlich ohne Gage. Und auch die Freie Christliche Schule in Frankfurt musizierte zugunsten unseres Missionsspitals. Im Laufe der Jahre haben junge und alte Künstler bei ähnlichen Anlässen große Spendenbeträge gesammelt und gleichzeitig sehr öffentlichkeitswirksam für Diospi Suyana geworben.

Schulsprecherin Lisa Höfler brachte 1 000 Schüler des Gymnasiums zu Burkstädt kräftig ins Schwitzen, indem sie einen Benefizlauf für Diospi Suyana vorbereitete. Um die Leistungsbereitschaft anzustacheln, sahen alle Teilnehmer zuvor den Diospi-Suyana-Film. In Gelnhausen drehten 85 Läufer der Evangelischen Kirche des Nazareners 1 527 Runden auf dem Sportplatz und sammelten dadurch über 4 000 Euro.

Die einen verbrennen Kalorien für unsere Arbeit und andere verkaufen Hochkalorisches mit dem gleichen Zweck. Niemand weiß, wie viele Kuchenbasare fleißige Frauen in den letzten Jahren für Diospi Suyana veranstaltet haben. Und die katholische Kolpinggruppe aus Celle schlachtete sogar zwei Schweine und ließ dabei als Hintergrundmusik die Glocken läuten.

Alle diese Aktionen haben maßgeblich dazu beigetragen,

dass wir bisher keinen einzigen armen Patienten am Spital abweisen mussten. Unsere Freunde haben mit ihrer Begeisterung nicht nur finanziell Großartiges erreicht, sondern uns auch ermutigt, bei allen Widrigkeiten niemals aufzugeben.

Dieser Aspekt der Ermutigung stand Pate, als Theologe Markus Wehrstedt, Astrophysiker Michael Wehrstedt und Verwaltungsangestellte Angelika Brünger ihre Encourager-Stiftung gründeten. Seit 2005 haben sie uns in Peru mit regelmäßigen Spenden bedacht.

Geburtstags- und Hochzeitspenden, Jubiläen und Trauerspenden haben im großen Stil zum Bau und Unterhalt unserer Arbeitszweige beigetragen. Wie könnten wir jemals all diesen Gönnern gebührend danken? Aber wir sind sicher, dass Gott sich nichts schenken lässt und mit seinem Segen doppelt und dreifach zurückzahlt.

Der Auftrag im Morgengrauen

Es gibt Menschen, die propagieren enthusiastisch großartige Pläne. Aber es fehlt ihnen schlichtweg das Durchhaltevermögen und die notwendige Arbeitsethik. Ihre kühnen und groß angekündigten Ideen verlaufen sich bald im Sande, was sie jedoch nicht davon abhält, mit neuen Einfällen aufzuwarten. Umgangssprachlich beschreibt man solche Zeitgenossen als „Leute mit einer große Klappe und nichts dahinter".

Von einem ganz anderen Kaliber ist Walter Enders. Der bodenständige Sachse macht auf mich seit meiner Jugendzeit einen nüchternen Eindruck. Fünfzehn Jahre lang hat er als Kastellan in einer Wiesbadener Kirchengemeinde gearbeitet. Diese Tätigkeit war ihm dank seiner Gewissenhaftigkeit und seinem großen Sinn für Verantwortung auf den Leib geschneidert. Also dieser Mann, der mit beiden Beinen auf dem Boden der Tatsachen steht, hat in seinem Leben viele Segnungen erfahren. Eine von ihnen ist sein ausgezeichneter Schlaf. Ich wüsste nicht, wer besser schläft, Walter Enders oder ein Murmeltier. Wenn der Wecker am Morgen ertönt, schlägt er seine Augen auf, aber auch keine Minute früher. So war das bei ihm immer, allerdings nicht am 20. Juli 2005. Deshalb wird er jenen Mittwoch nie vergessen, obwohl der Tag bereits über zehn Jahre zurückliegt.

Um 5 Uhr wird er wach und hört, wie Gott durch eine leise Stimme zu ihm spricht. Er erhält klare Anweisungen. „Nimm dir ein Einweckglas mit Kippverschluss und mach einen Schlitz in den Deckel. Besorg dir ein Schloss, verschließ das Glas und schreib darauf: „Für das Glaubenswerk in Peru dankt dir Gott für jeden Cent, damit das Hospital schnell wächst und lebt!"

Passend zum überraschenden Auftrag sieht Walter ein inneres Bild mit dem fertigen Produkt vor sich.

Um 7 Uhr steht Walter Enders in der Werkstatt des Gemeindezentrums. Er findet ein Einweckglas und versucht mit einer Flex-Scheibe einen Schlitz in den Glasdeckel zu schleifen. Er kann gar nicht so schnell schauen, wie ihm die Scherben um die Ohren fliegen. So wird das nichts! Hat er sich im Bett etwa verhört, vielleicht sogar halluziniert? Nein, der Auftrag kam von Gott, da ist sich Walter ganz sicher.

Ein wenig später betritt unser Hausmeister ein kleines Haushaltswarengeschäft in Wiesbaden. „Ich brauche Einweckgläser mit Kippverschluss. Haben Sie so etwas vorrätig?"

Der Verkäufer schüttelt den Kopf. „Nein, weder im Laden noch im Lager haben wir solche Einweckgläser. Aber ich könnte Ihnen welche bestellen!"

Da mischt sich ein anderer Kunde in das Gespräch ein:

„Was Sie suchen, gibt es gerade bei Wal Mart im Sonderangebot. Das Stück kostet dort nur etwas über 2 Euro!"

Walter Enders wird im ersten Stock des Supermarktes fündig. Nun macht er sich auf den Weg zu einer Glaserei. „Bitte fräsen Sie mir einen Schlitz in den Deckel!"

Die Antwort im ersten Laden lautet: „Das geht nicht!" Im zweiten hört er das Gleiche. Auch der dritte Laden schickt ihn fort, aber er erhält einen Tipp. In Mainz gebe es eine Glaserei, die so etwas vielleicht anfertigen könnte.

Nun fährt er über die Rheinbrücke nach Rheinland-Pfalz. Bei der Firma Glasbau Mainz GmbH zuckt ein Mitarbeiter nur mit den Achseln, als er von Walters Anliegen hört. „Ich kann für nichts garantieren, aber wenn Sie unbedingt wollen, probiere ich es mit dieser Spezialfräse!"

Zwei Sekunden später befindet sich der schönste Schlitz dort, wo er hinsoll. Das Einweckglas hat sich in ein durchsichtiges Sparschwein verwandelt.

Seit 2005 hatten wir über 80 Einweckgläser in Geschäften, Arztpraxen, Apotheken und sogar in Friseursalons im Einsatz. So manche Kunden steckten 5- und 10-Centstücke ihres Wechselgeldes in die gläsernen Behälter. Bis zum Redaktionsschluss dieses Buches kamen auf diese Weise ca. 20 000 Euro für das Hospital Diospi Suyana in Peru zusammen. Ich meine, das ist ein vortreffliches Ergebnis.

Walter Enders hatte Gott an jenem Morgen zu sich reden hören, zwar völlig unerwartet, aber unmissverständlich. Meine Frau und ich standen damals kurz vor unserer Ausreise nach Peru, wo wir das Mammutprojekt Diospi Suyana in Angriff nehmen wollten. Die Aktion von Walter hat uns damals wie heute angespornt. Sie ist ein weiteres Beispiel für die alte Wahrheit, dass die Wege Gottes verschlungen und rätselhaft sein können. Und es treibt das Motto der Pfadfinder auf die Spitze: „Allzeit bereit!"

Vom Himmel hoch im Hubschrauber

6. Juni 2011. Um Mitternacht verfestigte sich der Trend und am nächsten Morgen war es ganz sicher. Der nächste Präsident Perus würde Ollanta Humala heißen. Der Oberstleutnant hatte sich gegen Keiko Fujimori durchgesetzt. Die Tochter des ehemaligen Diktators Alberto Fujimori hatte noch eine Woche zuvor in den Umfragen knapp vorn gelegen, aber im Endspurt war sie am Wahltag auf 48,5 Prozent abgerutscht. Meine Frau und ich verspürten ein unangenehmes Gefühl in der Magengegend.

Ollanta war kein unbeschriebenes Blatt. Im Jahr 2000 hatte er mit einigen getreuen Militärs gegen den damaligen Präsidenten Fujimori den Aufstand geprobt. Sein Bruder Antauro saß im Gefängnis wegen eines anderen Putschversuchs. Und sein Vater Isaac Humala galt als Mitbegründer einer linksradikalen Partei. Aus dem Umfeld der Familie Humala verbreiteten die Medien markige Sprüche. Würde der neue starke Mann im Präsidentenpalast vielleicht die Ausländer des Landes verweisen und ihre Firmen verstaatlichen? In einer Fernsehsendung hatte er mit seiner linken Hand auf die Bibel geschworen, die Verfassung nicht außer Kraft zu setzen. Aber was war diese theatralische Geste wirklich wert – von einem Mann, der mit Kirche und Glauben, wie es hieß, nichts zu tun hatte? Könnte es sein, dass unser Missionsspital womöglich ins Visier seiner militanten politischen Freunde geraten könnte? Im Laufe der Geschichte waren weltweit schon Hunderte Missionsspitäler von ungnädigen Regierungen verstaatlicht oder sogar geschlossen worden.

Mir wurde klar, dass wir den direkten Kontakt zum neu gewählten Präsidentenehepaar suchen sollten. Das wäre unsere beste Reaktion auf die aktuelle politische Veränderung. Aber wie ließe sich so eine Verbindung arrangieren?

Ich kannte keine wichtigen Mitglieder seiner Gruppierung und weltanschaulich lagen der neue Staatschef und wir offensichtlich meilenweit auseinander. Aber es kam auf einen Versuch an. Natürlich wusste ich, dass Gott jede verschlossene Tür öffnen kann.

Schon im Wahlkampf hatte ich meine Fühler zu Ollanta Humala und seiner Gattin Nadine Heredia ausgestreckt. Am 15. April 2011 besuchte uns eine Abordnung von Adifan. Dieser Verbund von 15 peruanischen pharmazeutischen Unternehmen beabsichtigte, unsere Arbeit mit einer großzügigen Medikamentenspende im Wert von rund 50 000 US-Dollar zu unterstützen. Zwei Direktoren, angeführt von ihrem Präsidenten Luis Caballeros, wollten in einer feierlichen Zeremonie im Anschluss an den Morgengottesdienst des Spitals die zahlreichen Kisten mit der wertvollen Medizin überreichen.

Die Rede von Luis Caballeros in der voll besetzten Krankenhauskirche war in jeder Beziehung denkwürdig. Er sah die vielen armen Patienten vor sich auf den Stühlen sitzen und realisierte in diesem Moment vielleicht zum ersten Mal, was Diospi Suyana für Tausende an hoffnungslosen Patienten im Bergland bedeutete. Was auch immer in seinem Kopf vor sich ging, weiß ich nicht. Aber er stand vorn am Pult und rang nach Worten, während ihm Tränen über die Wangen liefen.

Als er sich einigermaßen gefasst hatte, erzählte er einem atemlos lauschenden Publikum, wie er zum ersten Mal von Diospi Suyana gehört hatte. Eines schönen Morgens habe ein roter Bildband über das „Krankenhaus des Glaubens" auf seinem Schreibtisch gelegen. Er habe nie erfahren, auf welche geheimnisvolle Weise jenes Buch in sein Büro gelangt sei. Auf jeden Fall hätten die vielen ausdrucksstarken Fotos des Buches sein Herz berührt.

Ich saß in der ersten Reihe und nickte, denn ich kannte diese Geschichte. Kurz nach dem Lesen des Buchs, von dem uns die peruanische Firma Neptunia einmal 1 500 Exemplare geschenkt hatte, hatte er mich über E-Mail in sein Büro eingeladen und eine ganz private PowerPoint-Präsentation bekommen.

Patienten und Mitarbeiter wurden an diesem Morgen Zeugen, dass Luis Caballeros in der Tat gepackt war. Eine Rundführung durch die verschiedenen Abteilungen des Krankenhauses verstärkte seine große Sympathie für unsere Arbeit. Am Abend saßen er und seine zwei Kollegen an unserem Esstisch zu Hause und genossen Suppe und Hauptgericht aus dem erstklassigen Repertoire meiner Frau. Natürlich besprachen wir auch die politischen Ereignisse und spekulierten über die Gewinnchancen der beiden Präsidentschaftsanwärter.

„In zwei Tagen werden Ollanta Humala und Nadine unserer Gesellschaft Adifan einen Besuch abstatten", äußerte sich Sr. Caballeros nicht ohne Stolz. „Ich könnte bei dieser Gelegenheit eine Einladung von Diospi Suyana persönlich überreichen!"

So ein Satz zwischen Lasagne und Dessert weckte sofort meine volle Aufmerksamkeit. „Würden Sie das wirklich für uns tun?", rief ich mit allen Anzeichen höchsten Interesses.

„Selbstverständlich", versicherte unser Gast und schaute befriedigt drein. „Es wäre für mich eine große Ehre, Ihnen helfen zu dürfen!"

Luis Caballeros hielt Wort. Meine Einladung, mit vielen bunten Bildern verziert und durch einige Zeitungsartikel ergänzt, erreichte tatsächlich den richtigen Adressaten. Eine Reaktion blieb allerdings aus.

Gegen 10 Uhr betrat ich am 25. April 2013 das Amtszimmer des deutschen Botschafters. In regelmäßigen Abständen besuche ich die deutsche diplomatische Vertretung, um den jeweiligen Botschafter über unsere Aktivitäten auf dem Laufenden zu halten. Ich dankte Joachim Christoph Schmelling für seine Unterstützung bei der Freigabe unseres Containers Nr. 32 drei Monate zuvor. Doch der Botschafter war mit mir diesmal nicht zufrieden. In unserem letzten Infobrief hatten wir die Freigabe des Containers in erster Linie den Gebeten unserer Freunde in aller Welt zugeschrieben. Mit dieser Interpretation war Herr Schmelling nicht einverstanden.

Missmutig und mit einer erstaunlichen Schärfe sagte er: „Nicht Gott hat Ihnen geholfen, sondern die deutsche Botschaft!" In dem folgenden kurzen Wortwechsel ließ er durchblicken, dass Gott für ihn nicht wirklich existierte. Logischerweise könne jemand, der nicht da sei, auch nicht aktiv werden.

Sicherlich hätte ich gut daran getan, mich freundlich, aber schnell vom Herrn Botschafter zu verabschieden. Wenn die Atmosphäre schlecht ist, sollte man nicht noch weitere Themen zur Sprache bringen. Aber da aus mir wohl ohnehin kein guter Politiker geworden wäre, entschloss ich mich, die miese Stimmung einfach zu ignorieren.

„Herr Botschafter", sagte ich mit der größten Ehrerbietung, zu der ich in jenem Augenblick fähig war, „könnten Sie sich vielleicht dafür einsetzen, dass die Präsidentengattin meine Frau und mich empfängt?"

„Nein, das werde ich nicht tun", bemerkte Herr Schmelling wenig verbindlich. „Es ist extrem schwierig, so eine Audienz einzufädeln. Viele würden gerne mit der First Lady sprechen. Wenn ich mich für Sie verwende, müsste ich das auch für andere Leute tun!"

Ich sah das abweisende Gesicht des Botschafters und schwieg bedrückt. Es war wirklich an der Zeit zu gehen. Aber das Gespräch war noch nicht beendet, denn der Botschafter schlug ein zweites Mal in die gleiche Kerbe. „Herr John", sagte er mit strenger Stimme, „so ein Treffen mit dem Präsidenten oder seiner Gattin ist extrem unwahrscheinlich!"

In diesem Moment hatte ich eine Art Déjà-vu-Erlebnis. Meine Gedanken eilten zurück in den Sommer 2006. In einem Telefongespräch hatte mir der damalige deutsche Botschafter Dr. Kliesow nachdrücklich versichert, dass mein Wunsch nach einem Termin bei der First Lady Pilar Nores mit den Realitäten nichts gemein hätte. Und dass er mir bei so einem vorwitzigen Anliegen auch nicht helfen wolle. Aber ziemlich genau einen Monat nach diesem Gespräch hatte die Gattin des Staatspräsidenten Alan Garcías meine Frau und mich empfangen.

Ich schöpfte Hoffnung. Wenn Botschafter Schmelling sich jetzt so sicher war, dass Nadine Heredia „dem kleinen Klaus John" wohl nie einige Minuten ihrer kostbaren Zeit schenken würde, dann wäre genau dieses unwahrscheinliche Szenario mit Gottes Hilfe möglich. Vielleicht sogar gerade deshalb, weil Herr Schmelling Gott nicht auf seiner Rechnung hatte.

Am 21. Juni 2013 kam ich meinem gesetzten Ziel schon deutlich näher. Der Kongressabgeordnete Jesus Hurtado vermittelte mir eine Audienz bei Ana Jara, die als Ministerin dem Frauenressort vorstand. Sie gehörte der Partei des Präsidenten an und was noch schwerer wog: Sie hatte ein enges Verhältnis zur First Lady Nadine Heredia. Ana Jara kämpfte mit der eigenen Müdigkeit, als ich ihr und dem Vizeminister am Abend die Geschichte von Diospi Suyana erzählte. Bewusst hob ich an einigen Stellen der Präsentation meine Stimme, um sie aus ihrem Minutenschlaf zu wecken.

„Wie kann ich Ihnen helfen?", fragte Ana Jara am Ende meiner Ausführungen mit südamerikanischer Höflichkeit. Ich musste mir meine Antwort nicht lange überlegen, denn natürlich war ich nicht nach Lima geflogen, um fünfundvierzig vergnügliche Minuten mit einer Ministerin zu verbringen. „Bitte arrangieren Sie für mich ein Treffen mit der Gattin des Präsidenten!"

Meine Bitte schien ihr einzuleuchten, denn besonders karitative Organisationen können die Rückendeckung durch das Präsidentenehepaar gut gebrauchen. Die Einfuhr von Sachspenden und der tägliche Kampf mit den Behörden finden nicht selten nur mithilfe wichtiger Persönlichkeiten aus Politik und Wirtschaft ein positives Ende.

„Gut, ich werde mich für Sie verwenden", versprach die Ministerin. Und wohlmeinend fügte sie hinzu: „Wenn ich Ihnen einen kleinen Tipp geben darf … Dann nehmen Sie alle Fotos vom früheren Präsidentenehepaar aus ihrem Vortrag!"

Als ich wenig später in die kühle Abendluft Limas trat, atmete ich tief durch. Mein Plan schien aufzugehen. Doch die Tage vergingen und aus Wochen wurden Monate. Die ersehnte E-Mail aus dem Büro der Ministerin traf nicht ein. Nach einem halben Jahr war mir klar, dass Ana Jara mich schlichtweg vergessen hatte.

Manchmal sah ich das Präsidentenehepaar in einer Zeitschrift abgebildet und seufzte leise vor mich hin. Ollanta Humala und Nadine Heredia blieben unerreichbar. Sie waren für mich viel weiter entfernt, als die tausend Kilometer zwischen Lima und Curahuasi vermuten ließen.

Müde stieg ich am 28. Mai 2014 in Cusco aus dem Flugzeug. Die vergangenen drei Wochen waren endlich vorbei. Meine Reise durch England, Spanien und Deutschland mit den vielen Vorträgen auf dem Präsentierteller eines Podiums hatten mich ziemlich geschlaucht. Wie schön, dass meine Frau mich direkt am Flughafen abholen würde und wir die folgenden zweieinhalb Stunden nach Hause gemeinsam im Auto verbringen konnten.

Tina steuerte den Wagen gerade umsichtig über die gewohnte Ausfallstraße von Cusco, als das Handy klingelte.

Ich drückte auf die Empfangstaste und hatte den Verwaltungsleiter Stefan Seiler in der Leitung.

„Ich wollte euch nur kurz mitteilen, dass übermorgen der Präsident auf unserem Hubschrauberlandeplatz landen wird!"

„Tatsächlich?", fragte ich ein wenig skeptisch. In Peru arbeiten viele Köche tagtäglich in der Gerüchteküche. Nicht wenige Sensationsmeldungen entpuppen sich als Wunschdenken, Zeitungsenten und Wichtigtuerei.

Doch Stefan war sich seiner Sache anscheinend recht sicher. „Ja, der Präsident kommt wirklich. Gerade inspizieren seine Sicherheitsbeamten unseren Hubschrauberlandeplatz!"

Am nächsten Morgen besuchte ich den Bürgermeister in einer anderen Angelegenheit. Am Ende ließ ich mir vom höchsten Würdenträger der Stadt seine Sicht der Dinge bezüglich des möglichen Präsidentenbesuchs erzählen. Guillermo Vergara umriss kurz, worum es ging. Seine Augen blitzten, als er mich in die höhere Politik einführte. Nicht nur der Präsident, sondern auch alle Minister des Kabinetts würden keine vierundzwanzig Stunden später mit drei Hubschraubern Curahuasi anfliegen. Die Landung des Helikopters vom Staatschef sei allerdings im Stadion von Curahuasi vorgesehen. Den ganzen Tag über würden die Offiziellen aus Lima mit zahlreichen Bürgermeistern des Bundesstaates Apurímac im und vor dem Rathaus verhandeln. Apurímac besteht aus 80 Distrikten. Warum der Staatschef jene politische Konferenz ausgerechnet im Distrikt Curahuasi abhalten wollte, erzählte mir der Bürgermeister nicht.

Ein wenig enttäuscht ging ich die Stufen vom dritten Stock des Bürgermeisteramtes nach unten. Wie es schien, waren wir haarscharf um einen direkten Kontakt mit dem peruanischen Präsidenten gebracht worden. Das Protokoll hatte uns einfach einen Strich durch die Rechnung gemacht. Ich seufzte, es war wirklich zu schade! Wenn der Staatschef auf unserem Landeplatz aus dem Hubschrauber steigen würde, hätten wir die Möglichkeit, ihn zu begrüßen und vielleicht sogar zu einem Abstecher ins Spital einzuladen. Wenn. Wenn. Wenn. Aber schon als Kinder lernten wir die alte Lebensweisheit: „Wir sind keine Leute von *wenn* und *hätt* ... und damit basta!"

Bis in die Nachtstunden tagten die Beamten aus Lima mit den Mitarbeitern des Rathauses, um alle Details der Konferenz generalstabsmäßig abzustecken. Agustin Landeras, der Chef unserer Logistikabteilung, saß auch am Tisch und versuchte, im Rahmen seiner begrenzten Möglichkeiten an den Planungen mitzuwirken. Und siehe da, als ich am Freitagmorgen um halb acht das Krankenhaus betrat, hörte ich von einer Protokolländerung. Die Chefsekretärin des Präsidenten, Maria Elena Juscamaita, ließ mich wissen, dass der Präsident doch auf unserem Krankenhausgelände landen würde. Allerdings müsse er sofort zum zentralen Platz der Stadt gefahren werden, um zu den Bürgern zu sprechen.

„Señora", beteuerte ich, „wir möchten den Staatschef doch nur für ein paar Minuten auf eine kleine Runde durch das Spital führen. Darf ich Sie gerade mal zu einer Minibesichtigung einladen?" Keine fünf Minuten später standen wir beide wieder im Eingangsbereich des Krankenhauses.

Frau Juscamaita war begeistert. „Sie leisten hier einen ganz tollen Dienst für die Armen unseres Landes. Es wäre wünschenswert, wenn der Präsident das sehen könnte!" Diesen Kommentar hatte ich erwartet, aber das, was die Dame mir danach sagte, versetzte mich geradezu in Ekstase.

„Ich kenne Sie und Ihre Frau schon seit 2009", klärte die Chefsekretärin des Präsidenten mich auf. „Als es damals um Ihre Ehrenstaatsbürgerschaft ging, habe ich im Innenministerium diesen Vorgang mit bearbeitet und am Ende unterschrieben. Ich habe den größten Respekt vor Ihrer Mission!" Mit diesen Worten reichte mir die Dame ihre Visitenkarte mit ihren Kontaktdaten im Präsidentenpalast.

Drei Jahre lang hatte ich im Stillen beklagt, dass wir keinen Zugang zum Präsidenten gehabt hatten. Jetzt hörte ich, dass seine Chefsekretärin große Stücke auf uns hielt. Ihre Karte mit Telefonnummer und E-Mail hielt ich fest in meiner Hand.

Nach der Morgenandacht lud ich einige Mitarbeiter in mein Büro ein. Niemand von uns wusste, was die nächsten Stunden bringen würden. Aber wir wollten Gott um seinen besonderen Segen bitten und hofften, dass er die Dinge so lenken würde, wie es in der jeweiligen Situation am besten wäre. Als das letzte Amen ertönte, standen wir auf. Nach diesem gemeinsamen Gebet waren wir mental bereit. Egal, wie der Tag ablaufen würde, wir wussten uns alle in Gottes Hand geborgen.

Für halb elf war die Landung des Präsidenten vorgesehen. Schon eine Stunde zuvor versammelten sich Mitarbeiter des Spitals, Sicherheitsbeamte und Schaulustige oberhalb des Hubschrauberlandeplatzes. Udo Klemenz stand sinnigerweise neben mir. Immerhin war das schöne zementierte Rund dort vor uns das Ergebnis seiner Mühe als Bauingenieur gewesen. Viele Landungen waren hier zwar noch nicht erfolgt, aber eine ganz wichtige würde bald an dieser Stelle stattfinden.

Zwei Autos fuhren in die Einfahrt des Spitals. Aus dem ersten stiegen der Bürgermeister und einige seiner Berater. Aus dem zweiten kletterte der Präsident des Bundesstaates Elias Segovia. Offenbar wurde es gleich ernst.

Gemeinsam tauschten wir Höflichkeiten aus, um uns die Zeit zu vertreiben. Dabei weihte ich die Gruppe der Wartenden gleich in unseren Plan ein. Auf jeden Fall würden wir den Staatschef zu einem Abstecher ins Spital bitten. Drinnen saßen immerhin über hundert Patienten, die – wie ich am Morgen erfragt hatte – aus acht Bundesländern angereist waren. Niemand hatte etwas gegen meinen Vorschlag einzuwenden, bis der Protokollchef des Präsidenten plötzlich um die Ecke bog.

„Dr. John, der Präsident wird Ihr Krankenhaus nicht betreten, nehmen Sie das bitte zur Kenntnis!" Sr. Haya klang etwas genervt. „Der Abflug des Präsidenten aus der Stadt Andahuaylas hat sich um fast neunzig Minuten verspätet. Sobald er hier eintrifft, muss er sofort zur Plaza de Armas!"

Traurig ging ich einige Schritte zur Seite, wo der Bürgermeister mit zwei Sicherheitsbeamten ins Gespräch vertieft war. „Herr Bürgermeister", flüsterte ich mit leiser Stimme, „Sr. Haya will nicht, dass Ollanta unser Krankenhaus betritt. Er sagt, der Zeitrahmen gebe das einfach nicht her!"

Guillermo Vergara zeigte keinerlei Anzeichen von Beunruhigung. „Dr. John, haben Sie einfach mehr Glauben!" Sein Satz entbehrte nicht einer gewissen Komik. Ein Stadtpolitiker musste mich, einen Missionsarzt, an die unbegrenzten Möglichkeiten Gottes erinnern.

„Hoffen wir das Beste!", entgegnete ich und blickte dem Bürgermeister zweifelnd in die Augen.

12 Uhr. Die heiße Sonne schien unbarmherzig direkt über uns herab. In der Ferne vernahmen wir alle das Brummen eines Hubschraubers. Die Verspätung von eineinhalb Stunden, die Sr. Haya bereits angekündigt hatte, war traurige Wirklichkeit geworden. Zu mehr als einem Handschlag mit dem Präsidenten würde es wohl nicht reichen.

Der Helikopter kam schnell näher, umkreiste einmal das Gelände und setzte mit ohrenbetäubendem Lärm im Zentrum des Landekreises auf. Zwei Vertreter des staatlichen Fernsehkanals 7 sprangen zuerst aus der Kabine, um die

Ankunft des Präsidenten im Video festzuhalten. Nun erkannten wir Ollanta Humala. Mit einem roten Poncho bekleidet kam er uns mit schnellen Schritten entgegen.

Nach der ersten Begrüßung durch die Politiker waren wir an der Reihe. Meine Frau Tina und ich, danach Stefan Seiler und Udo Klemenz sowie Christian Bigalke, unser Schuldirektor, schüttelten dem Präsidenten die Hand.

„Herr Präsident", sagte ich, „es wäre uns eine große Ehre, wenn wir Sie für wenige Minuten in den Wartesaal des Spitals begleiten dürften!" Meinen ursprünglich erhofften Rundgang hatte ich realistischerweise auf einen flüchtigen Blick in den Eingangsraum des Krankenhauses reduziert.

Ollanta Humala lächelte freundlich. „Ich muss gleich zur Plaza, dort warten schon die Minister auf mich!" Unmerklich nickte ich, natürlich hatte er recht. „Aber ich habe von Ihrem Spital in einer Zeitschrift gelesen!", fuhr der Präsident fort. „Vielleicht bleibt vor meinem Rückflug am Nachmittag noch etwas Zeit für eine kurze Besichtigung!"

Genial, das wäre die Lösung, schoss es mir durch den Kopf und die Hoffnung, die mich selten verlässt, war wieder da. Genau fünf Stunden der Ungewissheit blieben uns bis 17 Uhr.

Im Rathaus war viel los. Eine große Ansammlung von Lokalpolitikern stand vor dem Gebäude, während drinnen der Staatschef und seine Minister mit den geladenen Gästen tagten.

Ab 16 Uhr versammelten sich vor dem Krankenhaus in Sichtweite des Helikopters unsere Mitarbeiter. Ich hatte Lisa Isaak und Sarah Nafziger gebeten, jede Bewegung des Präsidenten, wenn er denn käme, digital zu verewigen. Ryan Morigeau würde sich um Videoclips bester Qualität bemühen.

Ruhelos sah ich alle Augenblicke auf meine Armbanduhr. Der Hubschrauber des Staatschefs müsste spätestens um 17 Uhr vom Landeplatz abheben, um Cusco sicher zu erreichen. Von dort würde ein Flugzeug den Präsidenten um 18 Uhr zurück in die Hauptstadt Lima bringen. Dieser Zeitplan wurde weniger vom Protokoll einiger Beamten als vielmehr von der einbrechenden Dunkelheit um 17:30 Uhr bestimmt. Mit Sicherheitsbeamten und Sekretärinnen hätte ich vielleicht noch verhandeln können, aber was den Lauf der Sonne betraf, war ich völlig machtlos.

Die Zeit verstrich und ich merkte, wie mir die Schweißperlen den Rücken hinunterliefen. Im Abstand von wenigen Minuten rief ich im Rathaus an. Ich hörte von meinen Kontaktleuten stets das Gleiche: „Das Abschlussdokument wird gerade verlesen und muss noch vom Präsidenten unterschrieben werden. Wir melden uns, sobald er das Rathaus verlässt!"

Der große Zeiger der Uhr näherte sich erschreckend schnell der 12. Wir hatten den Kampf gegen die Zeit offensichtlich verloren. Da hörte ich die erregten Rufe einiger Mitarbeiter: „Er kommt!" Augenblicklich waren wir alle in Bewegung.

Ollanta Humala fuhr den Pick-up selbst. Auf der Ladefläche hielten sich seine drei Leibwächter an einer Querstange fest. Wir winkten den Präsidenten direkt an den Haupteingang und öffneten seine Fahrertür.

„Herr Präsident, wie viel Zeit haben Sie noch?" Ich kam sofort auf das Wesentliche zu sprechen.

„Vielleicht so zehn Minuten", antwortete der Staatschef.

„Gut, dann schlage ich vor, dass wir uns relativ zügig durch das Krankenhaus bewegen!"

Die Dynamik der folgenden fünfzehn Minuten ist schwer zu beschreiben. Ollanta und ich hasteten durch die Flure. Hinter uns bemühten sich vielleicht hundert Personen, mit uns Schritt zu halten. Meine Beschreibungen der Abteilungen glichen eher Wortfetzen als klar verständlichen Sätzen.

Nichts an diesem Dauerlauf hatte etwas Präsidentenhaftes an sich. Wir waren einfach Menschen, die in wenigen Minuten eine unmögliche Mission erfüllen wollten, nämlich das Herz eines Staatschefs zu gewinnen.

Die Atmosphäre glich der einer Jugendgruppe, die sich gerade köstlich amüsierte. Überall, wohin man schaute, sah man lachende Gesichter. Die Situation war in der Tat zum Schießen. Ollanta lachte mit. Er schien dieses Jogging durch das Hospital Diospi Suyana regelrecht zu genießen. Die Spannung der vergangenen Stunden mit der großen Erwartungshaltung der vielen Bürgermeister fiel von ihm ab. Für einen Moment wurden Staatschef, Missionare und Mitarbeiter des Spitals im wahrsten Sinne des Wortes Brüder.

Zehn Minuten nach fünf. Die letzten Fotos mit einem strahlenden Präsidenten umgeben von begeisterten Menschen am Eingang der Zahnklinik waren bereits Vergangenheit. Ollanta und ich rannten auf dem Weg vor dem Spital in Richtung Hubschrauberlandeplatz.

„Sie sind der bessere Athlet von uns beiden", lobte ich meinen Sportpartner neben mir.

„Was brauchst du für das Spital?", rief mir Ollanta zu. Darauf war ich vorbereitet. „Eine Audienz mit Ihnen und Ihrer Gattin im Präsidentenpalast!"

Der Präsident lachte und antwortete sinngemäß: „Kein Problem!" Und schon sprang er die Stufen zum Landeplatz hinunter. Der Helikopter erhob sich in die Lüfte und flog seinem Ziel in Cusco entgegen.

So wie wir den Tag begonnen hatten, so wollten wir ihn wieder beenden, rund um einen Tisch in meinem Büro. Die Dankgebete der Mitarbeiter kamen aus tiefstem Herzen. Keiner von uns konnte die vergangenen Minuten so richtig deuten. Wir waren Zeugen eines Ereignisses geworden, das wie ein schöner, beschwingter Traum an uns vorübergezogen war.

Doch wir ahnten, dass Gott als begnadeter Chemielehrer alle richtigen Komponenten in den großen Erlenmeyerkolben geschüttet hatte. Denn die Chemie hatte zwischen Ollanta und uns einfach gestimmt.

Kurz nach 19 Uhr klingelte mein Handy. Die Stimme im Lautsprecher war die unseres Bürgermeisters, aber so freudig erregt hatte ich sie noch nie gehört. „Dr. John, soeben hat mich der Präsident aus Lima angerufen. Er ist vom Hospital Diospi Suyana total begeistert. Er meint, es sei das Beste in ganz Südperu!"

Sechs Tage später, am 5. Juni 2014, überquerten meine Frau und ich in Begleitung von Dr. Jens Haßfeld die Schwelle des Präsidentenpalastes. Man führte uns in einen fein getäfelten Konferenzraum. Mit wenigen Handgriffen verkabelte ich meinen Laptop mit einem überdimensionalen Bildschirm, der auf einem Tisch eigens für Präsentationen aufgebaut war.

Wir drei blickten gebannt auf die große hölzerne Seitentür. Und als sie sich öffnete, betraten der Präsident und seine Gattin den kleinen Vortragssaal und begrüßten uns freundlich.

Meine PowerPoint-Präsentation umriss mit 120 Bildern unseren Lebensauftrag. Wir hatten in Peru eine neue Heimat gefunden, um im Namen der Liebe Christi den Quechua-Indianern zu helfen. Wie immer bei meinen Vorträgen zeigte ich am Ende das Kreuz Christi als Motiv unserer Arbeit und ein leeres Grab als Grund unserer Hoffnung.

Drei Jahre hatte ich mich nach Kräften um eine Audienz mit dem Präsidentenehepaar bemüht. Erfolglos. Aber schließlich war der Präsident im Helikopter direkt auf unser Gelände geflogen, um mich zu fragen, was ich mir denn wünschte. „Herr Präsident", hatte ich gesagt, „ich hätte gerne eine Audienz mit Ihnen und ihrer Frau im Palast!" – Seine Antwort: „Kein Problem!"

Samstagnachmittag, der 7. September 2014. Ich fuhr gerade auf einer englischen Autobahn in Richtung Norden, um am nächsten Tag meinen ersten öffentlichen Vortrag in Großbritannien zu halten. Mein Handy klingelte und ich sah auf dem Display eine merkwürdige Nummer. Ein Mitarbeiter aus dem Regierungspalast Limas meldete sich.

„Dr. John, eine Nichte des Staatschefs lebt in der Schweiz", erklärte er mir sachlich, „sie möchte gerne an ihrem Krankenhaus für einige Monate freiwillig mitarbeiten!"

Ich bat den Beamten um die elektronische Zusendung ihrer Kontaktdaten. Einige Tage später kam es zum ersten E-Mail-Austausch zwischen der jungen Frau und mir und bald darauf zu einem persönlichen Telefongespräch. Carol Seiffert war frisch examinierte Zahnärztin – und tatsächlich die Nichte des peruanischen Präsidenten. Wie sie mir mitteilte, hätten ihr Onkel, der Präsident, und ihre Tante, die First Lady, das Hospital Diospi Suyana wärmstens empfohlen.

Am 8. Oktober flog sie nach Lima und fand für zwei Tage in der Hauptstadt eine Unterkunft bei ihren Großeltern, also den Eltern des Staatschefs. Als meine Frau und ich am 10. Oktober vom peruanischen Kongress für unser Lebenswerk zwei Ehrenurkunden erhielten, saßen unter den Gästen in der allerersten Reihe drei liebe Besucher. Carol Seiffert mit Opa und Oma.

Im Buch der Bücher steht geschrieben, dass wir mit Gottes Hilfe Mauern überspringen können. Zeitnot, soziale Unterschiede, politische und weltanschauliche Differenzen verlieren in Gottes Händen ihre trennende Macht. Wenn Gott es will, dann kommt ein Staatschef direkt vor unsere Tür geflogen und lädt uns per Handschlag zu sich nach Hause ein. So lernte ich in kürzester Zeit den Staatschef, seine Gattin, seine Schwester aus der Schweiz, seine Nichte, seinen Vater und seine Mutter auf ganz persönliche Weise kennen.

Die Sprengkraft eines Druckerzeugnisses

Nicht wenige Menschen bereuen auf dem Totenbett, dass sie es versäumt haben, die Geschichte ihres Lebens für die Nachwelt zu hinterlassen. Mir erging es ähnlich, als ich am 16. Dezember 2008 nach einem schweren Autounfall in den Bergen Perus verletzt am Rande eines Abgrunds stand. In jenem düsteren Moment galt einer meiner ersten Gedanken der Autobiografie, die ich leider noch nicht geschrieben hatte. Diese Unterlassung holte ich in der ersten Jahreshälfte 2009 schleunigst nach.

Mein Text wurde im März 2010 vom Brunnen Verlag auf 272 Seiten veröffentlicht. Schon einige Tage später erlebte ich mit großen Augen, was ein Buch bewirken kann. Es fand in Fernseh- und Radioberichten Beachtung und wurde in der Presse ausführlich erwähnt. Bis März 2021 verkaufte das Verlagshaus mit elf Auflagen 47 000 Exemplare auf Deutsch. Die Tantiemen als Autor leiten meine Frau und ich übrigens an karitative Projekte in Afrika, Nahost und Südamerika weiter. Da wir überzeugt sind, dass der „Krimi von Diospi Suyana" allein dem Segen Gottes zuzuschreiben ist, wollten wir durch den Erfolg des Buches keinen persönlichen Gewinn erzielen. In übertragenem Sinne wurden wir durch das überwältigende Echo der Leser mehr als genug „bezahlt".

Manche gingen am Morgen mit einem Brummschädel zur Arbeit, weil sie am Abend zuvor leichtsinnigerweise das Buch zur Hand genommen hatten. Im Morgengrauen waren sie dann schließlich auf der letzten Seite angelangt und hatten sich müde aus dem Bett gequält. Wortwörtlich Tausende Leser überwiesen für das Hospital Diospi Suyana großzügige Spenden, völlig gleichgültig, ob sie unseren christlichen Glauben teilten oder nicht. Rund fünfzig Handwerker und Akademiker hängten als Reaktion auf das Buch ihre Jobs an den Nagel, um selbst am Hospital Diospi Suyana langfristig mitzuarbeiten. Sie taten dies als Missionare ohne Gehälter vom Krankenhaus.

Im Durchschnitt schickte jeder hundertste Käufer des Buches ein Feedback an unser deutsches Büro. Diese oftmals sehr persönlichen Kommentare zeugten von einer tiefen Betroffenheit.

Aus den Niederlanden schrieb ein Peter H., seine Tochter hätte das Buch in einem Flugzeug auf dem Londoner Flughafen Heathrow gefunden und an ihn weitergegeben. Er habe es auf dem Weg zur Arbeit in Holland kapitelweise gelesen. Seit der Lektüre bete er wieder regelmäßig, besonders für seine Familienmitglieder.

Im Benediktinerkloster zu Fischingen in der Schweiz las ein Mönch während der gemeinsamen Mahlzeiten für die gesamte Bruderschaft aus meinem Buch vor. Von der ersten bis zur letzten Seite. Sie sahen bei Diospi Suyana Gottes Kraft am Wirken, was auch ihren eigenen Glauben stärkte.

Ein christliches Buchgeschäft entstand im österreichischen Ort Krems, weil die Initiatoren Margit Steiner und Christa Meandzija nach der Lektüre von „Ich habe Gott gesehen" die Zuversicht gewannen, Gott könne alles. Selbst ein „frommer" Laden in einer säkularen Gesellschaft sei für ihn kein Problem.

Maria Meister aus dem Rhein-Main-Gebiet in Deutschland hatte mit ihren einundneunzig Jahren zwar Sehschwierigkeiten, aber die hielten sie nicht davon ab, das Buch von vorne bis hinten mit einer Lupe zu lesen. Sie besuchte in Mainz einen meiner Vorträge und ich betrachtete es als eine große Ehre, ihr Buch signieren zu dürfen.

Ein Franz Forster aus Braunau, Österreich, fand eines schönen Tages in seiner Wohnung eine Broschüre über Diospi Suyana. Er begann daraufhin im Internet nachzuforschen. Was er über das Krankenhaus des Glaubens entdeckte, begeisterte ihn ungemein. Er kaufte sich das Buch und war sofort gepackt. Die Botschaft müssten noch viele Leute lesen, sagte sich der katholische Christ. Die Forsters erwarben zehn weitere Exemplare und verliehen sie in ihrem Bekannten- und Verwandtenkreis. Wenn einer das Buch gelesen hatte, wurde es gleich wieder an den Nächsten weitergereicht. Ihr privater Buchverleih florierte erfolgreich über viele Monate, obwohl er nur aus einem einzigen Titel bestand.

Pädagoge Wolfgang M. erhielt das Buch von einer Kollegin geschenkt. Einige Wochen später meldete er sich bei ihr mit der folgenden E-Mail: „Zunächst muss ich zugeben, dass ich mit dem Thema Gott, Kirche und Glauben wenig am Hut habe. Aus diesem Grund war meine Einstellung zum Buch auch eher zurückhaltend. Mein Sohn hat in den vergangenen Wochen jeweils samstags und sonntags einen Schwimmkurs gemacht. Da ich Zeit hatte, habe ich mir mal ein Buch zum Lesen mitgenommen. Es war zufällig das Buch, das Sie mir geschenkt haben. Eher skeptisch habe ich angefangen zu blättern. Schnell zog mich das Buch jedoch in seinen Bann und so habe ich es innerhalb kürzester Zeit gelesen, was auch sicherlich daran lag, dass es sehr kurzweilig geschrieben ist. Die Herrn John widerfahrenen ‚Wunder' kann man sicherlich auch einfach nur mit Zufall abtun, vielleicht gibt es aber doch diese höhere Macht. Vielleicht hat diese auch dafür gesorgt, dass ich das Buch trotz meiner Zweifel mit in den Schwimmkurs genommen habe!"

Ein Professor der Kinderchirurgie aus Tübingen verschlang das Buch und ging danach seit Jahren wieder einmal in die Kirche. Diese Erfahrung beschrieb er so: „Ich kannte den Pfarrer nicht, aber er hielt eine sehr gute Predigt und erzählte von Höhen und Tiefen im Leben und Begebenheiten (Wundern), die einen erstaunen. Ich musste die ganze Zeit an Sie und Diospi Suyana denken!"

Meine Frau und ich waren von den vielen Zuschriften immer wieder überwältigt. Und so kam es nicht von ungefähr, dass mir am 30. Juli 2010 eine gute Idee durch den Kopf schoss. Ich saß gerade an meinem Schreibtisch im Spital und hatte die E-Mail einer Leserin auf dem Bildschirm, in der sie mein Werk als echtes „Mutmachbuch" beschrieb. Ich sinnierte vor mich hin: Wäre es nicht sinnvoll, die Geschichte auch einer englischsprachigen Leserschaft verfügbar zu machen? Ich erinnerte mich an Janet Yachoua. Diese freundliche Engländerin lebt seit dreißig Jahren in Wiesbaden. Sie leitet ein eigenes Übersetzungsbüro und hatte in der Vergangenheit schon mehrere Texte für unsere Webseite übersetzt. Ich schickte eine vorsichtig formulierte E-Mail über den Atlantik, um ihr zwei Fragen zu stellen. Erstens, ob sie wisse, dass es dieses Buch gebe, und zweitens, ob sie sich vorstellen könne, bei seiner Übersetzung zu helfen.

Am nächsten Tag kam die Antwort, die mich förmlich aus den Schuhen katapultierte. „Ob du es glaubst oder nicht ... Ich habe gestern daran gedacht, das Buch zu übersetzen und ganz intensiv für dich gebetet. Stunden später mailst du mich an – hört sich an wie ein Plan Gottes :-) Wann brauchst du das Buch? Janet"

Ich hatte zu Janet zwei Jahre lang keinen engeren Kontakt mehr gehabt. Interessanterweise kannte sie mein Buch; es lag sogar auf ihrem Schreibtisch. Just an dem Tag, als ich in Peru meine Anfrage in den Computer tippte, stand Janet vor meinem Buch in ihrem Arbeitszimmer und hatte die von ihr beschriebene Eingebung ... in Deutschland, 10000 Kilometer von mir entfernt.

Was hat Janet Yachoua wohl gemacht? Über einen Zeitraum von vier Monaten übersetzte sie akribisch den gesamten Text in die englische Sprache. Aus diesem englischen „Urtext" entstand 2011 eine spanische Übersetzung, 2012 ein Jugendbuch in mehreren Sprachen und 2014 veröffentlichte der englische Verlag Lion Hudson das Buch für die gesamte englischsprachige Welt. Im Jahr 2015 folgte noch eine Übersetzung auf Rumänisch. Ich möchte hinzufügen, dass Janet diese gewaltige Arbeit ehrenamtlich geschultert hat.

Mein Buch hat vielen Lesern unterhaltsame Stunden im warmen Bett und gelegentlich sogar am heißen Strand beschert. Darüber freue ich mich. Aber als ich das Buch verfasste, gingen meine Absichten weit über einen bloßen Zeitvertreib hinaus. Ich wollte vielmehr meine Überzeugung „herausposaunen", dass ich in meiner Lebensgeschichte zwingende Hinweise auf die Wirklichkeit Gottes entdecke. Mit dieser Meinung stehe ich übrigens nicht allein da. Die führende Zeitung Perus „El Comercio" schrieb zum Beispiel am 22. Juli 2007: „Es ist unmöglich, nicht an Wunder zu glauben, wenn man die Geschichte von Klaus John und seiner Familie hört!"

Vielleicht sollten wir an dieser Stelle einmal kurz darüber nachdenken, was ein Wunder eigentlich ist. Wenn die Wetternachrichten für den nächsten Tag Regen ansagen und es scheint trotzdem die Sonne, dann ist diese Überraschung schön für den Touristen und möglicherweise schlecht für den Bauern, aber sicherlich kein Wunder. Wenn Sie nach vielen Jahren plötzlich einen alten Schulfreund in der New Yorker Untergrundbahn wiedertreffen, ist diese Begegnung unerwartet und vielleicht sogar ziemlich wundersam. Wenn Sie allerdings dieses Ereignis einem Naturwissenschaftler als Wunder verkaufen wollen, wird er Sie höchstens mitleidig belächeln.

Bei Diospi Suyana entstand jedoch in Rekordzeit eines der modernsten Krankenhäuser Perus ohne Schulden und Kredite, ohne dass ein gönnerhafter Ölscheich den erforderlichen Dollarbetrag im achtstelligen Bereich auf unser Konto transferiert hätte. Es geschah ganz anders. Meine Frau und ich wurden über mehrere Jahre von einer unerklärlichen Begebenheit zur nächsten „geführt". Diese Fügungen und Zufälle passierten in Serie und waren in ihrer Summe zielgerichtet. Ein Rechtspfleger aus Dillenburg zog nach einem meiner Vorträge eine höchst aufschlussreiche Schlussfolgerung. Er sagte, dass bei einem Indizienprozess zur Gottesfrage meine Erfahrungen ausreichen würden, um den Fall zu gewinnen.

Am 6. Mai 2014 gewährte mir John Lennox eine zweistündige Audienz. Der Mathematikprofessor und Philosoph der Universität Oxford ist der zurzeit wohl wichtigste Apologet des christlichen Glaubens. Seine beiden öffentlichen Debatten mit dem Atheisten Richard Dawkins haben Millionen von Zuschauern im Fernsehen und auf YouTube verfolgt. Aber auch mit Christopher Hitchens, Victor Stenger und Michael Shermer – allesamt führende Denker der atheistischen Weltanschauung – stand er schon im offenen Schlagabtausch. Sein Buch „Hat die Wissenschaft Gott begraben" (God's Undertaker) könnte man als die vielleicht beste Antwort auf Veröffentlichungen wie „Der Gotteswahn" bezeichnen. John Lennox entdeckt im Mikro- und Makrokosmos viele Indizien (evidence) für die Existenz Gottes.

Der Wissenschaftler hörte durch meine private Laptop-Präsentation zum ersten Mal vom „Krankenhaus des Glaubens" in Peru. Mein deutscher Akzent schien ihn nicht zu stören. Ohnehin spricht der Nordire fließend Deutsch, Englisch, Französisch, Russisch und Spanisch. Für mein englisches Buch schrieb John Lennox einige Wochen später einen Kommentar, über den ich mich wohl bis an das Ende meiner Tage freuen werde:

„Als Wissenschaftler bin ich sehr an Indizien für die Existenz Gottes interessiert, die sich aus dem Studium des Kosmos ergeben. Aber ich bin nicht nur Theist, sondern auch

Christ. Eine der zentralen Aussagen des christlichen Glaubens ist, dass wir eine persönliche Beziehung zu Gott durch Jesus Christus haben können. Daraus ergibt sich, dass die Glaubwürdigkeit des christlichen Glaubens auch untersucht werden kann, indem genau dieser Anspruch (eines persönlichen Gottes) im alltäglichen Leben einer Prüfung unterzogen wird. Die Geschichte des Krankenhauses Diospi Suyana ist ein bemerkenswertes Beispiel dafür, was geschehen kann, wenn Menschen Gott ernst nehmen. Und ich empfehle diesen Bericht von ganzem Herzen als deutlichen Hinweis auf einen Gott, der sich wirklich für uns interessiert!"

Schreie in der Notaufnahme

Der ewige Kampf zwischen Gut und Böse ist gewöhnlich das Leitthema der epischen Filme. Im Western kämpft der Revolverheld gegen eine Bande von üblen Schurken. Ben Hur gewinnt sein legendäres Wagenrennen gegen den heimtückischen Masala. Und Agent 007 schafft es im letzten Augenblick, sich aus der Falle gemeiner Mafiosi zu befreien.

Auch bei Diospi Suyana stehen wir in der Auseinandersetzung mit dem Bösen. Gleichgültige und korrupte Politiker machen uns das Leben schwer. Anonyme Neider versuchen, unseren Ruf zu schädigen, und den Schnapshändlern sind wir ein Dorn im Auge. Denn während sie sich am Elend der Menschen bereichern, kämpfen wir im Krankenhaus und in unseren Kinderklubs gegen die Ursachen und Folgen des Alkoholmissbrauchs.

Darüber hinaus merken wir, dass wir auch selbst Charakterzüge haben, die keinesfalls edel und vorbildlich sind.

Wir erklären die dunklen Seiten unseres Wesens vielleicht mit einer schweren Kindheit, ungünstigen Lebensumständen oder negativen Einflüssen, denen wir uns leider nicht entziehen können. Christen glauben, dass Gott gut ist und alles Gute in ihm seinen Ursprung hat. Aber die Bibel geht noch einen Schritt weiter. Sie spricht auch von der Existenz böser Mächte, die versuchen, durch Verführung und Lüge auf uns Menschen Einfluss zu nehmen.

Vielleicht ziehen Sie jetzt Ihre Augenbrauen hoch und fühlen sich an Grimms Märchen erinnert. Ich kann Ihre Skepsis durchaus nachempfinden. Aber selbst Agnostiker kommen ins Grübeln, wenn sie das Gemetzel in Ruanda im Fernsehen verfolgen. Frühere Nachbarn greifen unvermittelt zu den Messern und schlitzen sich gegenseitig die Kehlen auf. Das Grauen befällt uns aber nicht nur beim Blick in das ferne Afrika, sondern auch bei der Beschäftigung mit der deutschen Vergangenheit. Das Volk der Dichter, Denker und Komponisten war plötzlich imstande, sieben Millionen Juden auf planmäßige Weise zu sammeln, abzutransportieren und zu vergasen. Für diese gewaltige Organisation brauchte man mehr als nur einen Hitler, Himmler und Goebbels. Zehntausende einfacher Bürger halfen mit. Sie taten ihre sogenannte „Pflicht" als Wächter und Lokomotivführer. Oder sie schwiegen aus Angst und machten sich dadurch mitschuldig.

Wenn sich der Abgrund des Bösen öffnet, fühlen wir einen kalten Schauer am Rücken. Und wir ahnen, dass es vielleicht doch dämonische Mächte geben könnte.

Am Mittwoch, dem 12. Dezember 2012, rief ich um die Mittagszeit meine Frau an. Ich hatte soeben einen Vortrag vor dem Gesundheitsausschuss im peruanischen Kongress gehalten. Die anwesenden Parlamentarier waren über alle Parteigrenzen hinweg des Lobes voll gewesen. Im Überschwang der Gefühle hatten sie sogar beschlossen, meiner Frau und mir im Kongress eine Ehrenmedaille zu überreichen. Was mir allerdings Martina am Telefon erzählte, ließ meine Neuigkeiten sofort verblassen. Ich möchte Ihnen diesen Vorfall, der sich an jenem Vormittag in unserem Hospital zutrug, nicht vorenthalten. In den Tagen danach habe ich mit vielen Augenzeugen gesprochen und die Details minutiös zusammengetragen. Wie Sie diese Geschichte werten, bleibt natürlich ganz Ihnen überlassen.

Gegen 10:30 Uhr fuhr ein Taxi an den Haupteingang des Hospitals Diospi Suyana. Die drei Passagiere betraten den Wartesaal und suchten sich freie Plätze. Es handelte sich um eine Mutter mit ihren zwei Töchtern aus der Stadt Abancay.

Wie an jedem Morgen lief auch an jenem Tag der Jesus-Film auf einem großen Flachbildschirm an der Stirnseite des Wartesaals. Der Jesus-Film ist das erfolgreichste Filmprojekt aller Zeiten. In über tausend Sprachen übersetzt, zeigt er das Leben Jesu von seiner Geburt bis zur Himmelfahrt. Als Grundlage dient das Lukasevangelium aus dem Neuen Testament. Man schätzt, dass in den letzten dreißig Jahren über sechs Milliarden Menschen dieses Video gesehen haben.

In diesem Streifen gibt es eine Szene, in der Jesus einen Menschen von Dämonen befreit. Genau in diesem Augenblick, als Jesus dem bösen Geist gebot, schrie die eine Tochter, ein fünfzehnjähriges Mädchen, laut auf und begann, wie wahnsinnig um sich zu schlagen. Inmitten der rund hundert wartenden Patienten war von einer Sekunde auf die andere wortwörtlich der Teufel los. Unsere Mitarbeiter handelten kurz entschlossen. Mit vereinten Kräften hoben sie das wirre Mädchen auf eine Trage und schoben es in den Notfallraum der Ambulanz. Die weinende Mutter und die völlig verstörte Schwester standen daneben.

Das Teenager-Mädchen war nicht ansprechbar. Unheimliche Laute drangen aus seinem Mund. Damit es sich nicht selbst verletzte, hielten Schwestern und Pfleger das Mädchen fest. Meine Frau legte sofort einen venösen Zugang, nahm Blut für die gängigen Labortests ab und verabreichte 10 Milligramm Valium. Dieses Medikament kann im Regelfall die meisten epileptischen Anfälle kontrollieren. Bei der Patientin blieb die Dosis jedoch völlig wirkungslos. Meine Frau hat während ihrer fünfundzwanzigjährigen Berufspraxis unzählige Kinder mit Krampfleiden betreut. Das entfesselte Wesen auf der Trage verhielt sich aber völlig atypisch. Also befragte sie die Mutter, um vielleicht aus der Vorgeschichte einige hilfreiche Hinweise zu erhalten.

Nach Aussage der Mutter hatte sich ihre Tochter in jüngster Zeit auf okkulte Praktiken eingelassen. Auch für viele Schüler in Europa haben Gläser- und Tischrücken ihren Reiz. Das Spiel mit dem dunklen Unbekannten ruft einen starken Nervenkitzel hervor. Was anscheinend so harmlos beginnt, findet für manche eine gefährliche Fortsetzung. In schwarzer Kleidung nehmen sie an Satansmessen teil und huldigen dem personifizierten Bösen. Dieses Verhalten bleibt nicht ohne Folgen. Die Weltsicht des Jugendlichen verzerrt sich und die Eltern beobachten eine Veränderung der Persönlichkeit ihres Kindes.

Die Mutter berichtete, bei Nelida hätten diese seltsamen Anfälle drei Wochen zuvor begonnen, und zwar, als ihre kleine Schwester zu Hause aus der Bibel vorlas. Sie sei daraufhin in das Stadtkrankenhaus von Abancay aufgenommen worden. Die Ärzte hatten Nelida mit vier verschiedenen Psychopharmaka vollgepumpt, aber eine Besserung der Symptomatik war ausgeblieben. In ihrer Ratlosigkeit hatten die behandelnden Mediziner die junge Patientin schließlich an einen Psychiater in Cusco überwiesen. Ihre Verdachtsdiagnose: „Psychotisches Syndrom". Außerdem hatten sie die Durchführung eines Computertomogramms verordnet, um organische Gründe wie einen Gehirntumor auszuschließen.

Obwohl Abancay die Hauptstadt des Bundesstaates Apurimac ist, gab es dort im Jahr 2012 weder einen Computertomografen noch einen Psychiater. Die Mutter war also mit ihrer Tochter sowie einigen Formularen ohne fachkundige Begleitung auf die fünfstündige Autofahrt nach Cusco geschickt worden. An der Panamericana steht am Ortseingang von Curahuasi ein großes Schild, das auf unser Spital hinweist. Die Mutter hatte den Taxifahrer spontan gebeten, zum Missionsspital abzubiegen.

Zurück zum Mädchen auf der Liege. Es war nach wie vor nicht ansprechbar. Sein Blick war wirr und es schlug weiterhin um sich. Meine Frau entschloss sich, eine Computertomografie anzufertigen. Fünf Krankenschwestern und Pfleger halfen ihr, das Mädchen durch den Wartesaal in Richtung Röntgenabteilung zu schieben. Eine Flügeltür im Gang klemmte. Da kam Logistikmitarbeiter Agustin Landeras vorbei und half beim Öffnen der Tür. Martina bat ihn, sofort den Krankenhauspastor zu verständigen.

Eine Minute später erreichte man den Raum, wo der Computertomograf steht. Dort warteten bereits zwei Röntgenmitarbeiter. Nun standen zehn Personen um die Patientin herum, nämlich meine Frau Martina, eine Medizinstudentin, drei Krankenschwestern, ein Krankenpfleger, die beiden Röntgenmitarbeiter Alexandra Kopp und John Lentink, Agustin Landeras und Pastor Santos.

Während die Mitarbeiter versuchten, das Mädchen festzuhalten, sprach aus dem Kind plötzlich eine laute hässliche Stimme mit männlicher Klangfarbe: „Ich werde sie nicht verlassen. Ich komme wieder!" Alle Anwesenden begannen, für das Mädchen zu beten. Sie beteten laut und gleichzeitig, jeder in seiner Muttersprache. Alle im Raum waren überzeugt, dass ein Fall von Besessenheit vorlag. Ein schauderhaftes Lachen ertönte aus dem Mädchen und die Stimme meldete sich wieder: „Ich werde sie nicht verlassen, ich komme wieder!" Die Mitarbeiter riefen: „Doch, du musst sie verlassen – im Namen Jesu!"

Pastor Santos und Agustin hielten den Kopf des Mädchens zwischen ihren Händen. Beide berichteten übereinstimmend, dass der Kopf des Mädchens seine Größe mehrmals verändert habe. Es war wie eine surreale Szene aus einem Gruselfilm. Mit Unterbrechungen gelang es, die CT-Aufnahme vom Kopf durchzuführen. Die Auswertung der Bilder ließ keinen krankhaften Befund erkennen.

Der Aufenthalt in der Röntgenabteilung dauerte etwa dreißig Minuten. Die zehn Mitarbeiter waren kaum in der Lage, das Mädchen zu bändigen. Wie es schien, besaß es übernatürliche Kräfte. Die Gruppe schob die Liege mit dem Teenager zurück in die Notaufnahme. Das Team betete laut weiter. Ein Kinderarzt kam hinzu und betete mit.

Erneut ertönte ein schreckliches Lachen und die Stimme sprach: „Ich bleibe!" Zwischendurch schaute das Mädchen gequält zu den Mitarbeitern und wimmerte: „Helft mir, helft mir!"

Agustin Landeras verließ den Raum und verständigte per Telefon weitere Kollegen. In wenigen Minuten versammelten sich rund 25 Peruaner und Missionare in der Krankenhauskirche und beteten pausenlos um Gottes Schutz und Eingreifen. Als Agustin wieder am Bett stand, drehte sich das Mädchen ihm zu. Seine Augen erschienen schwarz wie zwei dunkle Löcher. Die fremde Stimme wandte sich für alle vernehmbar an Agustin: „Du hast Angst vor mir, du zitterst in deinem Herzen!"

Agustin antwortete: „Ja, ich habe Angst, aber Jesus ist stärker!"

Das Gesicht des Mädchens war zu einer Fratze verzerrt. Die schrillen Schreie hatten nichts Menschliches an sich.

Schließlich meldete sich die Stimme wieder: „Ich gehe und komme nicht mehr zurück!"

In diesem Augenblick wurde das Mädchen völlig ruhig. Es kam zu sich und war wieder völlig normal. Der Pastor befahl es der Obhut Gottes an. Meine Frau stellte der Patientin einige Fragen, die sie mit vernünftigen Sätzen beantwortete. An die vorausgegangenen Geschehnisse konnte sie sich aber nicht erinnern. So weit der Hergang.

Wenn Sie die Existenz von bösen Mächten aus weltanschaulichen Gründen ablehnen, dann müssen Sie nach einer medizinischen Erklärung suchen. Vielleicht vermuten Sie, das Mädchen habe an einer starken Persönlichkeitsstörung gelitten, bei dem ein akuter psychotischer Schub einsetzte. Oder sie halten das Ganze für einen ziemlich ungewöhnlichen epileptischen Anfall. Für Atheisten kommt eine Besessenheit als Möglichkeit natürlich nicht infrage, gemäß dem Motto, dass nicht sein kann, was nicht sein darf. Das Buch der Bücher beschreibt eine Vielzahl von Besessenheiten und ihre Austreibungen durch das Gebet unter Anrufung des Namens Jesu Christi.

Bis zum Jahresende 2019 haben wir 375 000 Patienten behandelt. Der beschriebene Fall ist bei uns einmalig. Sein Hergang zeigt aber viele Übereinstimmungen mit biblischen Berichten und unzähligen Erfahrungen, die von evangelischen und katholischen Christen im Lauf der Geschichte gemacht worden sind. Meine Frau wie auch die übrigen Augenzeugen sind überzeugt, dass es sich hier um Besessenheit mit nachfolgender Befreiung handelte. Alle, die dabei waren, sprachen danach von einer unheimlichen, Angst einflößenden Atmosphäre. Und sie bezeugten die Macht Gottes, die als Reaktion auf ihre Gebete eingegriffen hätte.

Und was ist aus dem Mädchen geworden? Im Dezember 2014, einige Tage, bevor ich das Manuskript an den Verlag schickte, bin ich dieser Frage nachgegangen. Die junge Frau stand zu jenem Zeitpunkt mitten in ihrer beruflichen Ausbildung und besuchte regelmäßig eine Kirchengemeinde in Abancay. Es ging ihr gut.

Der Apostel Paulus drückte es in seinem Brief an die Christen in Ephesus folgendermaßen aus: „Wir haben nicht mit Fleisch und Blut zu kämpfen, sondern mit Fürsten und Gewalten der Finsternis!"

Am Podium

Sie können ein Meister der Rhetorik sein und ohne Manuskript eine geschlagene Stunde drauflosreden. Erfolg haben Sie beim Publikum erst, wenn der Funke überspringt, die Zuhörer auf den Vorderkanten ihrer Stühle sitzen und das Atmen dabei völlig vergessen. Dazu müssen Sie allerdings von dem, was sie sagen, restlos überzeugt sein. Das ist nämlich das wichtigste Geheimnis der Redekunst.

Die Leute im Vortragssaal sind nicht dumm. Sie spüren schon nach wenigen Minuten instinktiv, ob Sie nur Redezeit füllen oder tatsächlich etwas Grundlegendes zu sagen haben. Und wenn Sie Ihre Sache vortragen, dann tun Sie es bitte leidenschaftlich. Begeistern kann nämlich nur der, der selbst begeistert ist. Was aus dem Herzen kommt, findet schnell einen Weg in ein anderes Herz. Glücklicherweise sind meine Frau Martina und ich von Diospi Suyana total erfüllt. Es ist nämlich unser Leben.

Als Nelson Mandela 1994 aus dem Gefängnis entlassen wurde, hingen die Massen an seinen Lippen. Wir arbeiteten zu diesem Zeitpunkt in Südafrika als Ärzte und wurden daher selbst Zeugen der unbeschreiblichen Wirkung, die Mandela auf ein ganzes Volk ausübte. Wie könnten wir dieses Phänomen erklären? Sicherlich war der Chef des ANC kein schlechter Redner, doch wesentlich bedeutsamer war eine ganz andere Tatsache: Der Mann lebte das, was er predigte. Siebenundzwanzig lange Jahre hatte er für seine Idee von Freiheit in einem Kerker geopfert. Niemand hätte es jemals gewagt, ihn als Sprücheklopfer zu bezeichnen. Der Respekt vor Mandela war tief in die Gesichter seiner Zuhörer gezeichnet.

Sind vielleicht deshalb unsere Kirchen in Europa so leer, weil viele am Podium nicht das leben, was sie vorgeben? Ist das Thema „Glaube" also längst diskreditiert und die Kirche der Doppelmoral überführt, sodass sich niemand mehr erdreisten darf, öffentlich von Gott zu reden?

Seit 2004 habe ich viele Vorträge gehalten: vor Christen und Atheisten, vor einfachen Menschen und Hochgebildeten. Über 2700-mal hatte ich bei Vorträgen und Interviews die Gelegenheit, meinen Zuhörern mitzuteilen, was mich tief im Inneren bewegt.

Als ich die Einladung erhielt, am 7. Mai 2013 in Duisburg auf dem Kongress der Jungen Pflege über unser Lebenswerk zu sprechen, habe ich mich erst sehr gefreut. Doch dann ließen die Organisatoren durchblicken, dass ich mich auf dieser säkularen Veranstaltung in einem weltanschaulich neutralen Fahrwasser zu bewegen hätte. In der englischsprachigen Welt nennt man das „Political Correctness". Für die meisten ist es unakzeptabel, wenn auf einer großen Konferenz der Redner seine private Glaubensüberzeugung zum Besten gibt. In unserer postmodernen Gesellschaft darf jeder denken, was er will. Aber man soll es besser für sich behalten. Alles ist so lange okay, wie man seine Meinung nicht forsch als die alleinige Wahrheit verkündet. Dann werden Andersdenkende nämlich sehr schnell ärgerlich.

Allerdings wird auf der großen Bühne der öffentlichen Meinung diese viel beschworene „Neutralität der Gedanken" nicht in gleicher Weise angewandt. Ich erinnere mich an Talkshows im Fernsehen, wo die Interviewgäste von der magischen Macht von Steinen sprachen. Andere beschworen Energien aus dem Weltall als Lebenselixier oder redeten dem Schamanismus das Wort. Das alles wird geduldet, aber die Toleranz hört schnell auf, sobald sich einer als überzeugter Christ outet.

Ich machte mir also berechtigte Sorgen. Wenn ich aus meinem Leben den Glauben an Gott herausstreiche, bleibt nicht viel übrig. Und selbst der Name „Diospi Suyana" bringt das zum Ausdruck. Er bedeutet nämlich in der Sprache der Quechua-Indianer „Wir vertrauen auf Gott". Wie sollte ich jemals auf einem Kongress von unserer Arbeit in Peru berichten, wenn ich den Aspekt des Glaubens ausblenden müsste?

Als ich am Morgen des Kongresstages mit meinem Laptop unter dem Arm auf den Haupteingang des Theaters am Marientor zusteuerte, empfing mich Heike Viethen. Sie gehörte dem Vorbereitungskomitee an und hatte den ursprünglichen Kontakt zum Verband der Jungen Pflege hergestellt. 2010 hatte die Krankenschwester eine Mitarbeit an unserem Missionsspital in Erwägung gezogen, doch dann war sie durch einige Umstände in eine andere Richtung geführt worden.

Bald stand ich mit mehreren Referenten auf der Bühne, um mich vorab mit dem Pult vertraut zu machen. Die Experten kämpften noch mit den Tücken der Technik. Aus unerfindlichen Gründen erschienen die Signale aus den Computern nicht auf der großen Leinwand.

Während dieser hektischen Vorbereitungen blickte ich in den Saal und beobachtete, wie die Kongressteilnehmer in die Halle strömten. 1500 Krankenschwestern und Pfleger aus allen Bundesländern füllten bald die Reihen und warteten gespannt auf den offiziellen Beginn. Wie man mir mitteilte, war der Kongress ausverkauft und Hunderte von Interessenten hatte man im Vorfeld abweisen müssen. In mir machte sich eine ängstliche Stimmung bemerkbar. Ich habe normalerweise kein Lampenfieber, aber diesmal war es anders als sonst. Wie würden die Organisatoren reagieren, wenn ich auf meine Grundüberzeugung zu sprechen käme?

Es ging los. Nach der üblichen Begrüßung hielten die ersten zwei Professoren ihre Vorträge von jeweils dreißig Minuten. Dann kündigte die Moderatorin meinen Auftritt an. Während meiner Wartezeit hatte ich eine Entscheidung getroffen. Ich würde meine Präsentation halten wie immer – ohne Abstriche und ohne jede Maske.

Ich sprach schnell, denn ich wollte während der halben Stunde ein ziemlich umfassendes Bild von Diospi Suyana zeichnen. Mir war klar, dass mein Vortrag auf viele Anwesende wie ein Märchen aus Tausendundeiner Nacht wirken würde. In der zweiten Hälfte sprach ich über den Glauben als Grundlage unserer Arbeit und von der Hoffnung, die uns bei Diospi Suyana antreibt. Heike Viethen wurde es siedend heiß hinter dem Vorhang. Sie kannte die Vorgabe des Komitees und wusste, dass ich über alles hätte reden dürfen, nur nicht über das eine – den Glauben. Einen Augenblick lang überlegte sie, ob sie mich nicht schnell am Mikrofon „abmoderieren" solle. Aber natürlich bemerkte auch sie die atemlose Stille im Auditorium, die sich nach meinem letzten Satz in Standing Ovations entlud.

Die Auswertung des Kongresses durch die Verantwortlichen ergab, dass Diospi Suyana als der einzige Beitrag in allen Feedbacks vorkam und ohne Ausnahme mit der größten Wertschätzung kommentiert wurde. Ein Teilnehmer schrieb: „Vielleicht gibt es ja doch so etwas wie einen

Gott, der unmögliche Dinge möglich macht." Ein anderer Kommentar von einer Krankenpflegeschule in Köln lautete: „Unsere Hochachtung gilt der Arbeit in Peru. Jemand, der diesen Weg gegangen ist, weiß, was es heißt, auf etwas, das man nicht sehen kann, zu vertrauen, um etwas aufzubauen, das die Sichtweise von Menschen verändert."

Sogar ein Referent des Kongresses äußerte seine Meinung. „Das Krankenhaus in Peru ist eigentlich etwas Unmögliches, Ungreifbares. Und doch ist es da, dort, wo niemand es vermuten würde." In den unzähligen Zuschriften wurde deutlich, dass viele junge Leute meinen Vortrag als eine „Gänsehauterfahrung" erlebt hatten.

Ich habe noch oft über jenen Vormittag im Mai nachgedacht. Warum hatten sich die Zuhörer von ihren Sitzen erhoben und donnernden Applaus gespendet? Ich glaube, es lag daran, dass ich die Urfrage der Menschheit angesprochen hatte: Gibt es eine Hoffnung nach dem Tod? Kaum jemand, der von den unerklärlichen Fügungen bei Diospi Suyana hört, kann sich der Wirkung, die von dieser Geschichte ausgeht, völlig verschließen. Und die Ahnung wächst, dass der Gott aus alter Zeit doch existieren könne und deshalb der Tod nicht das letzte Wort habe.

Heike Viethen, selbst überzeugte Christin, schrieb mir nach dem Kongress ihre ehrliche Meinung. „Ich habe am Dienstag viel von dir gelernt. Gott hat mich sehr überrascht, denn ich habe nicht damit gerechnet, dass 1 500 Menschen – Christen, Muslime, Atheisten, Ordensschwestern etc. – sich erheben und dir einen Applaus zukommen lassen, den ich auf diesem Kongress seit 2009 so noch nie erlebt habe!"

Mir sagte einmal eine Frau: „Herr John, Gott lässt bei Diospi Suyana deshalb so viele Wunder geschehen, weil Sie diese Wunder nicht verschweigen, sondern überall erzählen!" Ich finde, das ist ein interessanter Gedanke.

Wenn das stimmen sollte, dass unser Bekenntnis zu Gott, dem Allerhöchsten, wichtig ist, was würden wir vermuten? Sicherlich könnten wir erwarten, dass Gott uns für diese Aufgabe die entsprechenden Foren bietet und die größten Mikrofone vor den Mund hält. Paulus sprach vor zweitausend Jahren auf dem Areopag in Athen, jenem Ort, an dem wichtige Neuigkeiten und Ideen ausgetauscht wurden. Und gegen Ende seines Lebens verteidigte er den christlichen Glauben vor dem Kaiser in Rom. Gibt es solche besonderen Gelegenheiten auch heute noch?

Es war ein Samstag. Ich saß am Schreibtisch und überflog meine E-Mails. Eine stimmte mich gleich neugierig. In der Kopfzeile hieß es: „Dr. Micha Bahr, Möglichkeiten der Mitarbeit!"

Der unbekannte Kollege war Oberarzt an der Kinderchirurgischen Universitätsklinik in Marburg. Wie er mir schrieb, habe er über einige Umwege von mir erfahren und schließlich auch mein Buch gelesen. Dabei sei ihm klar geworden, dass er mit mir verwandt sei. Seine Mutter, eine geborene John, stamme aus Schlesien wie mein verstorbener Vater auch. Um alle Unklarheiten auszuräumen, habe sein Onkel Erich John diese verwandtschaftliche Beziehung in aller Form bestätigt.

Dr. Bahr lotete in seinem detaillierten Anschreiben die Möglichkeit einer Mitarbeit in Peru aus. Solche Anfragen erhalten wir täglich. Meist werden diese Mails von den fleißigen Damen aus unserem Büro beantwortet. Doch beim dritten Absatz wurde es spannend. Wie der Chirurg ausführte, hätte sich der Präsident der Deutschen Gesellschaft für Kinderchirurgie mit der Frage an ihn gewandt, ob er einen guten

Referenten für den 4. Weltkongress der Kinderchirurgie empfehlen könne, und zwar für die feierliche Eröffnungsveranstaltung. Der Marburger hatte da gleich an mich gedacht.

Es dauerte keine zwei Minuten und ich hatte Dr. Bahr an der Strippe. Wie sich das bei lieben Verwandten gehört, waren wir sofort beim „Du" und kamen gleich zur Sache.

„Klaus", informierte mich Micha, „alle drei Jahre findet der Weltkongress der Kinderchirurgie statt. Er wird immer in der Hauptstadt des Gastlandes abgehalten und 2013 ist Deutschland an der Reihe!"

„Micha", unterbrach ich meinen Großcousin, das ist alles schön und gut, aber ich bin kein Kinderchirurg!"

„Das macht überhaupt nichts", tönte es aus dem kleinen Lautsprecher im Hörer, „der Präsident der Deutschen Gesellschaft für Kinderchirurgie möchte auf dem Kongress Deutschland mit einem menschlichen Antlitz zeigen. Nicht Mercedes und BMW in Perfektion, sondern ein Deutschland mit Herz. Dafür bist du genau der Richtige!"

Jenes besagte Telefongespräch fand am 11. Mai 2011 statt. Fast anderthalb Jahre später fuhr ich auf der Autobahn nach Süden, um Prof. Fuchs an der Uniklinik in Tübingen zu treffen. Vier Stunden hatte ich Zeit, um über meine Strategie für dieses Gespräch nachzudenken. Eine Festansprache bei der Auftaktveranstaltung eines medizinischen Weltkongresses zu halten, ist für einen Arzt eine der größten Ehrungen, die ihm im Laufe seines Lebens widerfahren kann. Das war mir klar. Aber was würde der Präsident der Deutschen Kinderchirurgen von Diospi Suyana halten? Er würde sofort erkennen, dass bei fast jedem meiner Bilder der Glaube förmlich von der Leinwand in die Zuhörerschaft springt.

Ich grübelte hin und her und betete im Wagen laut vor mich hin. Irgendwo zwischen Mannheim und Stuttgart wusste ich, was ich zu tun hatte. Selbst auf die Gefahr hin, dass mich Prof. Fuchs hochkant hinauswerfen würde – ich wollte Diospi Suyana so beschreiben wie immer, als ein Werk des Glaubens!

Um 13 Uhr bat mich eine Sekretärin in das Chefbüro. Prof. Fuchs war wohl etwas älter als ich. Mit seiner schlanken Figur und den scharf geschnittenen Gesichtszügen wirkte er auf mich unglaublich dynamisch. Er stellte mich gleich seinem Kollegen Prof. Seitz vor, der ebenfalls der Vorbereitungsgruppe des Weltkongresses angehörte. Dann ermunterte er mich, das Laptop aufzuklappen und mit meiner Präsentation zu beginnen.

Eine Dreiviertelstunde später sahen sich die beiden Professoren an. „Dr. John", sagte Prof. Fuchs ergriffen, „Sie sind engagiert. Sie kriegen zwanzig Minuten für Ihren Vortrag. Natürlich müssen Sie auf Englisch sprechen!"

13. Oktober 2013. Die Wände des Plenarsaals waren geheimnisvoll in dunkelblaues Licht getaucht. Drei Jahre nach dem 3. Weltkongress der Kinderchirurgie in Neu-Delhi eröffnete Prof. Fuchs den 4. Weltkongress im Berliner Kongresszentrum. Der Knabenchor der Dresdner Hofkirche sang sein erstes Lied und schon schritt Prof. Aziskhan würdevoll ans Mikrofon. Der Präsident der Weltföderation aller kinderchirurgischen Gesellschaften fand für den großen Anlass die passenden Worte.

Es folgten weitere Lied- und Wortbeiträge, bis schließlich auf der Leinwand der Ausdruck „Special lecture" erschien, darunter mein Name. Der Bäckerbub aus Wiesbaden, der seine Bestimmung in einem Hochtal der peruanischen Anden gefunden hatte, war an der Reihe. Vor Chirurgen aus aller Herren Länder sprach ich einmal mehr über Diospi Suyana.

Die zwanzig Minuten reichten aus, um mit 120 Bildern den Werdegang unserer Berufung zu erläutern. Am Ende der Präsentation verabschiedete ich mich mit den folgenden Worten:

„Heute Abend haben sich Hindus, Muslime und Christen sowie Agnostiker und Atheisten in diesem Kongresszentrum versammelt. Ich habe den größten Respekt vor Ihren Weltanschauungen und Überzeugungen. Falls Sie mich aber ganz privat fragen sollten, wie ich die erstaunliche Entwicklung von Diospi Suyana erkläre, dann würde ich Ihnen sagen: „Ich bin überzeugt, dass Gott es war. Er hat es entstehen lassen. Es war die Kraft Jesu Christi.“

Auf nach Großbritannien

Diospi Suyana entstand ursprünglich als Idee in den Köpfen meiner Frau und von mir. Im Laufe der Jahre ist es in vielen Ländern bekannt geworden. Warum eigentlich? Es war sicherlich nicht der zweistellige Millionenbetrag an Spenden. Jedes mittlere Unternehmen bewegt weit höhere Summen und niemand ist davon beeindruckt. Mit einer Mitarbeiterschaft von aktuell 200 Kollegen, einschließlich der Missionare, zählt Diospi Suyana eher zu den kleinen Organisationen am Markt. Also warum so viel Aufregung um Diospi Suyana?

Das Aufregende an unserem Werk ist nicht das, was wir auf die Beine gestellt haben, sondern vielmehr das, was Gott geschaffen hat. Es waren seine Fügungen und Wunder, die bei Christen und Nichtchristen ein ungeahntes Interesse weckten. Die unerklärlichen Zufälle und Gebetserhörungen bei Diospi Suyana ließen den Verdacht aufkommen, dass Gott mehr sein könnte als ein bloßes Wunschdenken von Ewiggestrigen, die verbohrt an einem verstaubten Weltbild festhielten. Und gerade weil Christen – völlig unabhängig von ihrer konfessionellen Bindung – aus der Geschichte von Diospi Suyana Hoffnung schöpften, wurden viele bereit, sich für unsere Sache zu engagieren.

Im September 2014 führte ich meine erste Vortragsreise durch Großbritannien durch. Ende der 1980er-Jahre hatten meine Frau und ich für zweieinhalb Jahre in England und Wales als Ärzte gearbeitet. Aber unsere Kontakte von damals hatten sich nach dreiundzwanzig Jahren leider alle verflüchtigt. Und doch wurde diese Tour von Cardiff bis Newcastle, von London bis Birmingham nicht nur möglich, sondern sogar ein voller Erfolg. Den größten Anteil daran hatte zweifelsohne Adrian Gibson.

Im August und September 2014 saß Adrian Gibson oft am Schreibtisch und telefonierte. Über 500-mal griff er zum Hörer, um meine Termine in Großbritannien gewissenhaft vorzubereiten. Und über 500 E-Mails hat er an Firmen, Kirchen, Pressevertreter und Privatpersonen verschickt. Als wichtiger Mitarbeiter der Firma Hilzinger in Tuttlingen hätte er doch ganz andere Aufgaben gehabt, als sich für Diospi Suyana aufzureiben. Warum hat er das getan?

Wir stecken oft Menschen, denen wir im Leben begegnen, in Schubladen. Wir tun dies manchmal bewusst und häufiger unbewusst. Aber in welcher Schublade würden wir Adrian Gibson unterbringen? Ich versichere Ihnen, dass der gebürtige Weißafrikaner aus Sambia aus dem normalen Rahmen fällt. Sambia, Simbabwe, Südafrika, Deutschland. In diesen Ländern hat er gelebt. Und dort entstand eine beeindruckende Biografie.

Im Jahr 1992 heiratete er Cordula Hilzinger und wurde Teil eines erfolgreichen Familienunternehmens. Bald reiste er um die ganze Welt und baute Kontakte für die Firma auf. Die Arbeit machte ihm Spaß. Adrian war ambitioniert, suchte den Erfolg und fand ihn. Eine hübsche Frau, zwei gesunde

Kinder und ein spannender Arbeitsplatz. So ein Leben würden sich viele wünschen.

23. März 2011. Am Nachmittag joggte Adrian über die Wiesen Tuttlingens. Mit seinen 48 Jahren war er fit, leistungsfähig und kerngesund. Zurück vom Laufen hatte er noch genug Energie für gymnastische Übungen im Hobbyraum. Plötzlich traf ihn ein Schlag. Es durchzuckte ihn wie ein Blitz von Kopf bis Fuß. Vielleicht habe ich mir etwas verrenkt, dachte er. Ich nehme mir mal eine Tablette Aspirin und lege mich ins Bett!

Adrians Frau Cordula bemerkte am Abend, dass mit ihrem Mann etwas nicht stimmte. Sie rief den Hausarzt, der ihn kurzerhand ins Tuttlinger Krankenhaus einwies. Noch in der Nacht verlegte man ihn mit Blaulicht auf die Neurochirurgische Intensivstation nach Schwenningen. Die CT-Aufnahme seines Kopfes erbrachte die Diagnose: Subarachnoidale Blutung. Der erfolgreiche Geschäftsmann lag verkabelt auf einem Intensivbett. Die Signale auf dem Monitor an der Wand beschrieben kurz und knapp und ohne jegliches Gefühl den physiologischen Zustand eines menschlichen Körpers. Im Halbschlaf der Medikamente spürte der Geschäftsmann, dass er an der Schwelle zum Tod stand.

Seine Frau Cordula meldete sich nachts auf der Intensivstation. Sie erhielt leider keine guten Nachrichten. „Wir wissen nicht, ob Ihr Mann überleben wird!" So die Auskunft der Intensivschwester.

Cordula wollte gleich am Morgen mit den Söhnen Victor und Felix und ihrem Bruder Holger ins Krankenhaus. Vielleicht mussten sie Abschied nehmen von ihrem Ehemann, Vater und Schwager.

Es war der 26. März 2011. An jenem Tag feierte Adrian Gibson seinen neunundvierzigsten Geburtstag – auf einer neurochirurgischen Intensivstation. Und immer noch kämpfte er mit dem Tod. Seine Sinne taumelten zwischen wach und schläfrig hin und her. Er begann zu halluzinieren. Aber mitten in seiner Verwirrung hörte er immer wieder eine Frage: „Wie geht es mit mir weiter?"

Er betete, verhandelte mit Gott. Dabei war er sich gar nicht hundertprozentig sicher, ob es den überhaupt gab. Zusammenhänge wurden klarer. Adrian verstand, dass man den ganzen Erfolg der Welt haben kann und doch am Leben vorbeilebt. Plötzlich spürte er eine innere feste Gewissheit: Ich werde weiterleben. Aber Gott will, dass ich meine Talente von ihm gebrauchen lasse!

Adrian erholte sich. Anfang 2012 fuhr er auf der Autobahn von Tuttlingen nach Stuttgart. Da folgte er einem inneren Impuls. Er brachte seinen Wagen auf einem Parkplatz zum Stehen und nahm das Buch „Ich habe Gott gesehen" zur Hand. Ein befreundetes Ehepaar hatte ihm die Lektüre zum Weihnachtsfest 2011 geschenkt. Die Stunden verstrichen, während seine Augen über die Zeilen flogen. In dieser Geschichte fand Adrian Gibson sich selbst wieder. Die Sehnsucht nach Gott, nach Sinn und Erfüllung. Es war seine eigene Suche.

Am 18. Mai 2012 war die Stadthalle in Tuttlingen rappelvoll. Mehrere Firmen hatten die Saalmiete gesponsert. Bürgermeister Kamm philosophierte über Träume, die sich erfüllen. Auf Einladung von Adrian Gibson sprach ich über die Geschichte eines Krankenhauses in Peru. Es wurde still im Saal mit seinen 288 Sitzplätzen. Eine tiefe Anspannung lag über den Zuhörern. Die Frauen und Männer aus allen Sphären der Gesellschaft hatten längst gemerkt, dass der Arzt aus Südamerika von Gott sprach. Von einer tiefen Hoffnung, dass es mehr gäbe als die paar Jahre auf dieser Erde, die wir unser Leben nennen.

Der Event in Tuttlingen war vorbei. Adrian Gibson hatte

eine neue Idee. „Klaus, die Geschichte von Diospi Suyana muss nach England. Wir brauchen das Buch auf Englisch und du musst auf die Insel!"

Nach meiner Englandreise hatte ich noch einige Tage in Deutschland zu tun. Da bot sich mir eine großartige Chance, aus der Ferne zu den Engländern zu sprechen. Es war Freitagabend, der 26. September 2014. Ich saß in einem Tonstudio des SWF in Mainz. Für halb zehn war eine Aufnahme mit BBC 5 geplant. Mehrere Techniker hatten sich mit der Qualität der Telefonverbindung beschäftigt. Natürlich war es wieder Adrian Gibson gewesen, der tagsüber durch eine beispiellose telefonische Fleißarbeit diese Zeit im Studio hatte organisieren können.

„Is this Dr. John?", fragte Stephen Nolan. Der beliebte Radio-Entertainer aus England war an der Strippe. Eine knappe halbe Stunde lang befragte er mich über Diospi Suyana und über meinen Glauben an Gott. „Viele von uns stolpern sich so durchs Leben ohne rechten Sinn und Ziel", sagte Nolan gegen Ende des Gesprächs, „doch bei Ihnen ist das offenkundig anders." Stephen Nolan, der Mann, der für seine Radioarbeit gleich siebenmal mit dem Sony Gold Award prämiert worden war und 2003 sogar zum besten Radiomoderator Großbritanniens gewählt wurde, kam nun auf die Sinnfrage des Lebens zu sprechen.

„Ja, das stimmt", antwortete ich nach einer kurzen Pause. „Mein größter Wunsch war es immer, Gott bei seiner Arbeit zuzuschauen!"

Der Beitrag wurde am 8. November ungekürzt in ganz Großbritannien gesendet. Sechs englische Zeitschriften und Zeitungen haben bisher von Diospi Suyana berichtet. Durch die christlichen und säkularen Medien wurden Hunderttausende Briten mit einer Botschaft des Glaubens konfrontiert. Adrian Gibson machte es möglich. Auf der Intensivstation, im Kampf mit dem Tod hatte er sich geschworen: Ich möchte in der Zeit, die mir noch bleibt, mit meinen Fähigkeiten Gott dienen!

Adrian Gibson hat Wort gehalten.

Rund um den Erdball

Reisen macht Spaß. Die schönsten Erinnerungen meiner Kindheit verbinde ich mit den Urlaubsreisen unserer Familie. Mein Vater schloss die Backstube ab und im Bäckerladen ließ meine Mutter die Jalousien nach unten. Auf dem Schild im Schaufenster stand: Betriebsferien. Einige Tage später packten meine Eltern mehrere Koffer und vier Kinder in den Kombi und es ging im Morgengrauen dem Ferienziel entgegen.

Reisen „alleine" macht dagegen keinen Spaß, mir jedenfalls nicht. Aber um die Idee von Diospi Suyana unter das Volk zu bringen, wurden Vortragsreisen mein Schicksal. Ich weiß, wie einsam Hotelzimmer sein können und wie unangenehm sich die Parkplatzsuche in fremden Städten gestaltet. In Flugzeugen überkommt mich bei starken Turbulenzen nicht selten das große Zittern. Und natürlich kenne ich die staubedingten Verzögerungen auf europäischen und amerikanischen Autobahnen mit dem bangen Blick auf die Uhr: Schaffe ich es noch pünktlich zum Veranstaltungsort? Wenn ich spät abends im Hotel ankomme, warten fünfzig E-Mails auf mich, von denen ich einige gleich beantworten muss.

Wie es sich für gute Hessen gehört, hielten meine Frau und ich die ersten Vorträge im Rhein-Main-Gebiet. Das war 2004.

Dann häuften sich Termine in anderen Bundesländern und irgendwann folgten Einladungen nach Österreich und in die Schweiz.

Seit der Einweihung des Spitals ist meine Frau fast immer am Krankenhaus in Curahuasi geblieben, um das Team zu leiten. So gibt es bei uns eine gewisse Arbeitsteilung: Meine Frau arbeitet und ich rede. Es war sicher ein genialer Schachzug von mir, 1987 Tina zu heiraten. Ohne ihre Führungsqualitäten wäre es mir gar nicht möglich, dem Spital so lange fernzubleiben. Aber genau das hat sich als sinnvoll herausgestellt. Die Präsentationen haben die Fantasie meiner Zuhörer beflügelt, den Freundeskreis von Diospi Suyana aufgebaut und geeignete ehrenamtliche Mitarbeiter angesprochen. Dabei bin ich kein Märchenerzähler, sondern ein Berichterstatter wahrer Begebenheiten.

Ein Vortrag führte meist zum nächsten. Und die menschlichen Begegnungen unterwegs waren nicht selten „buchreif". So auch am 29. Oktober 2008. Vor rund 50 Zuhörern war soeben meine Präsentation in der Cafeteria des Krankenhauses in Kulmbach zu Ende gegangen.

„Kann ich auch mal bei Ihnen mitarbeiten", fragte ein junger Mann von etwa fünfundzwanzig Jahren und strahlte mich an.

„Darf ich fragen, wer Sie sind und woher Sie kommen!"

„Ich heiße Anti Pertula und bin Medizinstudent aus Finnland, aber studiere gerade für drei Monate an der Uni in München!"

„Wo haben Sie von uns gehört?" Irgendwie wurde ich neugierig.

„Im August 2007 fuhr ich im Zug von Wien nach Bratislava. Da lag im Abteil eine Ausgabe von DB Mobil mit einem Artikel über Sie und Ihre Frau. Vor einigen Monaten habe ich auf Ihrer Webseite nachgeschaut und von Ihren

Vorträgen in Deutschland erfahren. Daher bin ich von München mit dem Zug nach Kulmbach gefahren!"

„Da waren Sie ja drei Stunden unterwegs!"

„Etwas länger hat es schon gedauert, denn ich musste zweimal umsteigen!"

„Was interessiert Sie so an Diospi Suyana?"

„Ich habe auf Ihrer Webseite gelesen, dass es Ihnen nicht um theologische Spitzfindigkeiten geht, sondern um einen Glauben der Tat. Das hat mich überzeugt!"

Um 22:30 Uhr befanden wir uns beide auf der Autobahn Richtung München. Ich brachte den netten Studenten nach Hause und wollte anschließend Kurs auf Salzburg nehmen. Drei Stunden hatten wir Zeit zum Erzählen.

„Es gibt eine große Vereinigung christlicher Ärzte in Finnland", informierte mich der Student, „da müssten Sie den Vortrag über Diospi Suyana unbedingt einmal halten!"

Als wir uns um 1:30 Uhr in der Frühe trennten, sagte er mir: „Ich komme nach Curahuasi! Darauf können Sie sich verlassen. Erst sehen wir uns in Helsinki und dann in Peru!"

Im Nieselregen suchte ich den Zubringer zur Autobahn und träumte plötzlich von der finnischen Seenplatte.

Helsinki zwei Jahre später. Vor 200 meist jungen Leuten hielt ich in der Kirchengemeinde Suhe am Abend eine Predigt. Mein Übersetzer war kein anderer als Medizinstudent Anti Pertula. Den ersten Teil seines Versprechens hat er eingelöst, es fehlt nur noch seine Mitarbeit in Peru.

Im Februar 2013 sprach ich in mehreren deutschen Kolonien im heißen Chaco Paraguays. In einer sternenklaren Nacht lauschten über 100 Jugendliche im Freien meinen Ausführungen, während im Hintergrund die Grillen zirpten. Und im November desselben Jahres hielt ich Vorträge in Manitoba, Kanada, bei 20 Grad unter null.

Eine katholische Ärztin organisierte für mich einen Vortrag in Norditalien und eine englische Medizinstudentin schickte mich in ihre Kirchengemeinde nach Garstang, England. Ein mexikanischer Leser meines Buches lud mich nach Mexiko ein und eine Spanierin holte mich zu einer Vortragsreihe nach Barcelona. Während eines Transatlantikflugs hatte sie die spanische Ausgabe meines Buchs verschlungen.

Bei all meinen Präsentationen möchte ich die Geschichte so erzählen, als sei es das allererste Mal – voller Leidenschaft und Ehrlichkeit. Die Zuschriften, die wir erhalten, handeln oft von erstaunlichen Veränderungen im Leben der Zuhörer. Am katholischen Petrinum-Gymasium in Brilon lauschten 350 Schüler gebannt dem Krimi von Diospi Suyana. Unter ihnen saß ein Religionslehrer, der nach dem Vortrag wieder anfing, in der Bibel zu lesen und zu beten.

Kurz vor Weihnachten 2007 hatte ich die Gelegenheit, vor 500 Schülern an der Freien Christlichen Schule in Lörrach zu sprechen. „Frau Rabus", fragte ich die Lehrerin, die den Schulgottesdienst vorbereitet hatte, „wie viel Zeit steht mir zur Verfügung?"

Die nette Dame antwortete frisch und geradeheraus: „Wie ich meine Schüler kenne, so um die zehn Minuten. Danach hört Ihnen ja doch keiner mehr zu!" Sie sollte sich täuschen. Eine Stunde lang hätte man die berühmte Stecknadel fallen hören. Mit ihrem Feedback ließ sich Frau Rabus sechs Jahre lang Zeit. Dann schrieb sie an unser deutsches Büro:

„Es war der Hammer, als Dr. John vor ein paar Jahren an unserer Schule war! Ich werde diesen Vortrag nie vergessen und sehe heute noch vor mir, wie Schüler und Lehrer mit offenem Mund der Geschichte von Diospi Suyana gelauscht haben. Es war ein echtes Highlight unter all den Schüler-gottesdiensten, die wir bis dahin organisiert hatten ... Ich werde die Bilder nie vergessen, die Wunder, die Gott getan hat, und die Begeisterung, mit der Dr. John erzählt hat. Ich weiß noch, dass ich dachte: Dieser Mann holt gar keine Luft, er wird noch kollabieren – aber wir alle haben auch kaum zu atmen gewagt, weil wir so gefesselt waren von dem, was wir da hörten.

Begeistert war ich auch, weil zwei Menschen eine Vision hatten und mit Gottes Hilfe etwas so Grandioses entstanden ist. Die Aussage: ‚Was kann ich alleine schon ausrichten‘, die ich immer wieder höre, wurde hier ad absurdum geführt!"

Ihrem netten Kommentar hatte sie gleich eine Einladung beigefügt, die ich natürlich nicht ausschlagen konnte. Am 7. April 2014 erzählte ich an ihrer Schule gleich zweimal von dem Indianerkrankenhaus in den Bergen Perus. Wegen der Brandschutzbestimmungen verteilten sich 600 Schüler der Mittel- und Oberstufe auf zwei Gottesdienste. Einer von ihnen, der sonst diese Schülergottesdienste hasst wie die Pest, sagte danach zu seiner Lehrerin (Originalton): „Das war das Geilste, was ich je gehört habe!"

Auf diesen langen Reisen will ich stets das sagen, was ich denke, und das leben, was ich sage. Als Jesus seine Nachfolger aufforderte, „ihr Kreuz zu tragen", meinte er unsere Opfer- und Leidensbereitschaft um einer höheren Sache willen. Die Integrität eines Christen wird nicht durch Reden erworben, sondern durch einen Lebensstil, der Gott gefällt und unsere eigenen Worte nicht Lügen straft. Ich will dazu gerne ein ganz praktisches Beispiel geben. Seit Beginn meiner Rundreisen im Januar 2004 habe ich bis heute in keinem einzigen Hotelzimmer den Fernseher eingeschaltet, wenn ich allein war. Ich möchte meiner Frau Tina treu sein – auch in Gedanken. Pornofilme wären da nicht hilfreich. Und natürlich weiß auch ich, dass Geld, Sex und Macht jede christliche Führungsfigur zu Fall bringen können.

25 000 US-Dollar haben oder nicht haben

Im November 2014 fuhr ich mit dem Auto 13 000 Kilometer durch 25 Bundesstaaten der USA und hatte 58 Termine wahrzunehmen. Darunter immerhin 25 Fernseh- und Radiointerviews. In Gedanken war ich natürlich oft bei meiner Familie und bei Diospi Suyana in Peru. Ich wusste, dass es Probleme gab. Zwei unserer Anträge auf Rückerstattung der Mehrwertsteuer in Höhe von 74 000 Soles (25 000 US-Dollar) lagen beim peruanischen Finanzamt SUNAT und das Ergebnis war völlig offen.

Unser Buchhalter hatte die Antragsfrist nicht einhalten können, weil ein Dokument der staatlichen Behörde APCI bei unseren Unterlagen fehlte. Die „Agencia Peruana de Cooperación Internacional" regelt die Aktivitäten aller großen Nichtregierungsorganisationen, die in Peru tätig sind. Drei ganze Monate waren vergangen, bis APCI uns das Dokument hatte zukommen lassen. Leider zu spät. Eine typische bürokratische Schlamperei. Ich war mir aber nicht sicher, ob das Finanzamt sich unserer Sichtweise anschließen würde. Da ich Christ bin, habe ich die Angewohnheit, dass ich täglich alle meine Sorgen Gott anvertraue. Ich reiste zwar in jenen Wochen fernab durch Nordamerika, aber durch meine Gebete war ich natürlich in Peru im Zentrum der Aktion.

Am 2. Dezember kehrte ich nach Hause zurück und rief sofort unseren Buchhalter an: „Sr. Montalvo, wie sieht es mit den Anträgen aus? Ich will jetzt wissen, was Sache ist!" Ich war wirklich ungeduldig.

„Dr. John, machen Sie sich keine Sorgen, mir hat einer der Sachbearbeiter mitgeteilt, alles ginge seinen guten Gang. Aber ich frage gerne beim Finanzamt in Cusco nach!" Mündliche Zusagen sind in Peru leider so viel wert wie die

Wettervorhersagen für den nächsten Monat. Also ließ ich nicht locker. „Edgar, ich will etwas Schriftliches in der Hand haben!"

Am 4. Dezember saß Ivoska Seiffert in meinem Büro. Frau Seiffert war keine Geringere als die Schwester des peruanischen Staatspräsidenten. Seit vielen Jahren lebte sie schon in der Schweiz. Ihre Tochter Carol hatte auf Empfehlung des Präsidenten bei uns zwei Monate als freiwillige Zahnärztin gearbeitet. Jetzt holte sie ihre Tochter ab und erhielt natürlich außer einer Führung durch das Spital auch einen Privatvortrag von mir.

„Frau Seiffert, vielleicht werden wir Ihre Hilfe benötigen", sagte ich am Ende meiner Präsentation. „Ich erfahre in diesen Tagen, ob das Finanzamt unsere gezahlte Mehrwertsteuer der Monate Januar und Februar einbehält oder rückerstattet."

„Herr John, falls notwendig, werde ich mich gerne für Sie einsetzen. Vor meinem Rückflug in die Schweiz sehe ich noch meine Familie in Lima!"

Freitag, 5. Dezember. Zur Überraschung unseres Buchhalters traf genau das ein, was ich befürchtet hatte. Unsere beiden Anträge waren abgelehnt worden. Der Schock saß tief. 25 000 US-Dollar sind für ein frommes Missionsspital ein Heidengeld.

Innerhalb von Sekunden hatte ich mein Handy in der Hand und informierte die Schwester des Präsidenten. Es kam der Samstag, dann der Sonntag und schließlich der Montag. Unsere Telefonverbindung riss nicht ab. Ivoska Seiffert machte unsere Notlage zum Gesprächsthema im Hause Humala. Die First Lady und der Staatschef hörten, dass Diospi Suyana in Gefahr stand, durch eine Schlamperei der Behörde APCI um 25 000 US-Dollar geschädigt zu werden. Sie versprachen ihrer Verwandten, uns beizustehen.

„Dr. John", tröstete mich Frau Seiffert, „wenn Sie heute Ihren Fall mit den entsprechenden Dokumenten an die folgende E-Mail schicken, wird sich die First Lady Nadine Heredia morgen in aller Frühe der Sache annehmen!"

Ich halte mich fast immer an den Grundsatz: „Schmiede das Eisen, solange es heiß ist!" Eile war geboten. Mit Agustin Landeras, dem Chef unserer Logistikabteilung, fuhr ich in der Nacht über die Berge, um mit unserem Buchhalter Edgar Montalvo alle Fakten zusammenzutragen. Wegen des dichten Nebels saßen wir erst um Mitternacht in seinem Büro. Unsere leitende Verwaltungsmitarbeiterin Marion Hofmann durchforstete zur gleichen Zeit unser Archiv im Spital auf der Suche nach weiteren sachdienlichen Dokumenten. Um halb zwei hatte ich die Unterlagen in der Hand. Um drei Uhr formulierten Agustin und ich an meinem Schreibtisch – jetzt wieder in Curahuasi – ein Schreiben an das Präsidentenehepaar. Um vier Uhr im Morgengrauen drückte ich auf die „Senden"-Taste. Agustin ging nach Hause und ich legte mich ins Bett.

Vielleicht kennen Sie das Gefühl der inneren Unruhe. Wenn viel auf dem Spiel steht, findet man doch keinen Schlaf und wälzt sich stattdessen auf seinem Kissen hin und her. Um fünf Uhr saß ich schon wieder auf meinem Schreibtischstuhl, um einen Vortrag vorzubereiten. Denn just an diesem Tag wollte eine Kommission von APCI unser Spital besuchen und alle gespendeten Geräte genauestens inspizieren.

Nach der Morgenandacht bat ich die Besucher aus Lima in mein Büro. „Es ist mir eine große Ehre, Ihnen die Geschichte unseres Werkes erzählen zu dürfen", sagte ich freundlich, „danach können Sie mit Ihrer Untersuchung beginnen!"

Die beiden Bürokraten, eine adrette Dame und ein höflicher Herr, aßen artig den Kuchen, den meine Sekretärin Gabi Wall verführerisch auf den Tisch gestellt hatte. Dabei tranken sie genüsslich den gereichten Tee. Es dauerte nicht lange und die APCI-Leute saßen aufrecht auf ihren Stühlen. In meiner Präsentation zeigte ich ihnen anhand mehrerer Beispiele, wie die Behörden uns im Laufe der letzten Jahre ein Bein nach dem anderen gestellt hatten – und ganz aktuell ihre eigene Agentur APCI.

„Dr. John, mea culpa", sagte Jessica Flores, „es tut uns leid. In den letzten Monaten hatten wir keinen Chef bei APCI und vieles ist da völlig aus dem Ruder gelaufen!"

Zwei Tage später traten die beiden dankbar ihre Rückreise an. Das, was sie am Krankenhaus und in der Schule mit eigenen Augen gesehen hatten, war nicht spurlos an ihnen vorübergegangen. Meine Aufmerksamkeit in jenen Tagen hatte aber weniger den Gästen aus Lima gegolten als vielmehr unserem Kampf mit dem peruanischen Finanzamt. Stündlich überprüfte ich meinen E-Mail-Eingang und rief gleich mehrmals täglich beim Präsidentenbüro an. Aber da in der zweiten Dezemberwoche der Weltklimagipfel in Lima stattfand, hatten die Berater des Staatschefs alle Hände voll zu tun. Ich war förmlich abgemeldet und wurde langsam ungeduldig.

Dann endlich der erlösende Anruf. Am Mittwoch, dem 17. Dezember, meldete sich Sra. Juscamaita, die Chefsekretärin des Präsidenten, persönlich bei mir. „Dr. John, ich habe eben mit der Generaldirektorin des Finanzamtes in Cusco telefoniert. Sie weiß, dass der Staatschef über diese Angelegenheit besorgt ist. Am Freitag haben Sie ein Treffen mit ihr. Lassen Sie mich danach wissen, wie die Sache ausgegangen ist!"

Freitagmorgen, der 19. Dezember. Nach einer wunderschönen Betriebsweihnachtsfeier am Vorabend fuhr ich in aller Frühe nach Cusco und traf mich um kurz nach acht mit unserem Buchhalter vor der Tür des Finanzamtes. Wenige Minuten später bat man uns ins Büro der Direktorin. Außer ihr saßen noch zwei Sachbearbeiter im Raum.

„Dr. John", ergriff die hohe Beamtin Martha Velarde das Wort, „alles ist in Ordnung. Wir haben Ihre Anträge positiv beschieden. In wenigen Tagen kriegen Sie ihre Schecks. Bitte unterschreiben Sie unseren Bescheid auf der Rückseite!"

Ich machte ein ernstes Gesicht, aber innerlich musste ich schmunzeln. Genau so war Peru. Wegen der Trödelei einer Behörde hatten wir 25 000 US-Dollar verloren, aber wegen der Intervention des Staatspräsidenten den gleichen Betrag wieder gewonnen.

Genau in der Woche, als uns die negative Nachricht des Finanzamtes erreicht hatte, war die Schwester des Staatschefs staunend durch die Gänge unseres Krankenhauses geschritten. Wieso ereignen sich bei Diospi Suyana immer wieder solche merkwürdigen Zufälle? Ich denke, es liegt daran, dass unser Lebensauftrag zur Chefsache Gottes wird, wenn wir in seinem Namen unterwegs sind. Dann lässt er uns nicht im Stich. Aber ein Zweites ist auch wichtig. Zu allen Zeiten haben Menschen erfahren, dass Gott die Macht hat, auf ernst gemeinte Gebete zu reagieren. Diese Gebete müssen weder stilvoll noch grammatikalisch fehlerfrei sein, sondern nur aus dem Herzen kommen.

Eines der Gebete, das mich am meisten bewegt hat, hörte ich auf einer meiner Rundreisen in den USA. Mein Vortrag vor 230 Schülern der Presbyterian School in Houston war gerade zu Ende gegangen und die Kinder sollten wieder in ihre Klassen gehen. Da eilte eine Lehrerin schnell nach vorne und sagte: „Was wir eben gesehen haben, ist ein Wunder. Lasst uns beten!" Alle Anwesenden lauschten in die Stille. Doch die Lehrerin sagte gar nichts. Sie weinte. Dann endete ihr Schluchzen mit einem „Amen" und das Gebet war zu Ende.

Bitte, kommen Sie in mein Schlafzimmer

Vielleicht denken Sie, dass Gott eher aktiv wird, wenn es sich um einen „Publikumsmagneten" wie Diospi Suyana handelt. Die Presse berichtet darüber, die TV-Sender schicken ihre Drehteams und der Staatschef landet in seinem Helikopter auf dem Krankenhausgelände. Aber ist Gott auch bereit, in Ihrer und meiner Privatsphäre zu agieren, dort, wo niemand hinschaut? Darum geht es in diesem Kapitel. Ich lade Sie ein, mich in unser Schlafzimmer nach Wiesbaden zu begleiten.

Wir leben in Peru, aber da ich oft in Deutschland unterwegs bin, haben wir im Haus meiner Schwester eine kleine Dachwohnung zur Verfügung. In diesem Apartment gibt es ein Räumchen von etwa 7 Quadratmetern, in das meine Frau und ich ein Bett von 1,4 m Breite hineingequetscht haben. Es wurde im Sommer 2011, als wir für mehrere Monate nach Deutschland kamen, unser Ehebett. Zwischen Bett und Wandschrank bleibt ein schmaler Gang von 45 Zentimetern. Vor dem Bett, direkt neben der Tür wollten wir ein Schränkchen unterbringen. Unser Schlafzimmer klebt direkt unter dem Hausdach und die Decke geht von links unten nach rechts oben. Ich mag kleine Dachwohnungen, da sie eine Menge Gemütlichkeit und Geborgenheit bieten. Die Schräge macht es allerdings schwierig, die passenden Möbel zu finden. Sie wissen, was ich meine. Wenn das Schränkchen etwas höher ist, muss es schmäler sein, denn sonst stößt es an die Dachschräge. Im Bildteil habe ich ein Foto von unserem Schlafzimmer für Sie abgedruckt.

Wir durchzogen viele Möbelhäuser im Rhein-Main-Gebiet, da wir auch für unsere drei Kinder Schränke und Schreibtische anschaffen mussten. Unsere Einkäufe waren alle ziemlich erfolgreich, aber für unser Schlafzimmer fand sich einfach nicht das richtige Schränkchen. Der Grund war der enge Platz unter der Schräge und unser Bett aus Kernbuche. Das

Bett war ein seltenes Sonderangebot gewesen und bei dem Dumpingpreis hatten meine Frau und ich einfach nicht Nein sagen können. Wir suchten also ein kleines Schränkchen für die Ecke, das außerdem noch zum Muster und Farbton unseres Bettes passen musste.

Vielleicht denken Sie, dass solche mondänen Gesichtspunkte einer Missionarsfamilie unwürdig seien. Und möglicherweise glaubt mancher von Ihnen sogar, eine karge Klosterzelle sei die ideale Bleibe für meine Frau und mich. Nun, wie dem auch sei, an einem Nachmittag zog ich allein los: wild entschlossen, bis zum Sonnenuntergang ein geeignetes Schränkchen zu finden. Ein Möbelstück aus massivem Holz (ich hasse Pappmöbel), von exakt der richtigen Größe, verträglich mit Kernbuche und, bitte schön, zu einem Preis, der nicht unser Jahresbudget ins Kippen bringt.

Während ich mit entschlossenen Schritten durch die Möbelhäuser ging und die Rolltreppen hoch- und runterfuhr, betete ich im Stillen um Gottes Segen. Es war kein Stoßgebet, sondern mehr ein Dauergebet. „Bitte, Gott, hilf mir, dieses Thema Schränkchen endgültig abzuhaken."

Mir ist klar, dass Sie meine Bemühungen um unser Missionskrankenhaus gut verstehen. Wir retten die Leben von so vielen Menschen und wurden mit Diospi Suyana sogar der Hoffnungsträger einer ganzen Region. Vermutlich können Sie aber meinen Einsatz um unsere Schlafzimmergarnitur nicht so recht nachvollziehen. Bitte seien Sie mit mir etwas nachsichtig. Wenn ich mir etwas in den Kopf setze, möchte ich es auch zu einem guten Ende bringen.

Ich ging im Eiltempo durch das erste Möbelhaus, durch das zweite und dritte. Beim dänischen Bettenlager sah ich ein „Apothekerschränkchen" aus Kiefer. Es war wunderschön, aber der gelbe Kieferton harmonierte absolut nicht zur Kernbuche unseres Bettes. Jetzt sagen Sie vielleicht, man habe doch nachts ohnehin die Augen zu, ich solle mich mal nicht so anstellen. Hm, ich kann zwar ihren Einwand nicht von der Hand weisen, aber ich bin etwas eigen. Niemand weiß das besser als meine Frau.

Drei Stunden lang war ich durch fünf (!) Möbelhäuser gezogen. Und dabei betete ich zum Allmächtigen um den Glückstreffer von einem Möbelstück. Hat Gott nicht Wichtigeres zu tun, als sich um solche Lappalien zu kümmern? Darüber könnten wir jetzt lange streiten. Aber Jesus hat gesagt, dass wir uns in unseren Gebeten auch mit kleinen Dingen an ihn wenden dürfen, vertrauensvoll und naiv wie ein Kind. Und obwohl ich einen Teil meiner Ausbildung bei Harvard und Yale absolviert habe, glaube ich, dass das stimmt.

Der Nachmittag ging vorbei und es wurde Abend. Ich hatte kein passendes Schränkchen gefunden. Schließlich versuchte ich mein Glück im Möbelhaus XXXL in der Wiesbadener Äppelallee. Leider Fehlanzeige. Ich stand missmutig am Ausgang und blickte auf meine Armbanduhr. Es war 20 Minuten vor 19 Uhr. Meine Zeit war abgelaufen und ich konnte mir schon einmal eine theologische Begründung überlegen, warum Gott auf meine dreistündige Gebetszeit nicht reagiert hatte.

Linkerhand vom Möbelhaus XXXL befindet sich eine Niederlassung der Supermarktkette „Real". Plötzlich hängte ich mich an diesen „Strohhalm". „Vielleicht finde ich dort mein Schränkchen!"

Wenn Sie in Deutschland wohnen, sind Sie mit den Realmärkten wohlvertraut. Sie kriegen dort Lebensmittel, Billigkleidung und die üblichen Artikel eines Discounters. Möbel gehören eher nicht zum Sortiment. Aber wenn man „verzweifelt" ist, wie ich es war, versucht man alles.

Ich ging an eine der Kassen und fragte die Dame: „Gibt es bei Ihnen auch Möbel?"

Die Dame tippte eifrig die Produkte eines Kunden ein und

antwortete kurz: „Ich weiß es nicht. Wenn wir etwas haben sollten, dann steht es wohl im ersten Stock. Nehmen Sie dort hinten die Rolltreppe nach oben!"

Ich würde Ihnen gerne beschreiben, wie mir zumute war, als ich diese Rolltreppe hochfuhr. In sechs großen Möbelhäusern hatte ich mich umgeschaut, immer in der Hoffnung, endlich fündig zu werden. Ergebnis: null! Und jetzt war das Ende der Fahnenstange erreicht. Bei Real im ersten Stock kurz vor Ladenschluss. Auf der oberen Etage ging ich durch die Gänge. Leider sprangen mir keine Möbel ins Auge. Im Klartext: Es stand dort weder ein Bett, noch ein Schrank noch ein Tisch. Nichts.

Doch dann entdeckte ich einige Kisten im hinteren Bereich, deren Aufdruck tatsächlich auf ein Möbelstück hindeutete. Das Bild sah verdächtig nach meinem Apothekerschränkchen aus, das ich beim dänischen Möbellager sehnsüchtig in Augenschein genommen hatte. Ich nahm die Kiste zur Hand und ohne jegliche Hemmungen riss ich die Pappe auf. Ich glaubte, meinen Augen nicht zu trauen. Dieses Möbelstück bestand zwar auch aus Kiefer, aber es war gebeizt und passte hervorragend zum Farbton einer Kernbuche. Das Angebot von 99 Euro war sogar das günstigste Möbelstück, das ich an jenem Tag zu Gesicht bekommen hatte.

In mir kam eine Ahnung hoch. Sollte Gott meine Gebete, mein ewiges Gemurmel am Nachmittag doch gehört haben? Ich schleppte die Kiste zur Kasse und bezahlte den Betrag mit meiner Eurocard. Damit war die Frage keineswegs beantwortet, ob das Schränkchen mit seiner Größe zwischen der Dachschräge und der Tür überhaupt Platz finden würde. Aber es gibt Augenblicke, da spüre ich den Rückenwind von ganz oben. Wenn Sie kein Christ sind, werden Sie nicht wissen, wovon ich spreche. Das ist aber nicht schlimm. Lesen Sie getrost weiter.

Ich trug meinen stolzen Einkauf in den dritten Stock unter das Dach und machte mich sogleich an den Zusammenbau der vielen Teile. Das gefärbte Kiefernholz des Schränkchens und die Kernbuche des Bettes waren eine Wohltat für jeden Ästheten.

Das fertige Produkt stand vor mir und ich schob es langsam unter die Wandschräge. Was ich vor mir sah, überwältigte mich total. Auf den Millimeter genau fügte sich das Möbelstück in die architektonische Landschaft unseres winzigen Schlafzimmers ein. Es sah aus, als ob ein Schreiner das Schränkchen „maßgeschneidert" extra für diese kleine Ecke gebaut hätte.

Am nächsten Tag zeigte ich meiner Schwester Helga diese Errungenschaft und sagte: „Ein Atheist kann sich niemals vorstellen, dass Gott auf solche Gebete antwortet!"

Meine Schwester antwortete weise: „Die meisten Christen auch nicht!" Wahrscheinlich trifft sie damit einen wunden Punkt.

In Kirchen auf allen Kontinenten wird am Sonntagmorgen gebetet, dass Gott das Leid der Welt lindern und den Traurigen Trost spenden möge. Die meisten Gebete sind allgemein gehalten und daher schlichtweg nicht verifizierbar. Ich verstehe gut, warum 96 Prozent der Deutschen es vorziehen, lieber im Bett zu bleiben. Auf sie wirken Gebete dieser Art als bloße Farce. Dafür muss man sich am Morgen nicht aus dem Bett quälen. Aber wenn wir anfangen, ganz konkret zu beten – sozusagen um den letzten Millimeter –, wird es dramatisch. Und das Gebet entwickelt sich zu einem Krimi, dessen Ausgang völlig ungewiss ist.

Gelegentlich steige ich während meiner Reisen durch Europa in Wiesbaden ab und schlafe einige Stunden auf einem Bett von 1,40 Metern Breite. Ohne meine Frau ist es für mich eigentlich zu groß. Wenn ich am Morgen die Augen aufschlage, sehe ich sofort ein Schränkchen vor mir stehen, dessen Größe und Farbton mich an die Güte Gottes erinnern. Und ich fahre zum nächsten Vortrag in der tiefen Überzeugung, dass Gott mein „Vater" im Himmel ist, der mir sogar so einen „Kinderwunsch" wie jenes Schränkchen erfüllt hat. Mein leiblicher Vater Rudolf John hat mir das immer geraten, als er noch lebte: „Klaus, wir müssen auch die kleinen Dinge zum Gegenstand des Gebetes machen!"

Wie kam mein Vater eigentlich dazu, so etwas zu sagen? Ich werde es Ihnen im nächsten Kapitel erklären.

Von der Vergangenheit in die Zukunft

Die Dämmerung brach herein und im Wohnzimmer ließen sich nur noch grobe Konturen erkennen. Wir vier Kinder spitzten die Ohren und schauten gespannt auf Papa. Er erzählte die Geschichte seiner Flucht. Meine älteste Schwester Gerlinde, Helga, mein Bruder Hartmut und ich hatten sie schon oft gehört. Eigentlich kannten wir jede Episode dieser aufregenden zwei Wochen in und auswendig, in denen mein Vater als Kriegsgefangener von Frankreich nach Deutschland geflohen war. Immer im Schutz der Wälder und ständig in der Angst, unterwegs gestellt und standrechtlich erschossen zu werden.

19. August 1947. Mein Vater wirft sich ins Unterholz. Der französische Grenzbeamte hat ihn entdeckt. Der Hund des Franzosen hetzt auf das Gebüsch zu, wo mein Vater zitternd am Boden liegt. Er versucht seinen Atem zu unterdrücken, aber innerlich schreit er zu Gott. „Gott rette mich, ich will nach Hause zu meinen kranken Eltern und zu meinem Bruder Walter!"

Der Grenzbeamte wird ungeduldig. Derbe Flüche kommen aus seinem Mund. Was ist nur mit seinem Hund los? Er ist doch besonders für diese Aufgabe abgerichtet. Warum rennt er jetzt ziellos durchs Gestrüpp, als habe er die Spur gänzlich verloren.

25. August 1947. Irgendwo an der luxemburgisch-deutschen Grenze. Jetzt ist es aus, denkt mein Vater. Urplötzlich ist von der Nordseite her ein luxemburgischer Grenzposten aufgetaucht. Mein Vater steht am Baum und wagt nicht, sich zu rühren. Der Soldat schlendert den Weg entlang und zieht genussvoll an seiner Zigarette. Seine Augen sind fortwährend auf die andere Seite der Grenze gerichtet. Würde sein Blick ein wenig nach links schweifen, würde er den Mann mit den zerrissenen Kleidern, der wenige Meter neben ihm steht, sofort entdecken. Doch der schickt in tiefer Verzweiflung ein Stoßgebet nach dem anderen zum Himmel.

28. August 1947. Mein Vater hat die deutsche Grenze überquert. Erschöpft und völlig mittellos läuft er durch das Grenzgebiet. Wer wird ihm helfen, einem entlaufenen Gefangenen? Da trifft er einen alten Mann, der in seiner Heimat Schlesien zu den Kunden seines Vaters gehört hatte.

„Ich kenn dich doch!", ruft der Vertriebene. „Komm mit, du kannst bei mir schlafen und ein bisschen Brot habe ich auch für dich!"

29. August 1947. Mein Vater ist auf dem Weg zum Bahnhof. Plötzlich hält neben ihm ein Auto auf der Straße. „Wo willst du hin?", fragt der Fremde.

„Zum Bahnhof", antwortet Rudolf knapp.

„Na, dann steig ein!"

Als mein Vater sich wenige Minuten später verabschiedet, reicht ihm der freundliche Herr unaufgefordert einen Zwanzigmarkschein. Und schlagartig versteht der Kriegsgefangene, dass er ja überhaupt keinen Pfennig Geld bei sich trägt, um die Bahnkarte zu kaufen. Am Schalter löst er dann das Ticket nach Bad Schwalbach in Hessen. Es kostet etwas über 19 Mark.

„Jetzt aber ab ins Bett mit euch!", rief mein Vater und meine Mutter pflichtete ihm bei. „Kinder, jetzt wird ganz schnell geschlafen, morgen wartet wieder harte Arbeit auf uns!"

Die Familiensaga John reicht in der Tat weit zurück. Seit mindestens fünf Generationen haben meine Vorfahren im Vertrauen auf Gott gelebt und ihr Leumund im schlesischen Güttmannsdorf bei Reichenbach war dementsprechend gut. Als der Dorfpolizist an die Tür meines Urgroßvaters klopfte und ihn unterrichtete, dass er eines schweren Vergehens beschuldigt worden sei, da antwortete der Bäcker: „Herr Wachtmeister, sie kennen mich seit vielen Jahren. Ich fürchte Gott!"

Das reichte offenbar aus, um den Polizisten zu überzeugen, denn dieser antwortete: „Ja, Sie haben recht. Ich lasse die Anklage einfach fallen!"

Der Glaube an Gott ist natürlich die bewusste Entscheidung eines jeden Einzelnen. Aber es gibt in manchen Familien – so auch bei den Johns – einen wertvollen Schatz von Erfahrungen, die vom Großvater an die Enkel weitergegeben werden. Und so fassen die Jüngsten Mut, in ihrem eigenen Leben mit Gott zu rechnen.

Wir schreiben jetzt das Jahr 2019. Ich gebe zu, dass das Leben unserer Familie etwas aus dem Rahmen fällt. Zu den Besonderheiten unseres Lebens zählt, dass ich jedes Jahr sechs Monate von meiner Frau getrennt bin. Im Klartext heißt das: Ich habe Martina seit 2004 in der Summe über sechs Jahre nicht gesehen. Meine Frau motiviert das Team in Curahuasi, wenn ich auf Reisen bin. Wie sie es schafft, ihr Programm als

Vollblutärztin, als Co-Leiterin eines Missionswerks und ihre Rolle als Mutter zu erfüllen, weiß ich nicht. Aber ich habe festgestellt, dass sie es kann, weil Gott ihr Qualitäten verliehen hat, die extrem selten anzutreffen sind. Sie vereinigt unbedingten Einsatzwillen mit Einfühlungsvermögen und Leidenschaft mit Sachverstand.

„Was wird aus Familie John in zehn Jahren?", werde ich manchmal von den Zuhörern meiner Vorträge gefragt.

Wenn Gott uns weiterhin mit Gesundheit und Schaffenskraft segnet, wollen wir bis zum Ruhestand weitermachen. Noch sind uns die Ideen nicht ausgegangen. Wir haben das Spital auf 100 Betten aufgestockt, um die Patientenzahlen zu erhöhen. Dabei geht es uns nicht um einen Zahlenfetischismus. Aber jeder Patient ist ein Schicksal und wir sind wirklich davon überzeugt, dass es besser ist, 5 000 Patienten im Monat zu helfen als „nur" 2 000. Wenn wir die langen Patientenschlangen vor der Tür des Spitals sehen und nachts die vielen Schläfer beobachten, die eingemummt im Freien auf einen Arzttermin warten, werden meine Frau und ich nervös. Wir wollen einer maximalen Zahl von Hilfesuchenden während unserer Lebenszeit Beistand leisten.

Am 31. August 2016 weihten wir feierlich das Medienzentrum von Diospi Suyana ein. Wir wollen langfristig das ganze Land mit Sendungen zu Gesundheit, Kultur und Glaubensfragen erreichen. Wir suchen dazu die geeigneten Mitarbeiter, die bereit sind, sich langfristig in diesen Arbeitsbereich einzubringen.

Obwohl wir Diospi Suyana initiiert haben, ist das Werk nicht von uns abhängig. Gott kann uns jederzeit ersetzen, wenn wir eines Tages vielleicht aus gesundheitlichen Gründen abtreten müssen. Und dieser Zeitpunkt wird kommen.

Olaf Böttger, der Vorsitzende von Diospi Suyana/Deutschland und seine Schwester Annette Böttger, die unserer Stiftung vorsteht, sehen in Diospi Suyana ebenfalls eine Aufgabe für ihr ganzes Leben. Und Dr. Jens Haßfeld wäre jederzeit in der Lage, in Peru die Arbeitszweige von Diospi Suyana kompetent zu leiten. Vielleicht würde er diese Aufgabe sogar besser erfüllen als wir.

Was machen unsere Kinder? Unsere Tochter Natalie war nach ihrem Abitur ein Jahr als Freiwillige an einem Waisenhaus in Südafrika tätig. Bei Redaktionsschluss standen sie und unser Sohn Dominik mitten in ihrem Medizinstudium. Es ist offensichtlich, dass unsere Kinder erblich belastet sind. Florian studiert mittlerweile Mathematik und Spanisch für das gymnasiale Lehramt.

Wenn meine Frau und ich mittags auf einen Sprung nach Hause fahren, um eine Kleinigkeit zu essen, sehen wir sie oft an uns vorbeiziehen. Drei Kinder in der Uniform der Diospi-Suyana-Schule. Ich kann mich noch gut an meinen eigenen Schulweg erinnern. Um 13:15 Uhr ertönte das erlösende Klingelzeichen. Wir Schüler sprangen auf und rannten durch die Tür. Sechs Stunden Unterricht schlauchen total. Auf meinem Heimweg kam ich oft ins Träumen. Was würde ich später einmal machen? Würde ich vielleicht Entdecker werden, Forscher oder sogar Missionsarzt? Natürlich hatte ich keine konkrete Ahnung von meiner Zukunft. Aber wie es schien, standen mir alle Optionen offen.

Ich spreche immer wieder mit Menschen über ihre Biografie. Die Kindheit wird in diesen Schilderungen oft nostalgisch verklärt. Das Leben, das folgt, ist dann nicht immer so schön. Dreißig Jahre später hört man bei Klassentreffen oft von gescheiterten Existenzen, frühen Krankheiten und sogar von Todesfällen. Niemand will von uns zurück. Noch einmal als Kind zur Schule gehen? Nein danke! Sich erneut an der Universität einschreiben und bis zur Erschöpfung für Klausuren pauken? Lieber nicht! Und nachts wieder aufstehen, um das Kind mit Blähungen zwei Stunden durch die Wohnung tragen? Das ist glücklicherweise lange vorbei!

Wir bewegen uns nach vorne und denken vorwärts. Dabei weiß jeder, wohin die Reise geht: auf einen Friedhof. Und dann? Man könnte sagen, dass unser Lebensweg einer Sackgasse gleicht. Das Ende ist absehbar. Wenn das alles wäre, hätte ich einen faden Geschmack im Mund und ein großes Fragezeichen vor Augen.

Die Bibel spricht von unserem Leben auf dieser Erde als einer Art Vorbereitung. Das Beste kommt noch. Das hat uns Jesus Christus so versprochen und deshalb sind wir Christen.

Gelegentlich beteuern mir Gesprächspartner, sie seien mit dem Diesseits zufrieden. Wenn der Deckel sich schlösse, dann wäre es halt genug. – Ich glaube ihnen kein Wort. Die Ewigkeit ist in unsere Herzen gelegt, heißt es im Buch der Bücher. Und in der Literatur und Musik entdecken wir überall die Sehnsucht nach der jenseitigen Welt. Das Musical „Cats" ist nicht nur wegen der schönen Melodien so erfolgreich. Sicherlich auch wegen seines Themas vom ewigen Leben.

Zum Schluss das Wichtigste

Vor vielen Jahren lernte ich in der Oberstufe unseres Gymnasiums eine junge Frau kennen, die damals wohl jeder in ihrem Bekanntenkreis als anständigen Menschen bezeichnete. Sie war unter ihren Mitschülern äußerst beliebt, nicht zuletzt wegen ihrer Freundlichkeit und Hilfsbereitschaft. Sie nahm keine Drogen, schlief sich nicht durch fremde Betten und ließ im Kaufhaus nichts mitgehen. Ihr Ordnungssinn und Fleiß, gepaart mit ihrer überlegenen Intelligenz, verhießen ihr eine große Zukunft.

Sie stammte aus einer soliden Familie, wurde mit fünfzehn Jahren konfirmiert und zum Weihnachtsfest begleitete sie ihre Eltern Jahr für Jahr zur Christvesper. Wenn es so etwas wie eine „gute Christin" gab, dann hatte sie sicher beste Chancen auf diesen Titel.

Mit sechzehn Jahren fiel sie beim Reiten vom Pferd – und was noch schlimmer war: Der Hengst stürzte auf sie. Der komplizierte Beckenbruch verbannte sie für fünf Wochen ins Krankenhaus, wo sie eine Menge Zeit zum Nachdenken hatte. Ihr wurde klar, dass sie bei diesem Unfall auch hätte sterben können. In der Stille und Abgeschiedenheit des Spitals meldeten sich plötzlich nagende Fragen, auf die sie keine rechten Antworten fand: Hat mein Leben einen tieferen Sinn und was erwartet mich nach dem Tod?

Einige Monate nach ihrer Entlassung kam sie in Kontakt mit einer christlichen Jugendgruppe, wo genau diese Themen behandelt wurden. Sie hörte erstaunt, dass Gott nicht jenseits des Horizontes in unerreichbarer Ferne wohnt, sondern vielmehr in Jesus Christus für jeden Menschen ganz persönlich werden will. Für die innere Leere im Herzen, die mit Geld, Erfolg und Sex nicht zu füllen sei, so hörte sie, gebe es eine definitive Antwort, nämlich Gott.

Zwei Jahre später traf diese Frau einen ganz bewussten Entschluss. Sie vertraute sich und damit ihre Vergangenheit, Gegenwart und Zukunft Gott an. Sie wollte von nun an in Gemeinschaft mit Jesus Christus ihr Leben gestalten. Eine nie gekannte Freude erfüllte sie nach dieser Entscheidung. Ihre geheimsten Sünden war sie am Kreuz Christi losgeworden. Sie spürte die Nähe Jesu ganz real. Egal, was sie vielleicht einmal erleiden müsste, sie würde nie tiefer fallen als in die liebende Hand Gottes.

Vielleicht ahnen Sie schon, von wem ich hier schreibe. Ja, es handelt sich um meine Frau, mit der ich seit über dreißig Jahren verheiratet bin.

Meine Kindheit sah etwas anders aus. Für meine Eltern war der Glaube das absolute Fundament bei allen Lebensfragen. Sie lebten mir eine authentische Frömmigkeit vor, die auch vor dem eigenen Geldbeutel nicht haltmachte. Aber der Glaube lässt sich nicht einfach von der einen auf die nächste Generation vererben. Er muss selbst erfahren und gelebt werden.

Interessanterweise trieb mich lange Zeit die gleiche Unruhe um wie meine Frau Martina. Schon als Medizinstudent sah ich berufsbedingt viele Menschen sterben. Die Angst vor dem Tod war mir nicht fremd. Ein Fleck auf meiner Haut weckte in mir die Befürchtung, es könne sich um ein bösartiges Melanom handeln. Bei einem Schmerz im Knie witterte ich gleich einen Knochentumor.

Einmal stand ich neben dem Bett eines Alkoholikers, bei dem plötzlich mehrere Krampfadern in seiner Speiseröhre platzten. Vor meinen Augen verblutete er innerhalb weniger Minuten. Seine letzten Worte haben sich in meine Erinnerung eingebrannt: „Was wird jetzt aus mir?" Dieser sterbende Patient stellte die gleiche Frage, die auch mich beschäftigte: Was wird aus mir nach meinem letzten Atemzug, wenn man meinen Körper zu Grabe trägt? Ich wollte unbedingt herausfinden, ob die Hoffnung, von der die Bibel sprach, mehr war als ein bloßes Wunschdenken für die trüben Stunden, die uns allen nicht erspart bleiben.

In einer kalten Novembernacht ging ich über ein weites Feld. Der Wind heulte und die Blätter wirbelten durch die Luft. Die äußere Umgebung entsprach meinem Seelenzustand, denn ich war innerlich völlig aufgewühlt. Schließlich machte sich meine Erregung Luft und so laut ein Mensch schreien kann, schrie ich in die Dunkelheit hinaus: „Gott, wo bist du? Ich will dich sehen!"

Vielleicht stimmen Sie mir zu, dass Gott in der Geschichte von Diospi Suyana sichtbar geworden ist. Ich bin jedenfalls davon überzeugt. Und deshalb habe ich für mein erstes Buch den etwas seltsamen Titel gewählt: „Ich habe Gott gesehen!"

Und weil Gott *uns* alle sieht, auch Sie, möchte ich Sie ermutigen, den Glauben an Gott selbst auszuprobieren. Dabei haben Sie nichts zu verlieren, aber alles zu gewinnen. Ich bin sicher, dass Jesus Christus auch bei Ihnen das Loch in der Seele füllen kann, so wie er es bei meiner Frau und mir getan hat.

Dank

Meine Frau und ich danken allen Mitarbeiterinnen und Mitarbeitern sowie den Freunden unserer Arbeit weltweit. Sie haben uns die Treue gehalten, obwohl wir alles andere als perfekt sind.

Im Neuen Testament schreibt Paulus: „Gott aber kann viel mehr tun, als wir jemals von ihm erbitten oder uns auch nur vorstellen können. So groß ist seine Kraft, die in uns wirkt!" Dieser Satz hat sich in der faszinierenden Geschichte von Diospi Suyana immer wieder bewahrheitet. Deshalb danken wir Gott für seine Treue und Güte. Johann Sebastian Bach setzte unter jede seiner Kompositionen das Kürzel „SDG". Die drei Buchstaben stehen für „Soli Deo Gloria" und das bedeutet: „Gott allein die Ehre!"

Wir danken Gott für seine Gegenwart in unserem Leben und für seine Verheißungen im Blick auf unsere Zukunft. Was uns betrifft, so setzen wir unsere ganze Hoffnung auf den Himmel, wo wir einmal bei Gott ewig leben werden. Und wir beten mit Christen aller Konfessionen: „Maranatha, komm, Herr Jesus. Komm bald!"

Klaus-Dieter John

„Ich habe Gott gesehen"

Diospi Suyana –
Hospital der Hoffnung

272 Seiten,
mit 16 Fotoseiten, gebunden
ISBN 978-3-7655-1757-0

Als Touristen kam das Ärzteehepaar John nach Peru. Erschüttert von den schlechten gesundheitlichen und sozialen Bedingungen auf dem Land, beschlossen sie, ihren Lebenstraum zu verwirklichen: ein modernes Krankenhaus mitten in den Anden zu bauen – ohne einen einzigen Cent in der Tasche … Eine wahre Geschichte voller Wunder.

BRUNNEN VERLAG GIESSEN
www.brunnen-verlag.de

Klaus-Dieter John

Auf dem Wasser laufen

Diospi Suyana –
Der Glaube im Härtetest

288 Seiten,
mit 16 Fotoseiten, gebunden
ISBN 978-3-7655-0746-5

„Ihr werdet scheitern!"
… sagten viele, als das Arztehepaar John in Südperu ein modernes Krankenhaus für die Nachfahren der Inkas gründete. Denn es fehlte an allem: Geld, Kontakten, Ausstattung und Mitarbeitern. Doch dank einer Verkettung unerklärlicher Ereignisse wurde der Traum Wirklichkeit.
„Das wird nicht lange gut gehen!"
… so prophezeiten andere. Aber das Spital wurde ständig erweitert. Nun gibt es sogar eine Schule sowie ein Radio- und TV-Programm.
„Diospi Suyana ist und bleibt bedroht!"
Damit hatten die Skeptiker recht. Feinde und Neider, Engpässe und Rückschläge brachten das Werk immer wieder in Gefahr. Doch für Millionen von Beobachtern rund um den Erdball wird Diospi Suyana zu einem faszinierenden Härtetest des Glaubens. Mancher fragt: Kann man auf dem Wasser wirklich laufen?

Das Hospital Diospi Suyana im Hochtal von Curahuasi. Für viele Menschen ein Stückchen Himmel auf Erden.

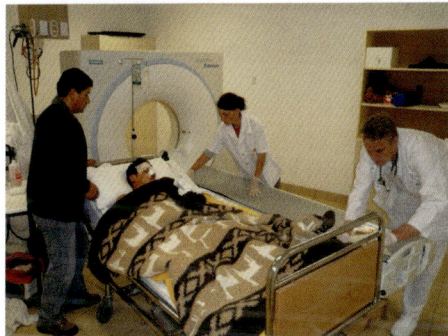

Rekordverdächtig: Am 25. Januar 2010 führten unsere fleißigen Mitarbeiter 148 Röntgenbilder bzw. Computertomografien durch. V. l.: Computerexperte Benjamin Azuero, RTA Esther Lietzau und Kinderarzt Dr. Armin Frick.

26. Januar 2010: Verlegung der ersten beiden Patienten mit dem Hubschrauber. V. l.: Dr. Oliver Engelhard, Dr. David Brady, Krankenpfleger Michael Mörl, Intensivschwester Karin Wettstein und Intensivpfleger Stefan Höfer.

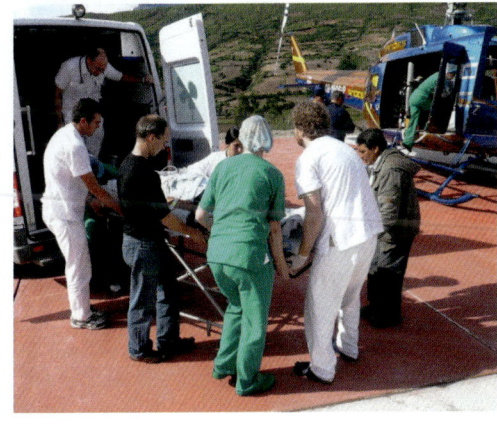

Karin Wettstein landete bei ihrem Sturz genau auf diesem Dach – das einzige Gebäude auf einer Strecke von 4 Kilometern.

Hoch über dem Atlantik am 24. August 2008. Zahnarzt Dr. Dankfried Geister und seine Frau Dorothea nach ihrer Filmvorführung im Laptop.

Einweihung der Zahn- und Augenklinik am 26. Juni 2010: Die bösen Bazillen Karius und Baktus schlagen große Löcher in die Zähne.

Am Folkloretanz nahmen auch Alexandra Kopp, Marit Weilbach und Stefan Höfer teil.

Pilar Nores (rechts mit blondem Haar), Jörg Vogel von Sirona und Ayla Bloomberg von Henry Schein stehen hinter dem Modell der Klinik.

Zahnärztin
Dr. Marlen
Luckow an
ihrem Arbeits-
platz in der
Zahnklinik.

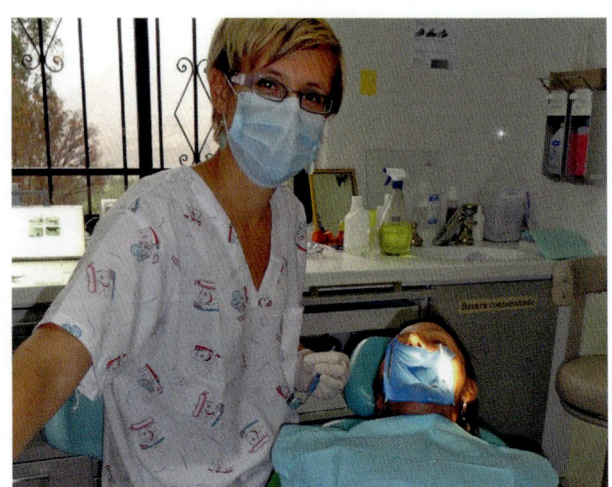

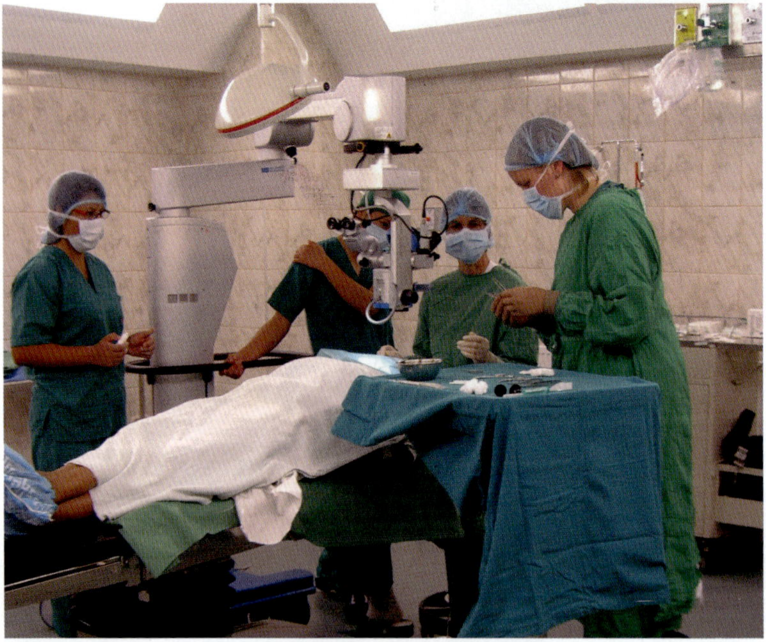

Die erste Operation der Augenärztin Dr. Ursula Buck am Hospital Diospi
Suyana. Auf dem OP-Tisch ein Quechua-Indianer, dem ein Stier sein Horn
ins Auge gerammt hatte.

21. April 2010: Vortrag vor Spitzenpolitikern aller im Kongress vertretenen Parteien. Der Präsident des Kongresses, Dr. Alva Castro, reicht mir die Hand.

Am Stand der Firma Ziehl-Abegg auf der Messe in Augsburg am 15. Oktober 2009.

Die erste offizielle Fahrt unseres gespendeten Fahrstuhls. Links steht Wolf-Dietrich Schreier, rechts im blauen Hemd Michael Mörl.

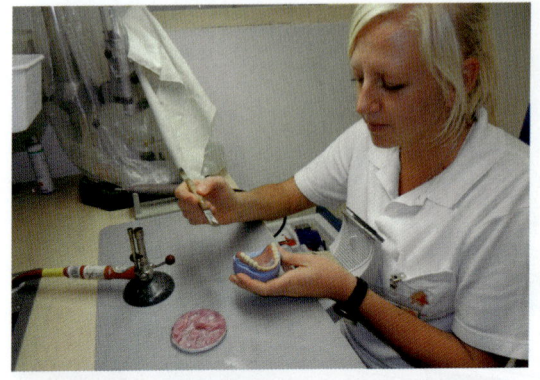

Zahntechnikerin Lisa Isaak im Labor. Drei Jahre arbeitete sie in der Klinik mit.

10. März 2013: Am letzten Abend von ProChrist interviewte mich Jürgen Werth. Über Satellit waren 100 000 Zuschauer an 800 Standorten zugeschaltet.

Olaf Böttger und Volker Kauder von der Bundesregierung am Tag der Scheckübergabe.

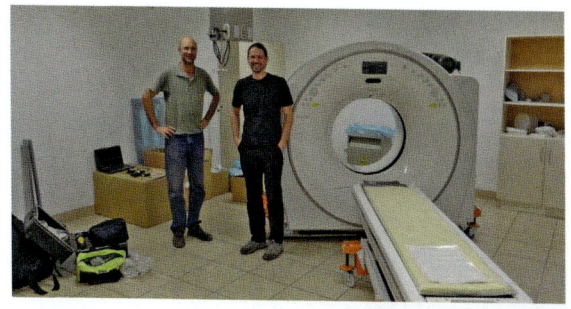

26. Juni 2014:
Markus Rolli und
Wolfgang Wenisch
installieren das
neue CT der
Firma Hitachi.

Fünfmal wurde Container Nr. 32
im Auftrag der Behörden aus- und
eingeräumt.

Ein Drehteam der Deut-
schen Welle bereitet eine
TV-Dokumentation vor.
Der Beitrag wurde im
November 2013 auf Eng-
lisch, Spanisch, Deutsch
und Arabisch weltweit
ausgestrahlt.

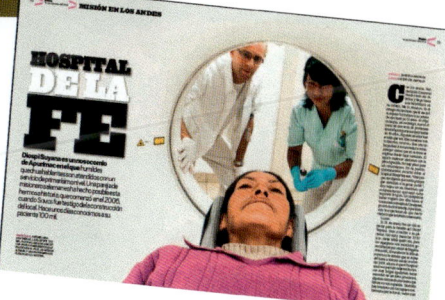

Die erste Doppelseite der
Reportage in SOMOS am
16. Februar 2013. Im CT liegt
unsere 100 000. Patientin.

Meine Frau untersucht das Bein eines Patienten. Eine Medizinstudentin aus Deutschland schaut zu.

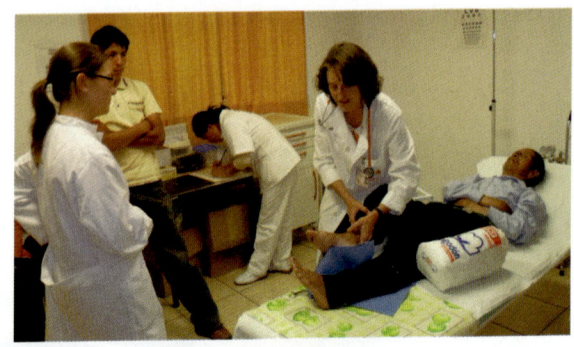

Wenn ich nicht auf Reisen bin oder am Schreibtisch sitze, führe ich Magen- und Dickdarmspiegelungen durch. Hier zeige ich Medizinstudentin Ruth Brand aus England, wie es geht.

Der Verwaltungsleiter des Spitals, Stefan Seiler, mit seiner Frau Tabea sowie den Kindern Olivia und Robin. Die Familie reiste nach Peru aus, obwohl bei Tabea kurz zuvor ein insulinpflichtiger Diabetes diagnostiziert worden war.

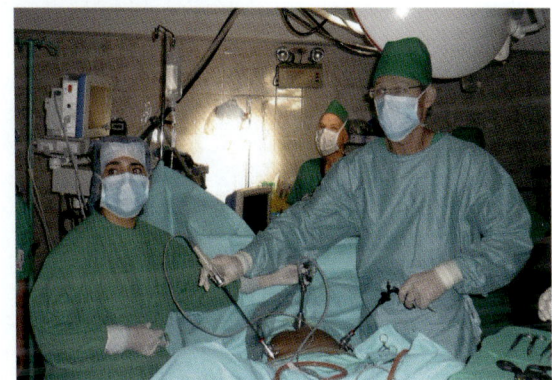

Gynäkologe Dr. Jens Haßfeld bei einer laparoskopischen Operation.

28. Juli 2014: Einige Mitarbeiter des Spitals nach Teilnahme an der öffentlichen Parade von Curahuasi zum Nationalfeiertag.

Udo Klemenz und seine Frau Barbara lebten zehn Jahre in Peru. Der Bauingenieur leitete fast alle Bauprojekte.

16. April 2012: Das Kinderhaus von Diospi Suyana wird eingeweiht.

31. August 2012: Sophia Oester inszenierte ein Kindermusical auf der großen Bühne des Amphitheaters. Kinder und Eltern waren begeistert.

26. Januar 2012: Die Architekten Cornelius und Tina Linder erläutern ihre Baupläne für die Diospi-Suyana-Schule.

Familie Bigalke in der Ankunftshalle des Flughafens in Lima am 6. September 2013.

Sozialarbeiterin Carolin Klett (im Bild) und Lehrerin Julianna Rolli besuchten über 200 Familien.

Am 14. März 2014 feierten 800 Gäste die Einweihung der Diospi-Suyana-Schule.

Die Lehrerschaft des Colegios am großen Festtag.

Die Schüler der Diospi-Suyana-Schule bedanken sich bei Udo Klemenz.

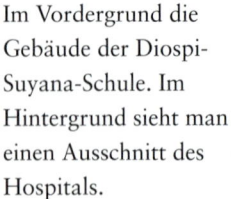

Im Vordergrund die Gebäude der Diospi-Suyana-Schule. Im Hintergrund sieht man einen Ausschnitt des Hospitals.

Christine Fleck aus Kirchheimbolanden sammelte über 95 000 Euro durch eine Granola-Produktion in ihrer Küche.

Der Grafiker Bernd Schermuly aus Wiesbaden investierte über 100 Stunden Arbeit in die neue Webseite von Diospi Suyana. Ehrenamtlich.

Der Präsident Ollanta Humala (im roten Poncho) kurz nach seiner Landung auf dem Gelände des Spitals.

Am 5. Juni 2014 empfingen uns der peruanische Staatspräsident Ollanta Humala und seine Gattin Nadine Heredia. Links Dr. Jens Haßfeld, meine Frau und ich rechts.

Mein erstes Buch im Schaufenster der
Wiesbadener Buchhandlung „Leben
und Lesen".

Die Engländerin Janet
Yahoua übersetzte
mein Buch kostenlos
ins Englische.

Am 6. Mai 2014 empfing mich Prof. John Lennox in seinem Büro in Oxford.

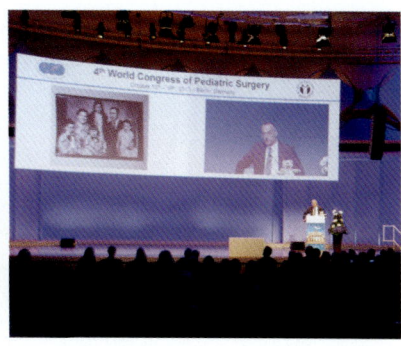

Während meines Vortrags auf dem Kongress der Jungen Pflege am 7. Mai 2013.

Am 13. Oktober 2013 hielt ich die „Special Lecture" beim 4. Weltkongress der Kinderchirurgie in Berlin.

Der Weißafrikaner Adrian Gibson bereitet meine Englandreise mustergültig vor.

unten: 17. Februar 2013, kurz vor meinem Vortrag in einer Kirche im Chaco Paraguays. Der Raum war überfüllt und draußen saßen noch weitere Zuhörer.

Das Schränkchen im Schlafzimmer passt perfekt.

Manchmal ist der Andrang so groß, dass viele Patienten nachts vor dem Haupteingang schlafen.

Der voll besetzte Wartesaal des Missionskrankenhauses (126 Sitzplätze).

Familie John im Juli 2014. Hinten stehen Dominik, Natalie und Florian. Vorne sitzen meine Frau und ich.